# 数字经济与企业发展创新研究

杜宝苍 毛 华 著

吉林人民出版社

## 图书在版编目（CIP）数据

数字经济与企业发展创新研究 / 杜宝苍，毛华著．
-- 长春：吉林人民出版社，2023.6
ISBN 978-7-206-20107-3

Ⅰ．①数… Ⅱ．①杜… ②毛… Ⅲ．①信息经济 – 作
用 – 企业创新 – 创新管理 – 研究 – 中国 Ⅳ．① F279.23

中国国家版本馆 CIP 数据核字 (2023) 第 154490 号

责任编辑：郭　威
装帧设计：古　利

# 数字经济与企业发展创新研究

SHUZI JINGJI YU QIYE FAZHAN CHUANGXIN YANJIU

著　　者：杜宝苍　毛　华
出版发行：吉林人民出版社（长春市人民大街 7548 号 邮政编码：130022）
咨询电话：0431-85378007
印　　刷：长春市昌信电脑图文制作有限公司
开　　本：787mm × 1092 mm　　　　1/16
印　　张：16.25　　　　　　字　　数：200 千字
标准书号：ISBN 978-7-206-20107-3
版　　次：2023 年 8 月第 1 版　　　印　　次：2023 年 8 月第 1 次印刷
定　　价：60.00 元

如发现印装质量问题，影响阅读，请与出版社联系调换。

# 前　言

随着中国经济及互联网的快速发展,"互联网+"、大数据、智慧产业等各种名词和商业模式层出不穷,但在喧嚣之外并没有产生什么标准答案。然而,企业想要长期发展,就必须从行业或产业的维度俯瞰商业模式的整体经营是否能长期持续性地为用户创造价值。今天的数字化转型不仅仅是行业发展的新高度,更能够让企业全盘地了解商业经营的价值。数字化转型已不是可选项,而是必选项,是制造企业参与新一轮科技革命和产业变革的必然选择。

企业存在的关键就是为客户提供的价值能够更好地满足客户需求。随着经济与社会环境的快速变化,企业的"价值提议"与"商业模式"需要不断地迭代,技术创新更为企业在实现价值创造的过程中提供重要的赋能基础。所以,数字化转型必须审视企业环境的变迁、考察提供给客户的价值提议是否仍有意义、商业模式是否足够新颖以及价值创造过程是否高效,而企业的组织与文化,也在其间扮演了关键角色。

现今社会早已处于数字经济的大环境中,小到日常生活中购物付款的数字支付,大到企业发展战略转型的数字升级,人们的生活生产根植于数字经济也受益于数字经济。而在数字经济背景下,企业的发展经营状况却各不相同。有的企业紧抓机遇顺利实现了转型,有的企业则错失机遇处处变得被动。数字经济助力企业高质量发展的出路何在?需要立足现实条件,坚持数字经济创新企业组织、企业模式及营商环境,从数字经济支撑企业转型发展要素入手,提出数字经济助力企业高质量发展的可行性建议。

本书围绕"数字经济与企业发展创新"这一主题,阐述了数字经济的概念、特点与发展趋势,系统地论述了企业数字化转型的根本动力、企业数字化转型的模式、企业数字化转型的路径和转型规划、企业数字化转型实操,探究了数字经济背景下的全管道覆盖整合营销、全流程数字化体验、技术创业企业商业模式创新，以期为读者理解与践行数字经济与企业发展创新提供参考和借鉴。本书内容翔实、逻辑合理，在撰写的过程中注重理论与实践的结合，适用于从事企业管理的专业人士。

在撰写本书的过程中，借鉴了许多专家和学者的研究成果，在此表示衷心的感谢。本书研究的课题涉及的内容十分宽泛，尽管作者在写作过程中力求完美，但仍难免存在疏漏，恳请各位专家批评指正。

# 目录

CONTENTS

# 第一章　数字经济的概念、特点与发展趋势

## 第一节　数字经济概述

数字经济是一系列的社会经济活动，它主要是以互联网为基础，以数字化的知识和信息作为最关键的生产要素，以信息和通信技术（Information and Communication Technology，ICT）的有效使用作为提升效率以及优化市场经济结构的重要推动力。基于互联网和数字技术，数字经济不仅全面地渗透到农业、工业、服务业这三大产业中，也彻底改变了包括边际收益递减规律在内的经济增长方面的诸多传统定律，成为继三大产业经济之后更高级别的一种经济形态，未来很可能成为"第四大产业"。

### 一、数字经济发展的背景

20 世纪末期，数字经济诞生。唐·塔普斯科特（Don Tapscott）率先对数字经济进行定义，并发表于《数字经济的浮现》一书中。该书对数字经济展开系统性论述，其观点受到当时学界的普遍认可，其权威性和重要性不言而喻。1997 年，日本学者认为"数字经济"也可视为"电子经济""知识经济"，或者称为"网络经济"。美国商务部在 1999 年表示，数字经济与电子商务密切相关，二者共同构成信息技术产业的核心要素。

互联网技术快速发展催生出数字经济模式。1969 年，美国几所重要大学将本校计算机连接在一起，由此诞生了计算机网络，即阿帕网（ARPA）。20 世纪 80 年代，美国借助 TCP 在本国内建立计算机网络。在技术的推动下，世界计算机互联快速发展，各国之间的信息交互性不断强化，因特网正式进入大众生活，互联网由此衍生而来。20 世纪 90 年代，互联网进入商业领域，凭借网络便捷性特点，二者的融合程度持续加深。这也为互联网发展创造更多机会，互联网经济逐渐完善。部分企业以其敏锐的商业嗅觉感知到

未来互联网的发展潜力，率先抢占互联网市场，投入了大量资金。这些迎合时代发展趋势的企业凭借互联网获得了巨大成功，积累下雄厚的资本。特别是 20 世纪经济萧条时期，部分国家面临严重的经济危机，整体发展止步不前。美国互联网行业的迅速崛起为本国经济复苏创造了新的机遇，至此美国抓住机遇为经济发展打开新的突破口，创造了多个经济神话。2001 年互联网经济受挫，部分企业陷入危机，企业资产迅速缩减，但通过改革和调整，互联网又重新发挥重要作用，进入迅速发展阶段。当前众所周知的几大互联网巨头正是于此时诞生，如 Google、Facebook 等，苹果公司也是在此时进入跨越式发展阶段，进入发展巅峰时期。2008 年全球性金融危机爆发，各国经济陷入低迷，传统经济受到重创，由于基础建设后劲不足，过度消费等因素促使经济体系迅速崩塌。在此背景下，各国根据自身情况开始寻找新的经济增长点。互联网凭借其独特优势向人们展现了强大的爆发力，各种技术接踵而至，加快传统产业改革步伐，促使传统产业与网络进行结合，如通信技术、大数据、云计算、网络交互等等。大量新产品、新业态出现在大众视野中，多样化的高质量产品进入千家万户。在移动互联网快速发展的影响下，智能手机成为消费者不可或缺的重要物品。凭借移动互联网的优势，智能手机易于携带、功能齐全，彻底改变了人们的生活方式。各项技术更新换代速度加快，企业传统的生产模式被颠覆，人们更加倾向于私人订制。相反，批量生产的产品比重日渐缩小。当数字化逐渐转化为智能化过程时，产品质量和效能也随之提高。网络与经济社会的逐渐融合将人们正式引进数字经济时代。

技术进步与社会发展推动着数字经济与传统经济不断融合，因此难以明确区分二者的界限。截至目前，对于数字经济内涵尚未有明确统一的概述，但数字经济基础层面特征明显，因而与传统经济之间存在显著差别。

在杭州举办的 G20 峰会始终围绕一个重要的关键词：数字经济。会议详细阐述了数字经济内涵：数字经济依托互联网技术和通信技术，利用数字化的信息和知识等关键生产要素促进经济结构优化，提高经济活动效率，这一系列经济活动称为数字经济。当网络化信息技术、信息化以及电子化逐渐渗透于人们的生产与消费中，与时代发展相呼应，数字经济从各方面影响人们的生产与生活，社会运行出现显著变化，随之而来的是加速现代竞技更新速度。从本质上看，峰会中阐述的"数字经济"与"互联网+"概念基本相近。"互联网+"是一种基于网络技术形成的涵盖多种创新型要素的新模式，注重网络信息技术与社会经济的融合，其目的是推动经济效率和质量提升，优化组织形式，革新技术水平，扩大经济效益。从覆盖的范围来看，数字经济辐射的范围相对更广，大数据、云计算、人工智能和智能建设等都属于数字经济的一部分。

## 二、数字经济概念解析

数字经济的概念提出后，受到学术界、企业及政府的广泛关注。自党的十九大报告中明确提出"建设网络强国、数字中国、智慧社会"以来，党中央、国务院围绕数字中国建设制定了一系列战略规划，相关部门扎实有力推动各项规划实施落地，数字中国建设取得新的重大进展。2019年的中央经济工作会议明确指出，"要大力发展数字经济"，使数字经济领域更加成为理论界和实业界关注的重点。

学术界基于不同的理论视角对数字经济的内涵作出了阐释。最初，莱恩（Lane）、科灵（Kling）等基于技术融合的视角定义数字经济，认为数字经济是以互联网设施为基础，将计算机技术、信息及通信技术相融合的一种经济范式，而在此融合过程中会导致广泛的社会变革并推动经济社会进步。随后，基于经济形态的视角，金范秀（Beoms）、齐斯曼（Zysman）、阿特金森（Atkinson）等认为，数字经济是有别于数字技术和电子商务的一种新经济形态，数字信息技术既能在经济社会产生经济效应的作用也能产生非经济效应的作用。目前，具有广泛共识的关于数字经济的定义是在2016年"G20杭州峰会"上通过的《二十国集团数字经济发展与合作倡议》对数字经济的定义，即"数字经济包括数字产业化（信息通信产业）和产业数字化两大部分，是以数字化的知识和信息作为关键生产要素，以数字技术为核心驱动力，以现代信息网络为重要载体，通过数字技术与实体经济深度融合，不断提高数字化、网络化、智能化水平，加速重构经济发展与治理模式的新型经济形态"。

数字经济对于社会经济发展起到了重要的推动作用。首先，数字技术的不断发展进步使信息通信产业迅速发展，成为当前经济社会中最为活跃、收益增长最快的新兴产业。大数据、人工智能、物联网、云计算等数字技术的广泛应用，使数字技术渗透经济社会的各个领域，在企业、政府和消费者间建立起一个信息化经济系统。目前，数字技术成为各行各业的通行技术，使数字经济不仅仅局限于信息通信产业。其次，数字经济是当前经济增长的重要驱动力，极大地降低了交易成本，大幅度促进经济增长、提高社会资本运营效率和劳动生产率。数字经济通过不同产业间的交叉融合，结合数字技术的广泛应用，大幅度促进了各经济生产部门的生产效率，从而对当前经济的基本生产要素、基础设施、产业变革、经济体制完善等方面产生重大影响。最后，数字经济环境下，企业创新活动不单是以企业内部资源和能力为基础的技术创新，更多的是多元创新主体与数字经济环境的互动和联系。其创新过程既是新产品开发、新技术创造及产业化应用，也是对于新技术范式相关的资源配置、生产方式及制度规范的广泛变革。因此，数字经济对商业模式创新的影响也有别于传统的经济形态，会通过丰富的数字信息和数字资源影响商业模式创新形式，并提供丰富的物质基础而促进商业模式创新。数字经济的发展和演化体现在从信息经济概念到数字经济概念的变化过程中。随着数字技术在经济社会各领域中不断渗透和融合，数字经济正以更广泛和深入的方式推动经济社会的发展、推动经济社会变革。

基于上述分析并结合本书的研究主旨，本书采纳 2016 年 G20 峰会《二十国集团数字经济发展与合作倡议》对数字经济的定义。

笔者认为，可以把数字经济分成三类：一是数字基础产业，主要是一些传统信息产业；二是数字渗透产业，主要是数字技术渗透到传统产业中，从而使传统产业转变为或部分转变为数字产业；三是数字原生产业，即完全由数据或者数字技术发展起来的产业。

### 三、发展数字经济的特殊意义

#### (一) 数字经济深刻改变了经济社会的发展逻辑

萝塔·佩蕾丝经过大量的调研发现，从历史的发展过程来看，无论是哪一次技术革命都会带动不同经济范式的诞生与发展，就整个过程而言，它包括两个重要的发展时期，每个时期前后的时长大约为 25 年。第一个时期是新技术的快速应用以及相关行业的飞速发展，在新技术影响下所生产的产品也处于建设、发展、规模化使用的不断发展之中，基础设施建设取得了累累硕果；第二个时期是新技术与各个行业深度融合并不断扩张的阶段，其他行业也因此产生了巨变。目前，全球信息技术正处于迅速变革的发展阶段，人工智能、互联网、信息技术以及与其相关的产品正在走进社会的各个领域，无论是哪一种事物都能够彼此互通，建立联系，各种数据增长迅速，新型产品不断被推出，新型业态日益丰富。各行各业正在以前所未有的速度与信息技术建立起紧密的联系，其速度令人惊叹，同时，人们的生活方式也发生了革命性巨变。用具体的数据来说明，在埃森哲看来，全球数据存量正在以前所未有的速度增长。2020年，这一数据首次突破44ZB。这些数据与社会诸多领域都有紧密的联系，多样化的数据能够引导人工智能技术的更新换代，同时，也使得社会治理有了更全面、更科学、更准确的数据依托，未来的治理工作将会变得更加科学和高效。同时，通信技术、大数据、云计算等应用范围的不断扩大，将会持续推进电子商务发展提质增效，其向外扩张的趋势将会日益明显，全球贸易彼此之间的联系愈加紧密，智能化、电子化配送将会成为未来发展的主流。毫无疑问，由于信息技术的影响，生产力将会产生革命性变革，生产关系将会发生新的变化，产业效率不断提升，未来互联网生态持续优化，贸易形式更加多元，制造业形态也将会发生巨变。

表1-1　技术进步与产业革命

| 时间 | 历次革命 | 标志 | 主体 | 应用领域 |
|---|---|---|---|---|
| 18世纪中后期 | 第一次工业革命与技术革命 | 蒸汽机 | 纺织机、蒸汽机 | 火车、冶金等 |
| 19世纪中后期 | 第二次工业革命与技术革命 | 内燃机与电力 | 发电机、内燃机 | 钢铁、运输等 |
| 20世纪中期 | 第三次技术革命 | 计算机 | 电子技术、计算机 | 航天、自动化等 |
| 20世纪中后期至今 | 第三次工业革命与技术革命 | 生物技术 | 微电脑、数据库 | 休闲、生物等 |
| | 第四次技术革命 | 互联网 | 云计算、通信技术 | 生活、生产等 |

**（二）数字经济已成为经济增长的主要动力源泉**

数字经济正在以前所未有的速度快速发展，其创新性创历史新高，在全球经济中扮演的角色日益重要。它极大地促进了经济社会的快速发展，也促进了生产力的不断提升，发展动力更足，经济活力更强，经济发展也更加健康和稳定。目前，经济发展过程之中，数字经济发挥的驱动作用日益增强。研究者埃森哲在其论述中所强调的数字化密度指数，就是专门被用来研究经济社会在何种程度上能够受到数字技术的影响以及经济受技术驱动力影响的强弱的。

各行各业与数字技术的结合都日益紧密，与此同时，技术革命必然会带来空间巨大的"发展红利"。从对数字支付的相关研究可以看出，按照《世界支付调研报告》数据情况来看，在世界所有的国家中，我国的数字支付排名位居第二。数据显示，我国通过支付宝、微信来支付的资金总额已经达到了世界第一。从驱动贸易的角度来看，按照 2017 年的电子商务统计结果来看，当年我国电子商务的跨境交易额度已经超过了 8 亿元，较上年增长21%。在对外贸易中，电商的重要性日益明显，它已经成为一种崭新的交易渠道，也极大地促进了中国对外贸易的转型升级。从数字技术带动行业转型的角度来说，未来数字技术对传统行业的驱动力将会持续增加，其市场规模将会突破 40 亿。

我国的数字经济发展历史不长，按照信息化方面的相关数据调查结果，20 世纪 90 年代，我国数字经济每年产生的经济总额大约为 400 多亿美元，与当时的美国差距巨大，只有其 1/63。此外，这一数值占到了日本的 1/23。不过，随着发展步伐的不断加快，尤其是最近 10 年中，我国数字经济的发展取得累累硕果，后发力量不断增强。数据调研结果显示，2022 年，我国数字经济占到了 GDP 的 41.5%，成为全球第二经济体。

### (三) 数字经济显著提高经济发展的质量

融合性是数字经济的显著特征之一。在传统领域与数字经济不断融合的过程中，尤其是随着制造业影响力的不断提升，数字经济的赋能效应日益明显，极大地推动了智能制造业的快速发展。最近这些年，日本、美国等国家从国家战略的角度制定了一系列促进制造业与数字经济融合发展的战略。例如，韩国 IT 交互、法国新工业、德国 4.0 等。通过上述分析可以知道，大部分发达国家都在持续推进传统领域与互联网发展的深度融合，以此来不断促进制造业领域的发展与转型。制造业领域当中的不少企业都在积极探索自身发展与数字融合的良好路径，以此来促进转型升级。德国安贝格致力于将数字化融入企业工作的各个环节，在外观设计、规划制作、综合服务以及工艺打磨等环节都融入了数字化技术，在短时间内就可以对产品工序进行调整。产品合格率不断提升，不合格产品的占比逐渐缩小，在保持原有占地的基础上，生产率连连攀升。

实体经济的发展需要与互联网相互关联，二者的融合才是未来发展的应有之义。传统制造业在数字经济的影响下正在产生前所未有的巨大变革。规模化定制成为一种新的发展业态，协同制造的影响力越来越大，远程智能服务效果不断增强。这些新业态的不断发展，既与市场的发展诉求相互吻合，也确保了生产率的不断提升，开创了未来制造业转型的新方向。

信息通信技术的发展为节能减排的实现做出了不小的贡献。一方面，技术的大范围应用使得一些资源的消耗不断减少，相关行业的污染物排放也不断缩减。另一方面，信息资源属于清洁能源当中的一种，它不需要在其他资源支撑下发挥作用。相关测算结果显示，信息技术的使用使得碳排放量的减少率达到了15%—40%。《新世纪能源研究》强调，工业生产率将会在通信技术的影响下不断提升，碳排放也会减少大约20%。欧盟委员会强调，在欧洲范围内不断扩大通信技术相关研究成果的应用，将会更好地实现低碳排放的目标。

### (四) 数字经济促进创业就业和增进人民福祉

就推进创新角度而言，随着全球经济结构的不断调整，人口结构也在不断地发生变化，新科技的影响逐渐渗透到各个方面。无论是哪个国家，对创业都给予了高度的重视，促进了本国国际竞争力的不断提升。此外，不少国家纷纷出台了各项支持创新创业的政策，引导企业不断增强市场竞争优势。比如，欧盟就十分重视创业教育，每一个阶段都开设了专门的创业课程，在校园教育中，还加入了信息技术等相关方面的课程。在当前科技革命进程不断加快的背景下，信息技术在其中发挥的作用更加明显。我国也兴起了新一轮的"创业热"，更多的人参与到创业的过程之中，其中很大一部分与数字经济直接相关。在数字经济的带动下，创业人员拥有了更大的网络平台。换言之，在数字经济的引领下，一大批互联网企业发展壮大。这些企业在吸纳就业方面作用十分显著，成为创新创业的主要推动力量。

数字经济的发展促进了人类认知能力的提升，帮助人们开发了智力，同时也促进了生产水平的不断提升，为就业水平的提升起到了直接的推进作用。从 2021 年的数据来看，我国数字经济的产值已达 45.5 万亿元，为经济的迅速发展提供了强大的动能，这也直接带来了数字经济就业机会的不断增加。相关报告显示，从数字经济结构角度而言，在所有招聘岗位之中，数字产业化所占的比重已经达到了总数的 33.2%，在总聘用人数当中占到的比例为 26.3%。正是因为这一原因，不少国家将数字经济建设作为进一步发展就业的重要途径。2006 年，欧盟正式发布了《21 世纪——以就业发展打造信息化社会》，明确指出，在提供就业岗位和稳定经济发展方面，信息技术所发挥的作用是无可替代的。2015 年，日本在《信息技术发展白皮书》中强调，对于众多的地方企业来说，要利用好智能手机等通信设备，扩大云服务等的影响力，充分发挥它在促进就业方面的引领作用，满足 20 万人的就业需求。可以说，互联网最大的价值就在于它能够不断促进生产效率的提升，确保劳动者拥有更高的劳动技能。对于那些较为常规和机械的工作，可以发挥数字技术的作用，由其来代替完成。通过这样的方式，劳动者能够将注意力放在其他领域，进行新技术的研发。这样不仅能够使成本不断降低，同时还能够使不确定因素尽可能减少。

就增进福祉而言，人们生活质量与数字化之间的联系尤为紧密。随着数字化能力的不断增强，人们对生活的满意度不断提升。从世界经济论坛所进行的调研结果来看，数字化水平每提高 10 个百分点，人们对生活的满意度大约会增长 2.1 个百分点。尤为关键的是，数字经济的迅速发展使得各个区域之间的数字鸿沟实现更好的跨越，很多生活在偏僻地区的人们就会拥有更多的幸福感。数字技术的发展使得民生福祉不断增进，人们各个方面的生活都发生了翻天覆地的变化，例如消费、购物、休闲、旅游、教育以及交友等。

# 第二节 数字经济的特点

## 一、数字经济的特色

和传统经济比较来看，数字经济呈现出诸多方面的优势，其自身的特色也十分鲜明。

### (一) 数据资源是数字经济时代影响生产的要素之一

传统发展模式下，社会生产主要依赖的是土地、基础设施以及自然资源等。数字经济发展背景下，数据在价值创造方面发挥的影响力越来越大，数据成为众多生产要素中关键的一种。尤其是随着网络覆盖面的不断扩大，新的 5G 技术发展迅速，人与物、物与物之间的联系更加紧密，人机互动的趋势日益明显。在深度学习的影响下，人工智能发展速度创历史新高，而对上述发展产生重要驱动作用的则是包罗万象的数据。在诸多创新形式中，技术创新要想取得突破难度较大，企业之间的竞争差距逐渐缩小。对于企业而言，要想不断突破原有的模式，实现行业领军，就需要对行业有细致的观察，对变化更为敏感。因此，企业需要掌握更加科学、准确的用户数据，强化与交易、环境、资源获取等有关的能力。

### (二) 数字经济的发展需要以技术为内在驱动力

传统经济运营模式下，经济发展过程中信息技术起到的主要是辅助作用。在信息化运营机制下，业务的流程变得更为简单，业务流转的效果也不断强化。所以，核心业务中并没有出现信息技术的身影，它对经济驱动的作用不甚明显。对数字经济发展产生驱动力的主要是"数字资源和信息技术"，前者发挥的是核心作用，后者是根本，二者彼此配合。随着信息技术引领性的不断增强，制造、管理、流通、生产、营销以及消费等领域越来越多地以电子化、信息化、智能化的形式展示出完全不同的新型业态。服务的质量不断提升，产品品质有所保障，工作效率节节攀升。同时，由于数字技术影响力的不断提升，企业无论是在体系架构、经营模式、管理理念还是在生产销售等方面都发生了巨大的变革，企业需要不断适应这一新的变化。

### （三）数字经济的发展趋势要求与传统经济不断融合

在传统发展模式下，经济发展主要依靠的是服务业、工业和农业等，不同产业形式之间的交互性日益增强。农业机械化的进程不断加快，工业制造领域取得累累硕果，服务业与上述领域的融合步伐不断加快。这些都足以说明，未来经济发展将会呈现出明显的产业融合趋势，这一趋势将会越来越明显。传统产业中，人工智能、网络信息、数字技术的交融性特征日益显著，这将会进一步促进传统产业发展活力的提升。由此可知，在未来的发展中，产业革命将会在云计算、智能技术、数字革命的引领下获得更多的技术成果。

### （四）生态平台竞争将会成为更趋主流的经营模式

在传统发展模式下，决定竞争力大小的要素主要包括企业模式、市场需求、生产力、发展战略以及相关产业等。数字化时代，企业的决策机制发生了明显的变化，产业竞争趋势越来越呈现为规模化、系统化的平台竞争。产业竞争力越来越受到生态系统构建的多方面影响。2016年，美国的一项调研结果显示，大多数互联网公司都倾向于选择平台模式，在排名前100的互联网公司中，60%的公司都使用了平台模式。同时，不少行业都扩大了对新技术的应用范围，深度应用趋势日益明显，新业态、共享经济、O2O① 等也更加倾向于选择平台模式。

### （五）数字经济倾向于选择多元治理的发展模式

由于数字经济的影响，社会治理面临的困难越来越多，政府无法单单依靠自身的力量实现对于数字经济的高效监管。数字经济具有明显的综合性、复杂性以及多变性。其中，涉及诸多的用户，对于技术的要求也比较高，需求变化日新月异。此外，由于线上线下等多种形式融合的影响，所面临的竞争越来越大。即便是一个十分简单的问题也有可能经过发酵而持续升温，变得日益复杂，如果仅仅依靠政府来进行监管将会存在极大的难度。面

---

① O2O 即 Online To Offline（在线离线／线上到线下），是指将线下的商务机会与互联网结合，让互联网成为线下交易的平台。

对这一治理情况，需要引导监管主体由原来的政府向多元共管的模式转变。最重要的是引导各种组织、企业、客户等积极参与到数字经济的治理过程之中，使得每一个成员的价值得到充分的释放，真正打造多主体相互配合的良好运作模式，引导数字经济不断创新。例如，平台经济的参与使得原有的资源配置体系发生了较大的改变，在市场交易中，平台的重要性逐渐凸显。所以，针对平台上所出现的各种形式的问题，平台必须要对其进行合理的处置。同时，平台自身也具备较大的资金、技术等多方面优势。发挥平台在治理过程中的作用，对其职责和权利进行严格的界定，使其充分参与其中，发挥治理作用，已经成为一种共识。①

### (六) 数据成为驱动经济发展的新要素

随着移动互联网和物联网的蓬勃发展，人与物的互通互联使数据量爆发式增长。如此庞大的数据量使大数据这个概念应运而生，并逐渐成为国家及企业的重要战略资产。数字经济背景下，数据驱动型创新正渗透在经济社会、科技研发等各个领域。相较于传统的经济形态，数字经济给数据信息的产生、传递提供了丰富的条件；而经济社会活动的各相关主体在参与数字经济活动的同时，也成为创造和使用数据的主体，使各项经济社会活动所创造的成果逐渐数字化，数据成为经济社会活动的新要素。此外，数字经济背景下的数据增长遵循大数据摩尔定律，每两年都会翻一倍，是经济活动的重要战略资源。数据有别于传统经济要素，具有易共享、易复制、无限供给的特点，为推动经济发展奠定资源基础，是数字经济最为关键的生产要素。

### (七) 数字经济基础产业成为新兴基础产业

有别于农业经济时代和工业经济时代以实体经济为基础和主导产业，数字经济背景下，数据成为驱动经济发展的关键生产要素，改变了基础产业和基础设施的形态，使数据产业成为新的基础产业。一方面，在数字经济背景下，不同新经济范式的涌现推动产业革命升级和经济体制改革，催生了大量新的主导产业，成为经济活动中最为活跃的利益主体。其中，以无线网络、云计算为代表的新兴产业，通过开发新技术、提供新产品及服务等方式

① 王振. 全球数字经济竞争力发展报告2017[M]. 北京：社会科学文献出版社，2017：8.

推动技术进步和创新积累，推动旧产业结构转型升级、促进新兴产业迅猛发展。另一方面，数字化技术的应用和实施，使传统产业为迎合市场需求而不得不进行数字化改造，在改进传统基础设施的基础上实现数字化转型升级，促进不同产业和部门提升工作和生产效率、丰富产品类型、提高服务质量，推动工业经济时代以"砖和水泥"为代表的基础产业转向以"数据和信息"为代表的基础产业。

### (八) 供需界限日渐模糊

农业经济形态和工业经济形态对于供给侧和需求侧的划分十分严格，使供给和需求界限分明。数字经济的发展融合了供给侧和需求侧，转变了供给方和需求方的角色而成为"产消者"。传统经济形态遵循"萨伊定律"，即需求完全由供给方决定，供给方所提供的产品即是需求。而数字经济时代，随着各行业中新产品和新技术的不断涌现，供给方都是在重复考虑消费者需求基础上而提供相应的产品及服务，在满足消费者现有需求的同时也使行业价值链发生改变，使市场需求和经济需求相互转化。例如，各行业通过数据挖掘了解自身产业发展、产业生态链等方式进行供给裂变，提供符合消费者需求的产品及服务；政府通过数据平台了解社会数据，进而有的放矢、精准施策。

### (九) 数字技术成为助推社会经济发展的新动能

数字技术引发数字革命，推进数字经济不断发展。近年来，随着物联网、移动互联网及云计算等数字信息技术的指数级增长及不断突破、交叉融合，形成了多种技术的整体演进及突破。首先，大数据和人工智能技术的发展使物联网设备间的不兼容问题得到有效解决，降低数据存储、传输及分析成本而使物联网技术实现从量变到质变的跃迁，推动物联网持续健康发展；其次，移动互联网的发展突破了既有互联网技术的禁锢和约束，使移动互联网的应用领域更加广泛，而云计算的普及降低了信息技术的基建和运维成本，大幅度缩短信息技术的建设周期，加快了数字技术的系统部署；最后，数字技术的广泛应用改变了传统产业产出效率低的现状，促进传统产业生产效率和产出水平的大幅度提升，变革出大量促进经济发展的新业态和新模式，成为经济社会发展的新动力，从而推动经济的可持续增长。

## 二、数字经济背景下数字化工作系统及其特点

数字技术带来了新的顾客价值空间，同时，顾客价值的创造与获取方式也发生了改变，而企业据此构建的数字化工作系统赋予了数字化工作者更灵活自主的工作安排与更大的工作能力成长空间。这在一定程度上起到了提升工作成效的作用，并让企业对数字化工作者及其工作方式有了新要求。

### (一) 提高工作成效

为提升数字化工作者的工作成效，数字化企业以改进工作绩效为目标，创新工作系统：由原来关注顾客交易价值的工作系统转向关注顾客体验价值的工作系统。然而，看似高效的数字化工作系统，却总因为新工作者的慢成长与优秀工作者的快离开，低效地运作着。造成这种困境的原因是，在工作系统与工作方式的数字化变革中，大部分企业改变的只是分配固定任务与管控工作者行为的工作形式，而非针对创造顾客价值与赋能工作者成长的工作系统进行变革。

数字技术改变了取得工作成效的方式。在工业时代，顾客价值的创造主要取决于企业对外部资源的有效整合与对内部资源的高效运营。工作者主要通过做出企业规划的关键行为，完成企业安排的具体任务而取得工作成效。在这种传统的取得工作成效的方式中，工作者的能力和意愿是影响工作成效的两个核心因素。

体现传统工作成效获取方式的典型管理工具是工业时期的封闭式岗位设置与行为绩效管理。企业基于对工作者的一般能力假设使用这些工具，目的是提高产出效率。为了帮助一般工作者取得工作成效，企业单方面确定岗位设置与工作任务，通过指定工作者的关键行为，确保工作者完成任务。企业的人力资源管理实践与工作方式也基于这一取得工作成效的关键而构建。因此，工作者只需具备平均水平或以上的能力，做出标准化行为即可取得工作成效，这使得工作任务管理与工作行为控制成为工作系统的关键。

数字化时代的技术赋能，使得工作者等各方与顾客的互动对数字化顾客价值的创造产生了重要影响。在符合企业价值主张的前提下，工作者能否获得授权与赋能，协同其他利益相关者直接创造顾客价值成为取得工作成效

的关键。与此同时，数字技术的发展不但使得工作者获取理论知识与实践经验的成本大大降低，而且拓展了工作者的视野，升级了工作者的认知，最终大幅提升了工作者的能力与成长速度。

无论是数字化顾客价值创造的新方式，还是工作者成长的新速度，都让数字化工作者更在意自身所创造的顾客价值与可预期的能力发展前景。而只有在数字技术赋能下，企业与工作者就创造数字化顾客价值达成共识，并在此基础上，以共同规划的工作战略目标为起点，数字化工作者才能凭借动态工作能力，协同利益相关者，最终完成创造数字化顾客价值的目标。在新的取得工作成效的方式中，工作者根据自己对战略目标的理解，适时动态调整自身行为的能力、协同利益相关者发展的意愿、参与创造顾客价值的机会成了影响工作成效的三大核心因素。

数字技术带来了全新的取得工作成效的方式，企业不能再单方面设定工作任务，并仅依靠管控工作者来取得工作成效，而是需要通过与工作者树立共同目标，并赋能工作者来取得工作成效。在这种新的取得工作成效的方式之下，企业的人力资源管理实践将转向以顾客价值为共同目标，并在此基础上，通过赋能工作者以数字化工作方式提高工作成效。

体现新的取得工作成效的理念的典型管理工具是目标设计与关键结果管理。合理的目标设计及与关键结果对照，能促进工作者能力的提升，激发工作者的潜能。企业的人力资源管理实践也将为匹配这种新的取得工作成效的方式而设立，以激活、赋能工作者为人力资源管理实践的核心。

### (二) 工作系统的特点

在工业时代的工作系统中，人力资源管理实践基于企业是顾客价值创造与获取的主体这一假设。在此类系统中，工作者被视为完成任务的工具人。企业在完成对工作任务的单方面分解后，通过人力资源规划、招聘与配置、培训与开发、绩效管理、薪酬与福利、劳动关系六大模块保证工作者完成工作任务取得工作成效，进而组建工作团队并配备相应的固定管理者角色。在传统的取得工作成效的方式中，企业以流程为导向所构建的工作系统是高效的。

在数字化时代，数字技术不但提升了工作者创造与获取顾客价值的能力，还重新定义了取得工作成效的方式。数字化企业与数字化工作者围绕数字化顾客价值的创造与获取，重新构建工作系统。

数字化工作系统的认知更新框架能够有效地帮助我们理解工作系统与人力资源管理实践的关系。

当工作者不再通过完成工作任务来取得工作成效，而是直接创造与获取顾客价值时，我们就必须以顾客价值为核心来理解工作系统与人力资源管理实践。数字化工作系统的认知更新框架的核心是数字化顾客价值，数字化企业与数字化工作者根据数字化顾客价值制定价值目标与规划，并通过价值赋能助力数字化工作者更好地创造数字化顾客价值，并在合理的价值评价与分配模式下，以价值连接与契约机制保证数字化顾客价值的持续产出。

企业只有将数字化顾客价值视为工作成效的核心，才有助于数字化顾客价值的创造以及数字化工作者的成长。这样的认知变化最终将深刻改变企业的工作系统与人力资源管理实践。数字化企业与传统企业使用的管理工具之间最根本的差异并不是数字技术的应用，而是工作系统的核心设计。继续沿用原有的工作系统，根本无法提升工作成效。

### (三) 数字化工作模式的要素

以完成工作任务为核心的工作系统，将管控工作者视为其工作模式的根本，而数字化工作系统则围绕数字化顾客价值的创造与获取建立敏捷团队，更关注快速响应数字化顾客价值，以赋能工作者并协同团队中所有工作者达成更高目标为核心。我们把这种数字化工作系统中的工作方式称为数字化工作模式。数字化工作模式有三个核心要素：组建数字化团队、塑造数字化领导力以及打造数字化个体。

(1) 组建数字化团队。工作者的工作成效由完成任务转向创造数字化顾客价值时，团队的目标将从由管理者分配转变为由团队共同承诺。团队分工与合作的方式由统一分配任务和单一角色，转变为团队动态配合和复合角色。团队的控制与反馈形式，也由阶段性的静态考核转变为基于过往背景、当前成果与未来可能的动态观察。

(2) 塑造数字化领导力。过往的工作任务和路径均由管理者独立决定，并通过目标逐层分配与行为直接管控进行管理。在技术的帮助下，工作目标的设定由自上而下地分配转为管理者与工作者共同规划目标，对照双方工作进度共同推进。

（3）打造数字化个体。数字技术赋能工作者并提升其工作效率已经成为当下趋势，但大多数的工作者仅停留在能够在数字技术的帮助下完成任务的阶段。真正的数字化个体是个体在对数字技术有了全面理解、对价值目标有了清晰认识后，从思维逻辑（基于数字经济的共生思维）、认知视角（商业活动的系统视角）到具体行为（一切围绕顾客价值创造的行为）的全面数字化。

数字技术全面提升了工作成效，并正在改变工作系统的运作方式与工作者的工作方式。企业如果希望在数字化时代取得更好的工作成效，跟上工作者的发展，就需要更新自身取得工作成效的方式，将以完成任务为中心的传统工作系统变革为以顾客价值创造为中心的数字化工作系统，并在此基础上打造数字化工作模式。

## 三、数字经济背景下数字化工作方式及其特点

### （一）新工作方式及其特征

通过对就业市场的变化的调研，尤其是全方位实地走访调研各大企业、各个平台以及人力资源部门等，能够清晰地看出，"工业化"逐步转向"数字化"是一个大的发展趋势。在这一过程中，我们能够对其本质特征有详细的了解。从根本上而言，这种转换带有明显的"就业"转向"工作"趋势。更加具体来说，这种就业较传统的就业更加"精细"，其颗粒度更小，同时，它也可以被看作一种明显的"质变"后行为。克里斯坦森突出强调，"就业"其实是建立在"工作"的基础之上的，它在本质上是一种创新，这种创新具有一定的"破坏性"。以往在对就业进行考察的过程中，常常用到的标准包括工作时长、薪资待遇、个体情况、岗位职责等。在新的标准下，常常使用到的标准变成了具体任务、时薪、个体的能力、对技能的掌握等。尤为关键的是，由于颗粒度在不断变小，对"工作"的限制较之前明显变少，其扩展性变得更强，交易性、流动性较之前也明显增强。正是它在诸多方面的变化，决定了其具有的典型性，即：工作范式呈现出明显的自主型、多元型以及分布型。

1. 从组织型就业转向自主型工作

科斯在研究后指出，在工业经济发展的背景下，市场交易需要付出更大的成本，组织型就业属于帕累托均衡的一种。在该类型就业模式之中，依据个体按照自身情况所签订的劳动合同，更多劳动者被集中于相应的组织之中，他们需要接受相应的指挥，也需要定期参加一定的培训，落实好岗位所赋予他们的责任，提供优质的服务，进而获得相应的劳动工资和各种类型的保险。然而，在众多劳动者的眼里，组织才是他们的重要客户，对其产品进行消费的消费者并不属于他们的重点客户群体。这一观念的存在导致组织运营需要付出更大的成本，也直接阻碍了建立在产品与服务基础上的消费者与劳动者的社会关联。尤为关键的是，劳动者受到来自各方面的限制，特别是"泰勒规则"的制约，从而导致他们热情不高，创造性不强。

随着数字技术发展程度的日益深化，给工业经济发展带来阻碍的各种条条框框正在被不断突破，劳动者的自主型工作也有了相应的技术支持。从很大程度上来看，组织型与自主型工作之间并不是相互矛盾的存在，劳动者需要按照自身的实际情况选择与自己相匹配的工作形态。在自主型模式运作之下，对于劳动者而言，可以遵从一定的规则服务于特定的组织，自觉参与到组织型就业机制之中。即使是在这样的背景下，同样可以发挥数字技术的优势，在特定的组织之中获得更大的发展空间与决策权力。对于劳动者个体来说，可以选择通过特定的数字平台完成自己所擅长的工作，找到适合自己的任务来完成，比如在线诊疗、外卖、共享单车以及滴滴司机等。数字技术平台的利用使得企业能够依托这一平台，减少对劳动力的过度依赖，同时也能够以在线支付为依托，最大限度地降低风险防控和科学管理的成本，确保客户对交付的结果有较高的满意度。不过，这也需要雇主建设更高质量的人力资源管理机制。

2. 从集中型就业转向分布型工作

工业经济背景下，集中就业成为就业模式更为突出的典型特征：交付期集中、工作区域集中、选择的地点以及时间等都是十分集中的。这也说明：对于众多的劳动者来说，他们需要听从雇主的集中安排，在固定的地点、固定的时间，按照雇主所确定的基本工作顺序，执行更为严格的操作过程，通过严格的管理、严格的生产，以最高的质量完成工作流程，取得最佳的工作成果。工业经济背景下雇主需求至上的模式具有其自身的发展优势。但是，在集中的时间、集中的地点完成整体的交付会使得一些突发性事件难以得到更好解决，可能会因此带来不可挽回的损失。同时，一旦生产流程当中的某一个环节出现问题，可能会导致生产过程整体崩溃。

很明显，这并不是企业所期待的结果，它是特定经济范式所带来的。数字技术使得这种集中运作的模式被打破，从而更好地发展分布型模式。从企业的角度来说，数字技术能够完成线上制度、物流监控、在线监测、线上营销等多元化服务，助力企业经营体系不断优化。同时，通过智能筛选、远程操作、税费缴纳、在线应聘等多元化服务让企业的管理更加优化、有序。通过材料技术、云服务、人工智能等让企业拥有更加强大的生产制造能力，最终形成一个受外界环境影响较小的，能够准时、高质量完成交付工作的商业运作机制。在这一商业模式下，传统的劳动力管理体系发生了明显的变化。从劳动者的角度来说，数字技术使得劳动者能够结合自身的需求选择最佳的时间、区域等来工作，这不仅保证了劳动者能够自由地工作，也促进了生产效率的不断提升，最大限度地减少了资源浪费，降低了资金运作成本，也确保了集中就业模式运作的安全性、稳定性和健康性。

3. 从单一型就业转向多元型工作

"工业化"背景下，模式单一更多体现为单一的"雇主、岗位、关系"等方面。"单一雇主"更多指的是在一个封闭的时间段内，从劳动者的角度来说，他们更多地服务于固定的或者是唯一的雇主。"单一岗位"指的是雇主综合考虑到高效管理、专业发展的需要，实施十分严格的岗位与责任人匹配机制。劳动者在接受相应的职业教育之后，擅长于从事某一方面的工作，具备了特定岗位的基本任职需求，才能够在较长的时间内在这一岗位工作，形成专业化资本，将其作为自己一生的职业发展诉求。这类雇主往往设置了较为科学的职业发展规划渠道，确保劳动者能够不断成长，获得相应的职位晋升与发展机遇。"单一关系"说明对于雇主和被雇佣者来说，他们之间的关系是唯一的，也就是常说的雇佣关系，其发展的时间上限是百年。单一性模式无论从被雇佣者还是雇佣者的角度来说都具有极强的刚性限制。从劳动者的角度来说，难以满足工作深度与广度的需要。他们长期生活在固定的工作环境之下，难以获得更加多元的体验，个体的能力难以被完全挖掘出来。对于劳动者而言，他们的生活不够多元和丰富，幸福感不强，在面对外界的变化时，也很难更好地适应。从雇主的角度来说，没有实现最优化的人力资本配置，同时面对日益激烈的市场竞争时，也很难进行灵活的应对。

面对迅速发展的数字技术，企业要想获得稳定的发展，劳动者要想职业发展更加长久，单一模式是无法满足的。在外界环境发生较大的变化时，直接会带来"就业硬着陆"的风险。鉴于数字技术的参与，选择多元化的基本模式能够促进企业获得更大的收益，还能确保劳动者的利益最大化。多元型工作具有更大的灵活性，包容性极强，形式也更为灵活。在这一模式的助推作用下，劳动者能够依靠为特定的雇主服务，同时也能够服务于多元雇主。有时也可以选择以服务于一个雇主为主，同时兼职服务于其他雇主。从劳动者的角度来说，可以选择一个岗位为其毕生的服务领域，也可以选择不同的岗位丰富自身的职业生涯，让自己的生活更加丰富多彩。雇主和雇佣者可以是长久合作的，也可以是合作伙伴、工作伙伴等。总之，人力资本关系具有较强的多元性。

### (二) 新工作方式的构建——智能协同

在建立数字化商业活动管理系统时，要牢牢把握客户的价值诉求，在工作方式的选择上，更多以协同的方式作为合作的重点和关键。从企业的角度来说，需要通过科学的方式对数字化技术进行运用，牢牢把握协同这一关键，为数字化战略做出有益的尝试，更好地实现数字工作个体赋能。这种模式也可以被称作是"智能协同"。从工作方式所涵盖内容的角度来说，它主要包括以下几个方面。

1. 确定数字工作战略

在企业工作的过程中，常常将数字化背景下的顾客价值作为一个重点。无论在何种工作背景下，都将互动作为一个重要的构建重点。在对工作角色进行分配时，常常依照基本的流程进行岗位的制定，通过更高质量的复合设计，实现顾客价值最大化。在对不同角色行为进行判断时，一个重要的标准就在于能否创造最大的顾客价值。

2. 构建数字工作组织

与之前企业单独确立工作发展目标和最优化发展路径的模式不同，由于技术作用的不断发挥，企业在确定未来规划和长远目标时，会考虑到所有参与数字化商业活动的主体诉求。依照基本目标与长远规划，企业致力于建设协同性强、能够赋能的、多元参与的基本管理模式。同时，能够对不同的参与主体进行价值的分配和财务的分配，共同建设高质量的数字工作组织。

### 3. 赋能数字工作个体

数字组织里，个体在进入相应的终端时需要输入自身的终端信息，然后才能够进入线上空间之中，帮助线上多个活动主体，最大化地利用好顾客价值。同时，在人工智能等多元化技术的支持下，线上线下的参与者众多，彼此之间的协作效率不断提升，最终能够实现高质量完成工作任务的目的。

从商业活动的现实情况来看，智能协同取得了一个又一个的丰硕成果。在不断交互的过程中，数字化顾客价值得到充分挖掘。所以，在不同场景之中，主体之间协调的效果与交流的质量决定了工作方式能否真正生效。

## (三) 新工作方式的价值

### 1. 数字化业务活动的沟通与协同价值

数字化业务开展的过程中，不同主体综合多元化的视频会议、网上论坛、官方直播等形式完成互动。同时，从多元化的角度入手，包括现场互动、价值引导、资源分享等形式，让顾客获得更好的体验。比如，达美乐作为著名的比萨品牌，能够在口味调整方面不断汲取顾客的反馈，通过多个社交平台不断扩大"比萨大亨"的影响力。顾客自主选择多种食材，然后做出专属于自己的比萨，同时，可以将自己认为较好的口味通过线上平台进行分享和推荐。如果配方最终被采纳，还能获得一定的奖金。

### 2. 数字化产业活动的沟通与协同价值

在与数字化相关的各种活动中，各个主体在交流的过程中对数字技术的依赖性不断上升，以便于更好地掌握顾客需求与价值。比如，韩都衣舍建立了客户数据平台，对不同客户的消费诉求进行调研，通过优化经营模式，实施小批量、多返单策略，让自身的产业选择更好地适应市场发展潮流。

### 3. 数字化运营活动的沟通与协同价值

数字技术在具体的数字化运营活动过程中起到的作用是不可小觑的。部分情况下，借助于人工智能就可以完成预期目标。举例说明：对于同一个数字化顾客 ID，阿里巴巴借助淘宝网所具备的业务活动功能以及协同平台，就能够搭建起有利于进行数字化的产业活动平台，比如协同平台。同时，辅之以菜鸟网络、口碑网等平台开发为消费者推出的本地以及在线两项服务通道，可以在短时间内创造出价值，同时扩大顾客价值。

数字技术的应用催生出了数字化顾客，同时也让数字化商业活动逐渐兴起、发展，进而创造出了较为可观的数字化顾客价值。当下，企业想要跟上数字化发展趋势，首先就要从现有的工作方式入手，加快升级数字商业活动管理系统，从而让员工可以采用智能协同工作方式来进行办公，而这一工作方式对于公司发展而言也起到了十分关键的作用。

## 第三节　数字经济发展趋势

### 一、数字经济带来的变革

与传统经济相比，数字经济在生产要素、增长动力、产业结构等诸多方面带来了创新与变革。

#### (一) 数字经济引发生产要素的变革

数字经济的一个重要特征是将数据纳入主要生产要素。ICT 技术的发展以及信息系统在各行业、各领域的普及引发了数据量的爆发式增长，数据所蕴含的价值受到越来越多的关注。在当前经济环境下，数据逐渐被看成像农业时代土地一样的 "基本生产资料"，成为经济组织之间生产、加工、交易的主要对象之一。随着数据的获取、存储、分析等相关技术不断提高，大数据在诸多领域走上了产业化发展道路，对全球生产、流通、分配、消费活动以及经济运行机制产生了重要的影响。数据与传统土地、资本、劳动力等关键要素的关系也成为数字经济发展中需要探讨的重要问题。

#### (二) 数字经济成为经济增长的新动能

数字经济成为引领经济增长的新动能，这已经是不争的事实。ICT 产业在过去二十年经历了飞速的发展，成为创新最活跃的领域之一，由 ICT 产业所带动的经济似乎比以传统工业为基础的经济增长快得多。有学者将数字经济所呈现的高速增长趋势归功于 ICT 产业的"规模报酬递增（Increasing returns to scale, IRS）"现象（随着要素投入的增加，单位要素投入对应的产出越大），而传统工业经济在增长中表现出明显的规模报酬递减性质。

数字经济不仅在生产函数上表现出规模报酬递增的特点，其技术进步的速度也比工业经济下的技术进步快得多，因此在经济增长上也有更好的表现。除了 ICT 技术本身的发展，ICT 与传统产业现有技术的融合也极大地促进了这些产业的技术进步，进而提高了传统产业的附加值和生产效率。例如汽车制造、机械电子等传统制造行业，都在积极尝试将最先进的 ICT 技术运用于生产、销售等各个环节。随着数字化转型在各行各业的深入推进，数字经济在推动全球经济增长方面将释放出更大的潜力。

### （三）数字经济突破原有的产业结构和边界

当前数字经济发展的一个显著特点是数字化进程从需求端逐渐向供给端渗透。在这个过程中，原有的产业结构正在发生变化，产业边界变得模糊，产业融合成为主要趋势。过去二十年，电子商务的蓬勃发展极大地促进了需求端的数字化转型，涌现出 O2O 服务、互联网金融、共享经济等一大批新模式、新业态。随着需求端数字化转型的深入，第三产业的比重不断提升，服务业的数字化已经形成良好的扩展发展基础，正逐步实现跨行业、跨地区的发展融合。

与此同时，需求端的数字化转型也在推动供给端的数字化转型和升级，农业、制造业等传统行业在发展理念和模式上发生了巨大的变化，从注重产品转向产品、服务并重，从生产／技术驱动转向客户需求驱动，从独立式发展转向融合型发展，从分散的资源配置转向高度融合的资源协同，等等。随着传统行业数字化进程的推进，原有的产业边界将更加模糊，产业结构将不断优化。

### （四）数字经济重塑经济组织方式与生产管理体系

数字化进程中的经济组织方式与传统工业化进程中的经济组织方式相比发生了重大变革。其中最突出的表现是，以互联网为基础的高新科技发展使企业间的信息流通和交易过程更有效率，交易成本显著下降，通过网络实现经济活动的再组织过程显得比任何时候都要方便、快速且成本低廉，企业间的关系通过互联网平台形成新的分工和结构，生产管理体系趋于平台化和生态化。

工业经济时代的生产管理体系注重建立"科学的管理方式"，福特公司的汽车生产流水线就是一个典型代表。而数字经济时代则更加注重"生态"的建设，平台管理方、硬件生产商、软件开发商、用户等等，都是这个生态中不可或缺的一方。苹果公司生产的 iPhone 就是一个很好的例子。iPhone 所依赖的 IOS 系统形成了一个庞大的移动应用（App）生态，用户通过下载和安装自己喜欢的 App，就可以实现定制化的需求。正是因为做到了"千人千面"，iPhone 才能够取得如此巨大的成功。

总体来看，作为一种新的经济形态，数字经济对传统经济下的增长模式、产业结构、组织模式、政府管理等产生了深刻的影响。如何发挥好数据这个关键生产要素的作用，需要我们对数字经济及其发展趋势有更加全面的认识和了解。

### （五）数字经济催生了一大批数字员工

#### 1. 数字员工概述

企业广泛和深入的数字化业务能力，是数字员工诞生的土壤。数字员工是在企业丰富的数字化业务系统基础上以 RPA 自动化技术（Robotic Process Automation，即机器人流程自动化）为核心，结合云计算、大数据、AI 等技术实现智能化，并进一步借助虚拟人技术，将智能化服务装进虚拟人的躯体，进而实现人格化，让系统为每个企业员工提供数字孪生世界的伙伴。这是企业数字员工的发展脉络。

数字员工存在于数字世界。侧重于企业经营管理的数字员工必然要以企业丰富广泛的数字化业务系统作为诞生和发挥价值的基础，并且很多业务系统本身已经提供了大量自动化处理的能力，比如基于业务规则的计算、审核、预警。这是数字员工业务技能的重要来源，也是数字员工的雏形。以费用报销机器人为例，没有费用报销系统，就不可能有什么机器人或数字员工在数字世界处理数字化的费用报销单。而且，很早之前的费用报销系统就能够自动检查对应业务单元的费用预算额度、通信费标准、住宿费标准，实现部分流程的自动化处理。

数字员工通过结合人工智能、机器学习、RPA 和分析技术来实现业务功能的端到端自动化。目前，人工智能和自动化等技术日益成熟，应用愈发广泛，为优化数字员工夯实了基础，数字员工理念进一步被各行业所接受。经行业调研发现，今后在简单劳动、数据处理、数据采集等工种部署数字员工的可能性已超过 50%。数字员工作为突破性的劳动力模式，正在加速传统用工模式的演变。

2. 数字员工：企业数字化转型的下一个里程碑

(1) 中国是数字员工领域的全球领导力量

中国的 ICT 产业在全球有着非常强的竞争力，在企业经营管理领域的数字化产业能力则更加完整和突出。企业管理领域的 RPA、AI、大数据等技术和系统均拥有独立自主的产业能力，部分技术已实现全球领先，已经完全摆脱了卡脖子的风险。

(2) 数字员工是企业数字化转型的必然阶段

数字员工近年来快速渗入千行万业，引发了市场的密集关注。越来越多的事实表明，数字员工是企业数字化未来发展的必然阶段，是企业数字化能力水平的标志。

(3) 数字员工是下一个"劳动力红利"

未来巨大的养老负担、劳动力缺失使得用数字劳动力替代人口劳动力迫在眉睫，通过数字员工提高人的劳动效率是必然方向，是下一个劳动力红利。而企业需要未雨绸缪，提早布局数字员工，在未来劳动力竞争中占得先机。因此，数字员工必然会快速普及。

(4) 数字员工是数字技术发展的必然

从第一次工业革命到现在，每一次技术迭代都会催生出新的生产方式。自第三次工业革命——信息化革命开始，计算机的商业化应用使得 20 世纪 60 年代出现了第一代企业生产管理系统 MRP。计算机算力的急速提升、计算机网络化应用使得 MRP 向 ERP 跃进。而随着通信技术、云计算的发展，云转型成为近年来企业数字化转型的一大里程碑。

数字化技术发展到今天，从 RPA 流程自动化到 AI 人工智能，智能化技术已经愈发成熟。智能化是现在及未来数字化发展的主要技术方向，同时，这些技术的应用成本已经下降到很低的水平，加上技术门槛变低、从业人员众多、成功实践越来越多。在此基础上，虚拟人技术也在蓬勃发展，企业数字员工普及的技术条件已经成熟。

（5）数字员工是人类操控数字世界的搭档。信息系统发展已经60余年，企业的数字化转型还在不断深入。企业尤其是大型企业的数字化程度越来越高，系统、数据越来越多，所有的生产要素几乎都已经数字化了，数字孪生的企业已渐显雏形。这为数字员工的生存、发展壮大提供了广阔的空间，就像地球会孕育人类一样，这个元宇宙中的企业也必然会演化出庞大的数字员工群体。

另一方面，这个企业的元宇宙也会被其孕育的数字员工群体改造。企业海量的数据，越来越复杂的系统、应用、流程也让企业显得越来越"笨重"，企业员工受困于这些大量的系统孤岛、数据烟囱、算法黑箱。如何让企业员工更有效、更准确地使用复杂的系统和海量的数据，就成为每个企业管理者必须考虑的问题。这时候，给每个员工配置多个智能的协作者、多架"忠诚的僚机"将会成为必然的解决方案。

（6）数字员工是企业数字竞争力水平的标志

世界越来越数字化了，构建数字世界的企业数字竞争力，毫无疑问是企业未来竞争制胜的关键。竞争会促进包括数字员工在内的新事物的不断尝试和普及，那些率先布局数字员工的企业，相信一定会因此在竞争中受益。

数字世界的开路先锋90后，已经逐渐成为职场主力，从记事起就有了互联网的陪伴。对他们来说，虚拟世界、智能化世界像是与生俱来的。他们习惯在这个数字化世界中消费生活，也擅长、喜欢直至要求在一个智能化的数字世界里开展工作，像科幻电影里面随处可见的 AI 机器人、智能管家的世界一样。数字员工很可能会是新时代人类的工作方式以及企业链接市场的方式，数字员工也将成为企业未来数字竞争力的标志。

## 二、数字经济发展趋势的分析

### （一）数字经济发展阶段

从技术角度来看，数字经济经历了两个大的发展阶段：数字经济 1.0 阶段和数字经济 2.0 阶段。

数字经济 1.0 阶段是从数字经济萌芽到 21 世纪第一个十年，核心是 IT 化。互联网应用刚刚开始发育，信息技术在传统行业和领域得到推广应用。这个阶段属于 IT 技术的普及期。通过推广应用 IT 技术，大幅提升了原有经济系统的运行效率，降低了运行成本。同时，以 IT 设备制造和相应软件业为主体的信息产业成长起来，互联网开始兴起并得到初步应用。这一阶段，移动互联网应用和电子商务刚刚起步，还没有在全社会形成成熟的互联网商业模式。这个阶段持续到 21 世纪第一个十年之后。

数字经济 2.0 阶段是从 2010 年至今。移动互联广泛应用，电子商务蓬勃发展。特别是 2012 年之后，工业互联网兴起，基于数字技术和以互联网平台为重要载体的新的数字经济呈现爆发式增长态势。这个阶段可以称为数字经济 2.0 时代。

数字经济 2.0 的核心是 DT 化，万物在线互联以前所未有的速度增长，数据成为驱动商业模式创新和发展的核心力量。数字经济 2.0 架构在"云网端"新基础设施之上，催生出互联网平台这一全新的经济模式，并带来了商业模式、组织模式、就业模式的革命性变化。

与数字经济 1.0 阶段相比，数字经济 2.0 阶段在技术水平、业务方向、组织架构方面都存在着巨大的差异。

一是平台化。平台是数字经济 2.0 阶段的基础，依托"云网端"新基础设施，互联网平台创造了全新的商业环境。信息流不再被工业经济供应链体系中存在的巨头所阻隔，供应商和消费者的距离大幅缩短，沟通成本大大降低，这些直接支撑了大规模协作的形成。信息的透明使得企业信用不需要和规模挂钩，各种类型、各种行业的中小企业通过接入平台获得了直接服务消费者的机会。在生态上，成熟的数字经济 2.0 平台上的生态极为丰富。以阿里巴巴为例，平台为买卖双方提供了基础、标准的服务，大量个性化的商业服务，则由生态系统内各种各样的服务商所提供。目前，服务市场已聚集数万家服务商及服务者，为千万淘宝及天猫卖家提供服务，年交易规模达数十亿元，提供了店铺装修、图片拍摄、流量推广、商品管理、订单管理、企业内部管理、人员外包等相关服务与工具几十万个，借助数字经济 2.0 平台能够实现超大规模的协作。在大淘宝的零售平台上，"大淘宝平台 +4 亿消费者

+约1000万在线商家"，共同构成了一个超大规模的分工协作体系。这种超大规模的用户数，是工业时代的公司无法比拟的。

二是数据化。新兴的数字经济2.0阶段最重要的特征就是高度数据化。工业时代的公司以IT技术为核心实现数字化，数据的流动以及在线化范围有限，数据应用场景主要局限在以自我为中心的小的生态圈中。在数字经济2.0阶段，数据的流动与共享推动着商业流程跨越企业边界，编织全新的生态网络与价值网络。广泛使用的云计算模糊了企业内部IT与外部IT的界限，公司IT系统一旦穿过防火墙，就非常容易与其他公司的IT系统实现信息交流与交换，从而越过公司界限执行业务流程。公司间传统的数据与程序相隔离的状态被打破，随之将出现新的商业生态和价值网络，公司间的业务规模可能会高速增长。这反过来将有助于商业生态系统的建立和发展。

三是普惠化。在数字经济2.0阶段，"人人参与、共建共享"的特点，实现了普惠科技、普惠金融和普惠贸易。在科技领域，以云计算为代表的按需服务业务形态使个人及各类企业可以用很低的成本就轻松获得所需要的计算、存储和网络资源，而不再需要购买昂贵的软硬件产品和网络设备，大大降低了技术门槛。阿里研究院测算，云计算的使用可以使企业使用IT的成本降低70%，创新效率提升3倍。在金融领域，以互联网信用为基础的新型信用评分模型，对于普惠金融的实现具有不可替代的作用。利用大数据技术可以对不同风险个体的风险评估开展精准建模，从而能够匹配差异化的金融信贷服务，让更多个体享受适合其风险水平的金融信贷服务，可授信的客户数量将大幅提升。

在全球贸易领域，数字经济2.0带来了普惠贸易的全新局面。普惠贸易意味着各类贸易主体都能参与全球贸易并从中获利，贸易秩序也将更加公平公正。同时，贸易流程更加方便透明，弱势群体能够参与到国际贸易中。因为在国际贸易中实现了信息对称，所以全球消费者能更加便捷地购买来自全球任意地点的商品，从而促进跨境电商快速发展。在这样的贸易中，各类参与主体都能从中获益，如消费者、小企业等。

### (二) 数字经济发展的趋向

1. "平台人" 将成为数字经济的新主角

随着 5G 技术的日益普及，工业互联网应用日益广泛，万物互联程度进一步加深，社交网络和商品网络的融合已经创造出了中国奇迹，并将进一步绽放光彩。在网络的连接下，亿万人 (个体) 将工作和生活在各类平台之上，成为数字经济生态系统中的新新人类——"平台人"。基于互联网的"平台式创业"将成为一种重要的就业方式，无数的平台将为社会创造上亿个就业机会，成为促进民生发展和社会稳定的重要基石。

"平台人"这一概念跨越地理距离、弱化种族差异、助力残障人士等弱势群体，为大众创造更加公平且更易获得的就业机会，使得"分布式就业"越来越普遍。基于数字技术的产业、商业和经济模式快速创新、演化、迭代，大量高度细分、高度差异化的新职业将大量涌现。

在平台上，每一个个体都有平等的权利和机会成为数字经济活动中的活跃主体。每一个个体的创新、创业、创意、创造能力将得到极大释放，人人设计、人人制造、人人销售、人人消费、人人贸易、人人银行、人人物流等新的生产经营模式将逐步涌现。众创、众设将成为企业技术研发和产品设计的重要方式，4D 打印将成为满足个人化、快捷需求的新型制造模式。

八小时工作制将被打破，大量人群将通过平台实现自我雇佣和自由就业，灵活就业成为未来人们的重要就业形态。制造业领域和服务业领域大量重复、枯燥、繁重的劳动，以及大量的家庭服务将被人工智能机器人取代，人工智能机器人将成为重要的劳动力大军，这也必将造成人类在特定时期内的技术性失业。随着智能化技术的发展，"平台人"的工作将越来越简单，人类将更多地倾向于成为音乐家、数学家、运动员、服装设计师、瑜伽大师、小说作者等，成为给机器人安排任务的"主人"。人类和机器之间将形成一种共生共存的关系。

2. 数据"核爆"带来更大的不确定性

随着物联网、移动互联网提档升级，超过万亿个传感器将接入互联网，使得数据汇聚的速度"核爆"式增长，算力的增加、算法的进步和数据的汇聚产生的叠加效应，将引发更大的不确定性。

人与人、人与物、物与物构建了互联互通的网络，人与机器自由穿梭在边界日益模糊的虚拟与现实之间，共同编织着生动的实时在线世界。数据量将呈现爆发式增长，真正成为核心生产要素，通过在线数据、迭代算法、实时计算匹配供需，进行市场资源配置。

预计未来十年：超过万亿个传感器将接入移动互联网，超过10%的衣服、鞋、眼镜等都能接入移动互联网，首款植入人体式手机也将上市；无人驾驶汽车将占美国汽车保有量的10%，人们将乐于使用汽车共享计划而非使用私家车，全球范围内使用汽车共享服务的行驶里程将超过私家车；超过10%的人拥有人工智能私人助理，它可以为我们买东西、搭配饮食、提供健康咨询、安排行程、补充知识等；自然人机交互成为主流，人类可以通过自然语言、身体动作，甚至思考意识与机器进行交流；全球的数据量将超过230ZB，以数据计算为基础的零人工干预的经济模式也将迅猛发展，预计将超过经济总量的10%；计算量将代替耗电量成为衡量经济活跃度的重要指标。

数字经济是以交易和账户为中心的经济体系，交易效率远远超过生产效率，不同于以生产为中心的工业经济体系。从生产到消费，从柜台到平台，从IT到DT，数字经济的发展将对作为传统经济学基础的诸多经济理论假设带来巨大冲击，如市场理论、产业经济学理论、边际成本理论、产权理论、资源稀缺性、理性人假设等。很多理论可能被推翻，需要在新的背景下重构。

预计未来十年，经济学者将更深入地参与到数字经济实践中，创造性地提出数字经济的核心概念，研究数字经济的核心问题，并创造性地构建起数字经济的理论体系或框架；数据产权、消费者到企业（Customer to Business, C2B）产业组织、"平台+个人"的企业组织、互联网信用等理论研究将取得突破；对"平台经济体"的认识和测度取得突破并为社会各界接受，"数字经济"作为一个专门门类，成为国民经济统计体系的新类别。

不管我们是热切拥抱，还是熟视无睹，不管我们是兴奋，还是焦虑，都将会与技术的大变革相伴而生。想象未来，许多主导我们生活、工作的数字产品、数字服务还在路上，数字经济的创造才刚刚开始。

# 第二章　数字经济背景下企业转型的动力、模式与核心技术

## 第一节　数字经济背景下企业转型的根本动力

### 一、学术界与行业专家对企业数字化转型的理解和定义

在给出我们对于企业数字化转型的定义前，让我们先看看国内外的学者与专家是如何定义企业数字化转型的。

#### (一) 麻省理工学院的专家对企业数字化转型的界定

麻省理工学院数字经济项目的首席科学家安德鲁·麦卡菲（Andrew McAfee）认为，企业数字化转型是"对企业如何利用数字技术，从根本上改变绩效的重新思考和反思"，也就是"企业在为客户创造有价值的服务方面，进行深刻的、根本的变革"。他还特别指出，企业数字化转型的开始是企业的高层管理人员，然后企业各个部门需要团结协作，将以业务发展为中心的理念和那些不断兴起的技术进行结合。麦卡菲认为，企业数字化转型是企业对其业务进行系统性的、彻底的重新定义，所以它不仅仅是对信息技术进行升级，更是对组织活动、流程、业务模式和员工能力等方方面面进行重新定义。企业数字化转型就是利用数字化技术来推动企业组织、业务模式、组织架构、企业文化等多个方面的变革措施。实施数字化转型的企业，一般都会去追寻新的收入来源、新的产品和服务、新的商业模式。因此，企业数字化转型是技术与商业模式的深度融合，企业数字化转型的最终结果是商业模式的变革。

#### (二) 国内学者对企业数字化转型的界定

国内的一些学者认为企业数字化转型真正的意义，就是一切将会被重

新定义，包括人们的生活，也包括人们所能接触或感受到的所有场景，这些都会被重新定义。企业数字化转型最大的改变是整个商业逻辑变了，而商业逻辑改变当中最大的变化就是价值创造和获取方式发生了本质变化。

**（三）国内外行业专家对企业数字化转型的界定**

国际知名的咨询公司埃森哲公司认为，企业数字化是运用新一代数字与智能技术，通过网络协同、数据智能，链接资源、重组流程、赋能组织、处理交易、执行作业、融入数字经济、推进企业业务创新（研发、生产、营销、服务等）、管理变革（管理模式、组织与人才、管理决策等），从而转变生产经营与管理方式，实现更强竞争优势、更高经营绩效、更可持续发展的进步过程。

综合上面学者与专家的观点，我们认为企业数字化转型是多个维度的工作，应包含以下五种概念：

（1）企业数字化转型的基础是数据。

（2）企业数字化转型首先是思想的转型。

（3）企业数字化转型是信息技术转型。

（4）企业数字化转型是业务转型。

（5）企业数字化转型是生产力转型。

企业数字化转型是企业组织结构和企业文化的转型，主要聚焦三项工作：

（1）构建企业"数智力"，即企业的数字化能力，是指企业数字与智能化基础设施建设（如数字化中台建设），以及"数智"技术的创新应用与研发能力的打造。

（2）以推动降本增效为目标的数字化管理，聚焦运用新技术驱动的管理变革。

（3）以驱动增长为目标的数字化经营，聚焦运用新技术赋能业务创新，创新产品、服务、营销、渠道及供应链，打造卓越客户体验。

综合以上观点，我们将企业数字化转型定义为："基于数字思维的战略思考与创新方法，它重新梳理企业的价值提议、商业模式、管理思维、运营流程，为企业创造更强大竞争力。"

数字化转型是一项复杂的系统工程，涉及商业模式、产品创新、组织架构、管理方法、流程优化等诸多方面的变革。数字化转型包含战略层、管理层、运营层、技术基础层等四个层级。数字化转型不是孤立地推进某个系统或是局部的组织调整，而是必须在整个企业的层面，包括流程、技术、人才、组织、文化和制度等方面，都做出有计划的、系统性的重大调整。

## 二、数字经济背景下企业转型的根本动力分析

### （一）企业数字化转型是数字经济发展的大势所趋

在快速变化的市场中竞争发展，如何获得更大的市场份额、更多的盈利以及更广阔的发展前景，是企业不断转型升级的根本动力。在当下的宏观背景下，关于为什么要进行数字化转型，不同的企业可以罗列出很多必须转型的理由，但归结起来无外乎四大类：数字经济大趋势、市场竞争的需要、技术发展的引领和客户端的倒逼机制。

2019年4月18日，中国信通院发布《中国数字经济发展与就业白皮书（2019年）》（以下简称《白皮书》），这是继2015年以来，中国信通院连续第五次发布数字经济白皮书。《白皮书》显示，2018年，我国数字经济规模达到31.3万亿元，名义增长20.9%，占GDP的比重为34.8%。数字经济发展对GDP增长的贡献率达到67.9%，贡献率同比提升12.9个百分点，超越部分发达国家水平，成为带动我国国民经济发展的核心关键力量。

2016年，在G20杭州峰会上，"数字经济"成为热词。中国作为"数字经济"议题的主席国，组织二十国集团成员成立了G20数字经济工作组，组织召开了各类多边、双边国际会议共计30余场，最终形成了成果文件《G20数字经济发展与合作倡议》，并第一次在会议决议中明确了"数字经济"的定义：数字经济是指以使用数字化的知识和信息作为关键生产要素、以现代信息网络作为重要载体、以信息通信技术的有效使用作为效率提升和经济结构优化的重要推动力的一系列经济活动。这是我国数字经济掀起的第一波大潮，之后潮涌不断。

2017年，第四届世界互联网大会在浙江乌镇开幕，"数字经济"再次成为大会的最热词。

2018年，首届中国国际智能产业博览会在重庆召开。会上指出，中国

高度重视创新驱动发展，坚定贯彻新发展理念，加快推进数字产业化、产业数字化，努力推动高质量发展、创造高品质生活。中国愿积极参与数字经济国际合作，同各国携手推动数字经济健康发展，为世界经济增长培育新动力、开辟新空间。

2019年，中国国际数字经济博览会在河北省石家庄市开幕。会上指出，当今世界，科技革命和产业变革日新月异，数字经济蓬勃发展，深刻改变着人类生产生活方式，对各国经济社会发展、全球治理体系、人类文明进程影响深远。中国高度重视发展数字经济，在创新、协调、绿色、开放、共享的新发展理念指引下，中国正积极推进数字产业化、产业数字化，引导数字经济和实体经济深度融合，推动经济高质量发展。

2020年被中国和东盟国家领导人确定为中国—东盟数字经济合作年。中国如此重视数字经济，世界各国莫不如此。美、日、韩等国举措频出。2015年，欧盟启动《数字化单一市场战略》，通过一系列措施消除法律和监管障碍，着力将28个成员国打造成统一的数字市场；2016年4月，出台《产业数字化新规划》，计划在5G、云计算、物联网和网络安全等重点领域加快建立共同标准，以统筹欧盟各成员国的产业数字化转型，逐步形成《欧洲工业数字化战略》。

**（二）企业数字化转型是市场竞争的需要**

在全球一体化背景下，几乎所有的竞争都是全球性的。一个企业只有比同类企业成本更低、性能更优、功能更多、响应市场变化更快，才能脱颖而出，这是企业生死攸关的大事。

2017年10月，世界经济论坛发布的《第四次工业革命对供应链的影响》白皮书指出，数字化变革将使制造业企业成本降低17.6%、营收增加22.6%，物流服务业成本降低34.2%、营收增加33.6%，零售业成本降低7.8%、营收增加33.3%。

互联网时代，信息不对称现象几乎消失，所有的企业在同一个市场上面对面竞争，优劣高下一目了然，拥有更低成本和更快响应速度的企业就能抢得发展先机。没有哪一种技术像数字技术一样，在提高劳动生产率、降本增效方面效果如此立竿见影。

在很多领域，是否采用了数字化技术甚至成为一种价值符号。在白色家电领域，空调加上智能遥控，身价倍增，冰箱加上移动应用就引导了消费潮流。数字化技术成为产品竞争的强大武器，越是竞争白热化的市场领域，越能凸显数字技术的价值。

激烈的生存竞争成为数字化转型的第二大驱动力。

### (三) 企业数字化转型是技术发展的引领

科技作为一种独立的力量甚至是颠覆性力量，在企业变革中发挥着巨大的引领作用。

19世纪初，英国最大的煤油灯公司爱和灯具公司与德意志帝国的一家叫作苏梅的油灯公司为了争夺欧洲的煤油灯市场，展开了激烈的竞争。两家公司都投入巨资，在煤油灯的设计、亮度、持久度上进行改良。爱和灯具公司甚至借助国家力量，搞贸易保护，以禁止德国的煤油灯登陆英国市场。这场英德之间的竞争，在历史上被戏称为煤油灯大战。然而，一种全新的科技借助爱迪生之手诞生了。这种科技叫作电灯，它轻易地摧毁了煤油灯行业。

同样的事情还发生在汽车和数码照相上，它们分别颠覆了马车行业和胶片行业。这里的颠覆性技术都不是用户提出的"新需求"。在电灯技术出现之前，没有哪个用户提出需要一盏电灯，他们需要的只是更亮的煤油灯。

在重大历史变革时期，企业最可怕的敌人不是商场上的对手，而是人们根本意识不到的另一种事物——科技。对手可能会给你带来一定的损失，但科技带来的可能是整个行业的颠覆。所以，一定要认识到，科技作为一种独立的力量存在着，并且在历史长河中，以远比人类（至少是大多数人）更快的速度前进。它不容忽视，无法阻止，只能跟随，就像眼前的数字技术一样。

对于传统企业而言，一定要更好地释放数字技术的独立价值，因为它本就是一匹野马，少一些管束，才能跑出一条新路。

### (四) 企业数字化转型是跨行业的共同需求

大量跨行业企业，涉及生产、服务、餐饮、金融、零售、健康领域，不同行业关于数字化转型有着共同的需求。

这些企业有的是年营收数百亿元甚至上千亿元的大型企业，如顶新集团、海尔集团、上汽集团、迪士尼、农业银行、国药集团、复星集团、波司登集团；也有百亿元级的企业，如来伊份、麦德龙超市集团、全家便利连锁、西式快餐连锁德克士、南京中央商场；也有年营收数十亿元的中型企业，如上海知名"网红"餐厅耶里夏丽、安徽知名内衣与服饰企业好波集团、河南知名汽配企业阳杰汽配、上海高端养生会所1855、华东地区知名烘焙连锁克里斯汀面包、河南高端汽车维修连锁中鑫之宝、电话直销企业麦考林等，以及一些新创企业。这些处在不同行业的企业对数字化创新都有一定的期待，希望能通过这个过程让企业上一个台阶。

## 第二节　数字经济背景下企业化转型的模式、定律与保障措施

### 一、数字经济背景下企业化转型的模式

企业数字化转型不是天外飞来的 UFO，而是数字技术与企业业务不断融合之后，自然而然出现的一种新的经济现象。因此，一定要清晰地看到这种融合从无到有、从低到高、从被动融合到主动驱动这样一个递进的发展路径，沿着这条路径，我们可以定义企业数字化转型的四种模式。

#### (一) 赋能

赋能就是利用数字技术为传统生产要素插上数字翅膀，大幅度提升生产效能，为企业带来新的价值。数字化赋能是企业数字化转型的初级阶段，也是必要阶段。通过这一阶段的实践，能够培育企业的数字化文化，增强员工的数字化意识和对转型的信心。这里将赋能分为四种类型。

1. 设备赋能

传统的设备、设施、生产装置等不具备数字化能力，如联网能力、感知能力等，需要企业安排专人定期巡检设备、设施的运行状况，通过抄表发现安全隐患。也有些企业通过给设备加装数字仪表、传感器以及联网设备等，从根本上改变传统的巡检、查表模式。笔者家的电表已经完全实现了数字化，可以随时随地在网上购电，但是水表还没有实现数字化，经常能听见查

表工作人员的叫喊声。通过数字赋能，节约了人力，提高了服务水平，改变了原来的生产组织模式，实现了业务转型。

2. 产品赋能

通过进行数字化赋能，能够为产品附加很多新的功能，从而提升产品的价值，给用户带来全新体验，也给企业带来更多收益。对白色家电的数字化赋能是企业应用最多的数字化赋能方式。比如，给家用空调加装上网设备，实现遥控开关机，在主人下班回家前实现家庭恒温；给冰箱加装数字设备，可以知道冰箱里还有多少储备，通知主人提前购买；等等。同时，数字化赋能的产品还给企业售后服务带来便利，让企业可以随时掌握产品的运行状况，实现预知性维修、维护。通过对产品的数字化赋能，不仅给用户和企业带来新的价值，也改变了用户的消费模式和企业的售后服务模式。

3. 员工赋能

用数字技术武装企业员工，从而减轻员工劳动强度、提高劳动生产效率、改变对员工的组织方式和管理方式。这就像现代战争中的单兵作战系统一样。在传统战争中，士兵遇到的最大问题就是在广袤的战场上不知道自己在哪里，也不知道战友在哪里，甚至不知道敌人在哪里，从而无法实时接收上级指令，单兵作战能力非常弱。加装了数字化设备的现代化士兵，作为一个独立的作战单元，通过卫星通信设施、定位技术、视频技术，能够清晰地知道自己所处的位置、战友所处的位置以及敌人所处的位置，能够随时接收指挥部的指令，随时呼叫地面和空中的远程炮火支援。数字化赋能不但极大地强化了单兵作战能力，而且改变了传统的作战组织方式。

数字化赋能员工还有另一个作用，就是对员工工作状态随时掌控、监督和考核。譬如，原油长输管道暴露在地面，在荒无人烟的地区经常面临自然损坏或者人为破坏的风险。巡线工需要定时沿线巡查，而在条件恶劣地区或者遭遇恶劣天气时，总有一些不负责任的巡线工把每2小时一次的巡查随意改为每5小时或6小时一次，或者更长时间不到现场，给犯罪分子打孔盗油留下可乘之机。通过加装数字化设备，可以给巡线工设定巡检路线，实时跟踪记录，确保工作高质量完成。结合前述的设备赋能，还可以改变巡检方式，从定时巡检改为有问题报警再巡检，甚至可以完全取消巡检，从而重塑业务组织模式。

#### 4.团队赋能

可以把团队赋能看成员工赋能的升级版，有些需要团队协作甚至远程协作才能完成的工序或者任务，通过数字技术，把团队成员"武装"起来，可以实现高效协同。

通过对物联网、卫星定位、传感器、5G、移动应用等数字技术的应用，企业可以实现对运行环节、装备、产品以及参与人员的赋能，从而大幅度降低员工的劳动强度和企业用人数量，提高生产效率，改进生产安全状况，优化生产组织模式，增加产品附加值，使企业、员工和客户多方受益。

赋能具有规模小、易操作、风险低、见效快的特点，是企业数字化转型的最佳入手点。虽然它具有"点状"特征，但是在实际运用中往往多点并行，甚至星罗棋布，产生"面状"价值。

将赋能定义为企业数字化转型的基本模式，对全面推进企业数字化转型有巨大的现实意义。其规模小、易操作、风险低、见效快等"短平快"特点，给许多信息化技术薄弱的中小企业提供了一个力所能及的起点。企业数字化转型不再是高不可攀的宏大目标，而是具有可以逐步攀登的台阶的可实现的目标。对正在推进数字化转型的企业而言，能够快速见到效果，会给予它们坚持下去的勇气和信心，让它们阔步向前。

### （二）优化

优化是所有智慧生命的基本能力。小孩子知道抄近路，知道从对比中优选大一点的水果，以及趋利避害、避重就轻等行为，都是这种基本能力的体现。在企业生产中，具有丰富知识和经验的资深工作者更受重用。这些工作者在日常工作中习惯于按照经验或套路进行工作，往往能够取得很好的效果。

数字化时代，一定要用基于数字模型的优化取代基于个人经验的优化，用"15克"取代"少许"，用"6厘米"取代"一巴掌宽"，不仅要锱铢必较，取得"卡边"效益，还要取得利用经验无法获得的新效益。

在企业生产、经营、管理的各个层面，优化无处不在。从会议安排、出差安排、员工用车调度、生产班组安排，到原材料仓储布局、产品配送方案等，产品生产周期中的每一个环节都需要优化，而全局更需要优化。在没有实现数字化的企业里，有些可以依靠经验在一定程度上完成粗略的优化，但有些根本无法实现优化。这就体现出企业数字化转型的必要性和迫切性。

优化通常是针对一个或者多个业务流程，在数字化的基础上，利用数字化建模技术进行流程优化。优化可以在部分流程上展开，也可以在全流程上展开。通过优化，可以实现最优的资源配置，包括人力投入，设备设施使用，原材料、能源和水的消耗等，通常能够达到缩短流程、减少人力、降低能耗物耗、提升时效等效果。优化已经成为企业降本增效的利器。

流程优化通常需要较高的数字化水平、大量的数据积累、强大的建模能力和算力，很多情况下还需要大量的仪器、仪表、传感器等配置，来提供实时数据采集，有些情况下甚至还需要强大的平台能力和业务集成能力等。比如，根据市场上产品的价位变化，从生产端优化产品结构，这就需要获取市场信息的能力、预测分析能力、生产端产品结构调控能力以及对市场的供给能力等。

以一个数字化的炼化企业为例。它已经不是简单、僵化地根据上级下达的年度、季度指标安排生产了，而是根据市场需求的变化、产品价格的高低，通过数学优化模型进行实时预测，及时调整产品结构。当汽油价格高时，就多生产汽油；当柴油价格高时，就多生产柴油；当化工产品价格高时，就适度压缩汽柴油产量，多生产化工原料。以此形成"市场—生产"一体化的动态优化、实时调整的生产供应体系。

成功的优化能带来巨大的经济效益，物流是优化效果最显著的行为。优化通常具有"线状"特征，常见的如离散工业的流水线、装配线，流程工业的某个流程，物流配送、能流配置、野外施工的作业路线等。区域优化和全局优化通常围绕一个业务主线展开。

## （三）转型

转型是数字化转型的原始形态，使原来"转不动"的传统业务，经过数字化技术的赋能和润滑，实现轻松转身。"大象也能跳舞"——"大象"蕴含的巨大能量将得以有效释放，从而产生巨大的额外价值。云计算是传统计算能力转型最成功的案例，它不仅造就了世界排名第一的亚马逊云，而且创造了整个云产业。

亚马逊公司原来是美国最大的消费品电商公司。为了能够满足圣诞季疯狂大采购（类似中国的"双11"）的购物需求，亚马逊公司购置了大量的计算机服务器来应对购物高峰，但圣诞过后，购物狂潮消失，大量的计算机处于闲置状态，形成了很大一笔闲置的"优良"资产。亚马逊公司的技术人员通过虚拟技术，把大量闲置的计算机"池化"成标准的计算单元，公开对外出租。此举不仅盘活了公司资产，还催生了当前已经成为基础设施的云计算产业。一套虚拟技术加上一种新的商业模式，让亚马逊公司成功地转型成了云计算服务公司，并一直高居全球云计算产业榜首。

转型具有"面状"的特征，通常是覆盖一定范围的一个完整业务单元。这样的完整业务单元使转型具有更高的价值，更容易实现服务化，更容易找到用户并打开新的市场。中国石化的物资采购部门每年有巨额的采购任务，要完成这样的任务就必须拥有最高的效率、最优的价格和最可靠的产品质量。凭借多年的积累，中国石化获得了具有巨大竞争优势的采购能力，即保供能力。这种能力通过电子商务平台的赋能，转换为一种可交付的采购服务能力，使中国石化能够服务其他企业，从而为自己带来新的利润增加值。这就是采购部门这个业务单元（BU）的数字化转型。

### （四）再造

再造是数字化转型的高级阶段，也是传统企业转型为数字化企业的关键一步。一般有两种类型的再造。

一是企业内部与数字化生产力相适应的生产关系的再造，它可以是企业内部某一独立的业务单元（如产品销售板块），也可以是企业整体。通过再造，让古老的企业焕发青春，使数字化生产力得到充分释放。这种再造方式扬弃了传统的组织管理架构，但业务本质并没有变化。

二是打破企业边界，以并购、融合、创新等跨界方式实现企业的商业模式再造。这种再造意味着逐渐抛弃或转变原有的核心业务，寻求新的盈利模式。

以上四种转型模式也可以看成企业数字化转型的四个阶段，这四个阶段不一定要依次完成，其中的某两个阶段可以交叉或者并行展开。尤其是在一些大型企业，由于业务性质或者数字化水平的差异，不同业务单元有可能分别处于数字化转型的不同阶段。因此，我们也把四个阶段称为四种模式，有些企业内部会出现多个模式并存的局面。

这四种模式的划分对于企业认识自身的数字化转型状况很有帮助。每个企业的管理层，尤其是 CIO 的脑海中（最好是在桌面上）都应该有一幅清晰的数字化转型路线图。就好比一个军事沙盘，对照沙盘不但能清晰地看到自己的军力部署，而且能够准确地找到主攻方向，快速取胜。

## 二、企业数字化转型的风险

纵观世界各国企业数字化转型的案例，能够达到预期目的的，在总量中占比不高。究其原因，除了企业数字化转型概念模糊、评估体系错位等，还有很多需要特别关注的影响因素。概念清晰、认识统一、方向明确是企业数字化转型的首要条件；企业战略层的力推和数字技术的提升是企业数字化转型的根本保障；稳妥推进、步步为营是转型成功的不二法门。

从国内企业经营发展环境来看，推进企业数字化转型需要特别关注以下八大风险。

### (一) 法律政策风险

国家的相关法律和政策，如土地控制、能源消耗、环境保护、信贷税收等政策，以及国家对于企业拟介入转型业务的程度和方式的限定与可能的变数等，直接关乎企业数字化转型的成败。无论何时何地、对何种业务进行数字化转型，企业都要遵守中央政府和地方政府出台的有关政策、法规、条例，所有行为都要合规合法。

### (二) 转型模式选择风险

企业数字化转型业务有一个投入回收期的问题。如果转型的步子迈得太小，无法达到转型目标，在新的环境下，就会导致竞争力不足，经营状况不佳；如果转型的步子迈得过大，企业负担过重，转型就会难以为继。所以，必须确定转型的"度"，选择适合的转型模式。企业数字化转型的四种模式中，第一种和第二种起点较低，对技术要求不高，是推进转型很好的起点。

### (三) 企业文化"不适"风险

企业数字化转型是战略层面的选择，它能够自上而下带动全层级、全领域的彻底变革，可能涉及每一个人、每一项业务、每一个流程，所以必须树立与企业数字化转型相适应的全新理念，普及先进的企业数字化文化，这对于转型战略的持续推进和不断优化影响巨大。艾利安人才服务有限公司（TEK systems）调查显示，39%的企业表示自己的组织结构无法支持企业转型。艾利安人才服务有限公司市场研究专家杰森·海曼（Jason Hayman）表示："尽管技术触手可及，但如何挖掘其潜力却很复杂。那种缺乏共同愿景，没有考虑整个生态系统的狭隘心态正是数字化创新走向错误方向的根源所在。"因此，推进企业数字化转型一定要考虑企业文化的适应性。没有相适应的企业数字化文化，就像一个不懂外语的人出国旅游，会遇到各种不便和难题，这足以破坏旅游的兴致，甚至导致行程提早结束。

### （四）人才结构与组织架构适应性风险

在数字化转型过程中，传统企业的人才结构和组织架构都面临变革压力，多数员工都要接受技术、观念、思维方式等方面的挑战。从组织层面上看，传统的金字塔式组织结构需要向平台化模式转型，快速发展的新型数字化"生产力"对原来的"生产关系"提出了调整要求。缓慢变化的组织架构不但滞后于数字技术生产力，而且制约着数字技术生产力的快速发展，这就可能成为企业数字化转型战略落地的重大风险。

### （五）技术储备不足风险

要用数字技术驱动业务变革，数字技术的能力建设至关重要。企业数字化转型的本质是让数据成为新的生产要素，核心手段就是让业务数据化、数据价值化。关键技术能力是平台能力和数据治理能力，这两种能力缺一不可。一是建设与自身业务相适应的工业互联网平台，打造强大的平台服务能力，形成良好的技术生态；二是构建企业级数据治理体系，梳理数据资源，形成数据资产，赋予数据价值化能力。

### （六）缺乏企业高层支持风险

企业数字化转型必须从顶层设计开始，但有调查显示，超过1/3的企业高层将缺乏清晰的转型策略视为企业数字化转型的最大障碍，首席执行官通常是企业数字化转型失败的"罪魁祸首"。太多需要优先执行的业务或者项目使他们难以始终如一地坚持数字化转型，即使克服了对转型的抵制，但是当大多数企业高层在面对糟糕的财务状况和来自竞争对手的压力时依然会选择观望。此时，大多数企业高层仍在努力弄清楚他们需要改变什么以及如何去做，但是会在"做什么以及如何做"的问题上犹豫不决，这会让企业陷入困境。这种优柔寡断也会造成组织惰性，甚至导致他们做出错误决策。数字化转型未能达到预期的投资回报率，部分原因是数字化转型既是战略、技术、文化和人才问题，也是领导力问题，而领导力未能真正发挥作用。

### (七) 技术选择风险

虽然技术是企业数字化转型的关键驱动因素，但应用那些不能满足客户需求的技术或者启用新的数字商业模式工具几乎不会帮助组织提升价值。如何选择最恰当的技术，譬如云计算、预测分析、区块链、人工智能或物联网，不能单纯从 CIO 的喜好或者便利程度出发，而应该充分考虑业务特点、成本和客户需求，更不能过度关注高大上的新技术或新技术组件，而应该更多地关注技术的应用场景和应用方法。

### (八) 数字化人才缺乏风险

企业数字化转型需要新的人才，包括受过最新编程语言培训的软件工程师、用户体验设计专家、DevOps 工程师、数据科学家和人工智能专业人员。但要想成功实现数字化转型，需要更完善的人才结构，包括产品经理、业务专家、管理人才等。

转型的主要障碍之一是企业未能充分理解转型的技术需求和人才需求，并满足这些需求。比如，企业是否需要一种新的数字化运营模式？采用这种模式需要多少敏捷专家或 DevOps 工程师？现实情况往往是需求远远大于供给，大多数企业发现，很难从阿里巴巴、华为或百度这样的企业吸引经验丰富的软件开发人员、产品经理和其他专业技术人员。

### 三、企业数字化转型的三定律

数字世界是一个"液体"的世界，万事万物都在不停地变化。这种变化遵循一些基本规律，就像下雨时每一滴水都会进入谷底，虽然具体的路线无从知晓，但是方向必然是向下的——因为有重力的作用。所以，企业数字化转型的发展必然会有内在"重力"发挥作用，其发展方向有其必然性，但总体趋势一定是能够预知的。

现代物理学认为，自然界存在四种基本的物体之间的作用力：万有引力、电磁力、强相互作用力和弱相互作用力。前两种力人们很容易感受到，从日月运行到苹果落地，都是万有引力的作用，从磁铁吸引铁钉、指南针的转动到下雨时的电闪雷鸣，都是电磁力的作用；后两种力是微观世界粒子之间的作用力，大家没有直观的感受。随着数字化时代的到来，有可能诞生一种新的基本力，即第五种力。这种力可以命名为"数字力"，它是数字和数字之间以及数字和现实之间的一种作用力。第五种力作用于数字，就能够改变其存在状态，作用于现实就能改变其运行规律。关于数字力的作用方式、运行规律，我们的认识还很不够。随着数字时代的到来，第五种力的作用和价值将会日益显著。

企业数字化转型是数字技术发展带来的必然结果，正如凯文·凯利在其著作《科技想要什么》中所持的观点，科技是一种全新的生命，自身会按照某种自然规律发生、发展，并在追求自我完善中不断成长壮大。企业数字化转型是数字技术驱动下的一种企业变革现象，自然有其内在的规律性，这种规律性很可能就是数字力的运动规律。

笔者在研究企业数字化转型演进时观察到数字力运行的三个基本规律，分别命名为"快慢定律""三七定律""成功定律"。

### (一) 企业数字化转型第一定律：快慢定律

快慢定律：数字技术发展很快，业务变化次之，组织变化更慢，最慢的是人们的数字化意识。企业数字化转型发端于数字技术的变化，成功于企业全员数字化意识的转变。

这个定律告诉我们，在企业数字化转型过程中，CIO 最先感受到数字技术的驱动力，因而成为企业数字化转型的第一推手。CIO 需要发挥数字技术对业务的引领作用，推动业务部门采用数字技术。传统的组织架构和普通员工的传统意识有可能成为企业数字化转型的障碍，企业在制定数字化转型战略时，对此要有充分考虑，要制定全方位的应对预案。

### （二）企业数字化转型第二定律：三七定律

三七定律：当企业数字化转型进程超过30%时，数字技术强大的渗透力可以自行解决剩下70%的转型问题。

这个定律传递出两个信息：一是数字化世界赢者通吃，要抢先转型就要抢先完成最早的30%；二是不要担心自己实力不够，无法完成全部的数字化转型，只要一鼓作气完成30%就好了，剩下70%的工作量由数字技术自动完成。数字力作用于现实，犹如流水冲刷河岸，在润物无声中帮助我们完成大部分工作。

### （三）企业数字化转型第三定律：成功定律

企业数字化转型第三定律成功定律是：当数据的声音成为企业统一的声音时，企业数字化转型就真正成功了。

当数据足够时，数据流总是能够沿着最短的路径流动，企业只需要跟随，就能达成最高的效率。如果企业不能跟随数据的步伐，要么因为数据不够，要么因为企业管理层的数字化意识没跟上，但都说明企业数字化转型还在走向成功的路上。

企业拥有统一的声音很重要。譬如，一个城市的交通状况，如果所有车辆遵从统一导航，就能获得最好的城市拥堵治理效果；如果有的车辆使用导航，有的车辆不使用导航，或者大家使用了不同的导航，就有可能出现把所有车辆导航到同一个地方的现象，从而加剧拥堵。

这些规律都客观地反映了企业数字化转型在数字技术驱动下的发展演变趋势，了解这种趋势有助于我们更深入地理解企业数字化转型，从而更有效地引导企业沿着最优的价值路线升级转型。

### 四、企业数字化转型的保障措施

数字化转型是一项企业战略，要让战略能够落地而不只是空中楼阁，需要以下几方面保障措施。

### (一)组织保障

企业数字化转型需要由决策层(CEO)牵头组建转型推进组织,并且有规范的推进流程。该组织除了负责转型的顶层设计以及推进工作外,还要在转型过程中落实负责组织变革、流程变革等的关键人物。最具挑战性和最核心的数据治理也要有专门的领导团队负责,并配备专职的数据治理专家队伍,统筹企业的数据治理标准和流程。

### (二)人才保障

企业数字化转型需要打造自主可控的数字化赋能平台,塑造促进企业数字化转型的创新体系,这就需要大量的数字化人才和大量的业务人员。因此,提升数字化人才待遇、培育适合数字化人才的成长环境、大量引进人才势在必行。同时,必须对业务人员开展常态化数字技术和数字意识培训。

### (三)文化保障

每个企业都有独特的企业文化,在推进企业数字化转型过程中,要把数字化文化融进企业文化,甚至作为企业的主流文化。这不是一件轻而易举的事情,而是要做好筹划,开展有组织的培训教育,不断优化人才结构,调整用人导向,用好考核和待遇的指挥棒,促进企业数字化文化快速形成。

### (四)基础设施保障

数字化基础设施在许多传统企业都有或多或少的欠账,数据中心建设、网络链路覆盖和带宽、5G/4G建设,尤其是核心设备的物联网建设、传感和计量能力建设等,都需要在推进企业数字化转型过程中不断提升水平。随着数据治理进程的深入,数据挖掘需求的增加对企业的算力也会提出新的要求,这些都需要早做规划,基础先行。

## 五、企业数字化转型的趋势

当前,在政府的大力推动和引导下,中国企业数字化转型呈现出万马奔腾的气势,千帆竞发、蔚为大观。各行各业、私企国企、大小企业,都争先恐后地涌向数字化转型的赛道，相互交流、相互借鉴，努力探寻最适合自己的前进"姿势"。在这个过程中，体现出几个比较显著并且具有共性的趋势。

### （一）企业更加理性地从自身需求和痛点出发推进转型

随着企业数字化转型案例的增多，关于成败得失的讨论也越来越深入，对企业数字化转型的认识也会更加全面、更加理性。越来越多的企业不再盲目跟风，赶时髦、随大流，而是从自身业务特点出发，分析需求和痛点，寻找适合企业自身成熟度及发展战略的转型方案，依照急用先行的原则，有节奏、有规划地推进项目开发，这使得企业数字化转型行为更加理性。

### （二）转型促进业务与技术融合，这种融合也能够加速转型进程

正如前面的定义所述，企业数字化转型是利用数字技术对企业的业务进行变革，在变革过程中，技术和业务相互融合、相互促进，不断优化工作流程、调整组织架构，而新的流程、新的组织又会生发出新的技术需求，如此交替互促，螺旋式升级发展，就会形成良好的转型循环，不断为企业带来新的效益、创造新的价值增长点。

### （三）转型加速产业链上下游的一体化融合，创生新型立体价值网络

有效的企业数字化转型能够大幅度提升企业效率，这种提升必然传递到企业的上下游，给产业链的相邻环节提出数字化转型的新要求，由此促进上下游的数字化提升。譬如，数字工厂建设必然对上游的设计方和建设方提出数字化交付要求，而无人仓储和自动交付系统的建设也必然会给下游的销售商提出新要求。同时，数字工厂、"数字孪生"、人工智能等技术的广泛应用，还创造出众多合作方，使传统线性价值链逐渐扩展为多节点立体价值网络，其中的竞合与依存关系也随之发生改变，价值创造的产业边界被不断拓展，新领域层出不穷。

### （四）数字化人才地位提升，企业对数字化人才的需求呈爆发式增长态势

在推进企业数字化转型过程中，大多数企业会选择"内部调动＋外部引

才"方式组建复合型数字化转型工作团队。转型效果的逐渐显现，让数字化人才地位得到提升，数字化岗位吸引力加大；转型业务领域的不断拓展，让企业对复合型数字化人才的需求呈现爆发式增长态势。

逐渐数字化的经济模式对业务响应速度提出了更高的要求，这使得应用开发具有了高度模块化、分布式和持续更新的特点，同时，容器和无服务器计算等云原生技术被广泛采用。在此要注意，只有结合敏捷/DevOps方法的应用开发，才能大幅提升企业数字创新能力。这些都对数字化人才提出了大量且持续的需求。

# 第三节　数字经济背景下企业转型的核心技术

## 一、数字技术发展现状

数字经济是建立在各种先进技术的基础之上的。其中既有关键技术的参与，也包括了专用硬件、设备等。通过对相关文件的详细分析，参考国际报告在相关方面的调研结果，笔者将数字技术归纳为以下多个领域[1]。

### (一) 人工智能

第一，从全球研究来看，人工智能受到多个国家的关注。当前，全球超过30个国家就人工智能的发展出台了相应的规划与发展战略，各个国家将关注的重点聚焦于军事发展、技能训练、资源建设、数据处理以及再就业服务等多个方面。第二，与人工智能发展密切相关的前沿技术更新速度较快，学习迁移、深度学习等成为当下人们所关注的热点话题[2]。第三，第三代人工智能发展十分迅速，它充分利用了算力、算法、知识等重点要素，实现了更高质量的知识驱动，数据的价值也得到了发挥。当下，人工智能发展不断取得新的突破，受到了业界较多的关注。如2020年，在人工智能的助推作用之下，成功对3D蛋白质结构折叠过程进行了预测，为生物学的研究做出

---

① 陈云伟，曹玲静，陶诚，等. 科技强国面向未来的科技战略布局特点分析 [J]. 世界科技研究与发展，2020，42(1)：5-37.
② 唐川，秦小林，李若男，等. 国际人工智能研究前沿及演进趋势——基于对人工智能期刊论文的突变术语探测分析 [J]. 数据与计算发展前沿，2019，1(6)：121-134.

了不小的贡献。

## （二）量子科技

首先，量子科技助力国家科技进步。国家未来竞争力的强弱和量子科技的发展紧密相关。在科技强国的推动下，各国在相关方面纷纷做出总体规划，不断促进量子科技基础研究的提质增效，加大关键技术的研究力度，优化工程发展促攻关的基本发展格局。比如，2018 年，欧盟开始大范围实施"量子计划"。英国也通过量子技术的发展推动国家整体战略布局的优化。2019 年，俄罗斯就量子技术的发展提出了"五年行动规划"。

我国也十分重视量子科技的发展，量子科技发展事关我国建设与发展的全局，要真正将其作为一项重点与核心工作不断强化，从整体上进行战略部署，优化整体布局。此外，我国在量子研究领域取得了一个又一个新的突破。2020 年，"墨子号"量子科学实验卫星在国际上首次实现千公里级基于纠缠的量子密钥分发。这引起了世界各国的持续关注，同时，对于我国而言也是一次颠覆性的创举。量子科技未来的发展空间较大，不少投资者将关注点集中在相关方面。2019 年，谷歌向世界宣布，自己已经实现了量子霸权。

## （三）先进计算

众所周知，超级计算机目前已经取得了计算 P 级的卓越成绩，这是一次前所未有的新突破。自此，世界各国加快了本国超级计算机建设的步伐，持续向着计算 E 级而进军。E 级的基本要求是每秒百亿亿次，每秒能够实现的浮点计算次数已经达到了 1018 次。从超级计算全国 500 强所显示的相关数据来看，我国荣登榜首的超算系统数量已经超过了 200 台，美国的数量为115 台，日本的数量为 30 台，分别位居第二和第三。从运算能力的角度而言，位居第一的是美国，第二和第三分别是我国和日本，算力分别是 28%、25% 和 23%。

## （四）云计算

在过去的 20 余年里，不管是在公共服务还是在私有领域，云计算的发展都十分迅速。云企业的数量创历史新高，增长势头强劲。在 21 世纪初，全球范围内没有云公司价值超过 10 亿美元，到 2008 年，全球第一家价值超过 10 亿美元的云公司 Linked In 正式登上历史的舞台。而这一数据到 2020 年取得了突破性进展，同类企业的数量已经接近 100 家。

### (五) 物联网

物联网指的是连接互联网的众多设备的总称，包括仪表、传感器，以及在生活中常常使用到的微型工具等，通过这些物件，能够实现数据传递与数据接收的目的。当前，畜牧业、制造业、电表以及物流领域等都已经大范围使用到了物联网技术。物联网技术也被大量用于对天气的预测以及对土壤的监测等多个领域。随着数字经济发展程度的不断深化和信息技术更新换代的不断加速，物联网将会与人们生活的各个方面建立起更加紧密的联系。

### (六) 区块链

区块链技术就其性质来说，属于加密货币技术中重要的一种。当下，不少国家在相关行业的发展上不断出台相应的法律法规，不少地方政府也在不断加快促进区块链产业的发展，确保项目能够真正付诸实施。全球范围内，已经设立的区块链项目超过了 150 项，突出了其与实体经济之间的彼此交互。项目建设数量排名前五的国家分别是荷兰、韩国、美国、英国、澳大利亚[1]。

### (七) 自动化系统与机器人

在未来，无论是教育、交通、农业、工业、生活还是战场等各个领域，机器人和自动化将会获得大范围的推广。随着自动化发展的日益成熟和技术的不断升级，不少岗位将会由人工工作转向机器工作，进而对就业、经济发展等带来直接的影响。OECD《就业展望》中明确强调，在未来的全球岗位当中，至少有 50% 岗位由机器人的角色来扮演，这一转型是大势所趋。在这一转变当中，自动化技术、人机交互以及遥感等将会直接影响该项技术的发展与建设水平。

---

① 郭滕达. 美国推动区块链发展的主要做法及启示 [J]. 世界科技研究与发展，2020，42 (5)：558-566.

### （八）网络空间与安全

当下，各个国家都在通过网络空间来进行国家之间的博弈，网络空间重要性日益凸显，在国家安全战略中扮演的角色愈发关键。在数字经济发展进程不断加快的背景下，数字化对人们生活所带来的影响越来越直接，因此，网络安全也就变得更加重要。网络自身也会面临各种各样的问题，包括网络诈骗、虚假信息采集、安全维护、病毒侵入、舆情控制等都对网络发展产生了较大的负面影响。

### （九）未来信息通信

5G 技术具有多方面的特征，其容量较大、速度较快，5G 技术的发展必然会对文化生产、产业结构以及生产形式等带来革命性变化。随着 5G 技术与其他各个领域融合程度的不断加深，人们将会进入一个崭新的物联时代。物理世界对人们而言不再陌生，人与物之间将会建立直接的联系。无人机、电子智能、智慧城市、信息农业等领域将会发生飞跃性变化。尤其是在不久的将来，6G 技术与人们生活的联系将更加紧密，人们将会处于一个万物互联的新时代。区块链、数字云等对人们而言将不再陌生。

### （十）大数据分析

最近几年，大数据发展引起了社会各界的广泛关注，它在组织驱动方面的作用尤为显著。更多的公司将关注与研究的重点放在了大数据研究等方面，目的就在于寻求更好的解决方法，找到新的增长点。到目前为止，研究者将关注的重点放在了技术方面，对于战略应用的研究少之又少。未来的一段时间内，数据的取得、数据的应用、气候的监测、数据库建设、数据处理、自然语言以及情报信息分类等将会成为大数据研究重点关注的内容。

## 二、数字技术发展趋势

数字技术发展趋势指的是，存在较大的革命性变革能力、远离不成熟发展时期且正在产生较大影响的、功能更加多样的技术。在未来的发展阶段，上述趋势将会以较快的速度不断趋于临界值。其发展趋势主要包括下述几个方面。

### (一) 超自动化

超自动化会涉及自动化工具、形式多样的机器以及各种软件，它是一个集合性概念。在超自动化中，自动化自身的程序被包含在内，例如测算、管理、设计、计算、监测等。此外，它囊括多种工具组合。认识超自动化最为关键的是，要真正认识每一个步骤的涵盖领域和范围，认识它们彼此之间的联系，了解其基本的协同形式。

这一趋势的开端是自动化流程。然而，仅有这一点还不足以被称为是超自动化。它还需要综合各种各样的工具，使需要依靠人力来完成的部分由超自动化来完成复制。

### (二) 多重体验

用户体验将在两个方面发生巨大的变化：用户对数字世界的感知以及用户与数字世界的交互方式。会话平台正在改变人与数字世界的交互方式，而虚拟现实（Virtual Reality，VR）、增强现实（Augmented Reality，AR）与混合现实（Mixed Reality，MR）正在改变人们对数字世界的感知方式。人们与世界的交流形式因为会话平台而发生各种变化。同时，人们将会以何种形式来改变对于数字世界的认知也会受到虚拟现实（VR）、增强现实（AR）等多方面的影响。多种感官相互作用的体验式交互使得人们之间的交流产生了诸多方面的新变化。这将会使得计算机担负起促进人机交互的重要职责。正是因为这种与人类进行的、由多种感官参与的模式发挥重要作用，我们才能够生活在一个更为多彩的世界当中，接受到来自各方的讯息。

### (三) 边缘计算

边缘计算是一种在信息来源、存储库及使用者附近进行信息处理、内容收集和交付的计算拓扑结构。边缘计算试图将网络流量与计算处理保留在本地，以减少时延，发挥边缘能力和赋予边缘更大的自治性。

当下，制造业、零售业等行业与边缘计算的关系更为直接，边缘计算主要应用范围也正在于这些领域。然而，随着计算机资源日益丰富，数据贮存量不断增加，大多数行业都将边缘计算作为行业发展的关键要素。无人机、自动操作系统以及机器人等多种形式的设备将会进一步促进这一转变的发生。

### (四) 分布式云

分布式云即是把当下所存在的公有云服务进行重新组合和分配，传统的服务商主要工作模块包括管理、维护、检查、更新等。当前，云服务的工作模式主要是通过集中式方式来运作。未来会进入一个云计算发展的新阶段，这将是一次革命性的巨变。

### (五) 自动化物件

传统意义上由人类所操作的事项，现在主要由人工智能来完成，而执行这个任务的物理设备就被称作是自动化物件。最具代表性的主要包括自动化设备、无人机、机器人以及多元化设备等。自动化物件最大的特征就在于其自动性，其程序不再是固化的，实现了更高程度上的自动操作。同时，还充分发挥人工智能的优势，根据环境的不同而做出相应的高级反应。在技术不断提升、监管更为严格的情况下，社会的接受度也在不断提升。未来，更多的公共场所将会对自动化物件进行大范围的使用。

在自动化物件使用范围不断扩大的情况下，笔者认为，传统意义上具有独立性的智能物件操作将会发生较大的变化，不管有没有人来进行手动操作，都能够发挥多台机器协同配合的组合作用。比如，在相同的装配机制下，各个类型的机器人能够协同运行。从快递行业的发展来看，最具科学性的应对方式就是通过自动驾驶汽车进行包裹的运输，再通过无人机完成整个派送过程。

### (六) 实用型区块链

实用型区块链对行业发展的贡献主要在于促进不同业务之间的价值交换，尽可能促进成本的不断降低，将交易的时间尽可能缩减，促进现金流形式的不断转换。因为能够对资产来源进行明确的追溯，所以能将不合格率降至最低。资产追踪为其他方面的建设与发展提供了较大的可能，能够对整个链条中的污染情况进行明确的定位。同时，也能对零部件轨迹进行定位追踪。此外，还极大地方便了身份管理，在突发事件发生时产生相应的触发活动，例如付款行为在收到货物之后生效。

在操作问题等方面的影响下，企业对区块链的应用存在一定的局限。虽然面临着各种形式的问题，然而，区块链在增加经济收入以及产生革命性变革方面的作用是十分明显的。对于企业机构来说，必须要对该技术进行适当的评估，即便未来对此技术应用可能性较小的企业也应该展开系统的评估。

### (七) 人工智能安全

未来的各种场景之中都会应用到人工智能，它会对人们的决策产生直接的影响。尽管人工智能的应用极大地推动了自动化技术的优化升级，也为业务转型提供了较好的机遇，然而，由于智能化、云服务以及物联网等彼此之间的互联，被攻击的可能性也不断提升，这对于安全团队来说是一个巨大的挑战。对于安全监测部门来说，应该关注优化赋能机制建设，提升安全防御的能力，时刻做好应对被攻击风险的准备。

通过分析可知，数字技术在全球范围内的发展进程不断加快，数字经济取得了累累硕果。各个国家都将数字经济建设作为发展与建设的一个重要环节，疫情的发生更是进一步推动了数字经济发展与转型，让数字经济建设迈上一个新的台阶。未来，数字化将会成为发展与建设的主流。一方面，数字化与传统模式的结构为相关产业的提质增效提供了新的机遇，实现了高质量建设的目标。另一方面，各种新的业态也由于数字化建设而蓬勃发展。

近年来，我国在5G技术、大数据技术、人工智能以及量子科技领域都取得了很大的成就，处于全球领先地位。"十四五"和2030中长期发展规划中指出：第一，要重点加强对数字经济的扶持，出台相应的扶持政策，持续支持核心技术攻关，布局6G等未来核心技术，依托数字技术优势保持和持续融入全球化；第二，要制订符合技术前沿、灵活适用的发展规范，保证我国的发展道路和方向具有先进性、科学性和可行性；第三，支持国内的研究机构、企业，尤其是领先的电子技术企业，积极参加国际竞争，与世界先进企业进行技术交流和创新研究，培育出一批有国际竞争力的研发企业，并努力让这些企业成为我国在未来一段时间内参与国际竞争的中坚力量；第四，要不断地培育和吸纳数字化技术人才，包括领军人才、基础研究人才、技术研发人才、工程技术人才等。

### 三、数字经济背景下支撑企业转型的核心技术

有哪些技术环境因素驱动了对数字化转型策略的思考？我们认为移动互联网、物联网、5G 网络、云计算、大数据、人工智能等六种技术关系最大。这些技术改变了企业所面对的环境，也改变了大众消费者的生活与消费习惯。同时，因为企业对技术的见解、领悟与运用有先后之分，造成了行业内竞争力的消长。大多数人对上述六种技术应该不陌生了，下面对这些术语稍加说明，并进行重点举例，作为后面应用讨论的基础。

#### (一) 移动互联网的技术特点及商业应用

1. 移动互联网的特点

移动互联网是基于智能手机的发展和普及而诞生的，终端用户可以不受时间和环境的限制，只要处在网络的覆盖范围之中，就可以随时随地接入互联网并使用具备各种功能的 App。

2. 技术特点

移动互联技术的特点之一是智能手机中的 Mac Address，它是每部手机的"身份证"。在用户开启手机后，手机就会不断地对运营商的基站发出信号，用户使用企业 App 产生的各种数据会通过基站传回企业的服务器。企业可以通过获得的数据，判别这部手机的持有者是否为目标客户，并对企业的产品和服务做出相应的调整。

3. 对消费者的价值

过去有一个关于传统互联网与移动互联网对人们生活产生不同影响的有趣说法："传统的互联网让大众消费者对着电脑宅在家里，而移动互联网又把大众消费者从宅家状态中解放出来。"移动互联网的技术让大众消费者可以随时上网查询，并通过扫码、拍照等简单的手段搜索信息，也让客户随时保持在线，方便企业与他们互动，更有效地完成交易并大幅改善客户体验，增强客户黏性。如美团、今日头条与淘宝的"拍立淘"等。基于移动互联网技术，美团可以精准地定位用户，提供按距离排列的商户外送服务；今

日头条能按照用户的浏览习惯，以及用户所在地点来为用户呈现个性化内容；淘宝的"拍立淘"则让用户可以在任何时间拍摄在线下生活场景中看到的东西，并经过人工智能的影像辨识，确认消费者在街上看到的是什么，然后直接在淘宝 App 上找到这个商品，呈现给消费者，便于消费者购买。

4. 移动互联网营销对企业的价值

简言之，就是移动互联网营销能为企业提供精准的用户画像，提高企业抓住关键瞬间的能力，并且能够提供移动互联环境下的精准广告投放。

### (二) 物联网的技术特点及商业应用

1. 物联网的技术特色

物联网（IoT）基于传感器技术，可以使我们在任何条件下，随时感知物体本身或物体所处环境的变化。

主要技术：首先经由传感器技术收集现场信息，再通过网络将信息传输到后台的服务器，进行记录、解读、判别并做出反应。例如，传感器测量得知室内温度提高，可以发送指令让联网的智能空调按预设开启。传感器技术、智能识别以及智能分析三大技术的进步给 IoT 带来了巨大的应用空间。传统的传感器更多地应用在对温度、湿度的感知有要求的领域，近年来，传感技术更是能做到对光、电、磁、热、声、机械动作进行感知。

以光线传感器为例。它可以区分不同波段的光线，通过使用不同波段的光线照射物体，同时使用专门的观测设备，可以让人们对物体有更深入的观察和认识。例如，肉眼观测到的可见光，只能让我们看到物体表面，而短波红外线可以穿透很多材质，让观测者了解物体的内部结构。比如，机场的安检设备就是通过短波红外线穿透行李表面，让机场人员可以不用开箱就能知道箱内有什么东西。嫦娥四号在月球表面分析月球土壤光谱，对月壤成分进行分析。光波传感技术也可以用来遥测大气层的气流动态，提高气象预报的准确度。在农业应用上，因为不同水果品种、农作物的光谱特性不同，通过光谱分析，光传感技术也可以应用于对农作物的品种优劣的判断。

2. 个人应用

（1）自我健康管理。在智能手环上，传感器已经被广泛应用，主要是通过传感器了解用户个人的身体状态。例如，每天步行数、睡眠质量以及心率、血压、血氧等数据。

（2）智能家居与生活。将传感器安装在家用电器，如空调、电视或是家居用品上，如灯具、窗户、窗帘等，用户可以通过手机控制这些设备，开启或关闭它们。

（3）智能出行。车辆的自动驾驶功能除了需要人工智能（AI）与5G技术的支持外，传感器也是极为重要的一个环节。传感器可以不断地感知汽车周边的状况，以方便AI及时处理。例如，车辆轮胎是否压线以及周边是否有其他车辆或是物体靠近车辆。车身上的传感器感知到这些信息后，迅速回传到车上的计算机，判定是否需要调整方向或是刹车。

3. 企业的物联网应用

物联网在企业的应用已经极为广泛，在各个领域都发挥着巨大的作用。

（1）交通运输。物联网在交通运输上的应用非常广泛。例如，高铁的路线长达数千公里，高铁的控制中心必须实时掌握高铁轨道的使用状态。物联网传感器被设置在高铁的铁轨边上，不断地传送铁轨状态的信息。一旦发现异常状况，就会立即向行车管制中心发出预警，减少行车安全隐患。

（2）农业、渔业。在近海周边，海事单位需要对洋流水文等信息进行监测，因为洋流温度的变化可能影响渔业生产，还需要对近海的海洋水质进行监测，以保证周边海洋不致发生严重污染。物联网在养殖渔业中的应用也极为重要。养殖户需要全天候监测鱼塘的温度、含氧量以及水质，确保鱼群健康。在新式农业，特别是有机蔬菜栽培行业，土壤湿度、酸碱度变化都会影响到农作物的生长，所以在农田设置监测点，通过传感器读取数值，再回传到服务器端，就可以及时进行施肥、洒水、开关棚架等控制操作。

（3）工业。主要应用在重型设备监控、机器设备使用状态监测、厂房内部与周边环境安全监控方面。例如，钢炉的温度、生产线的空气杂质成分监测等。在发现异常时，可以立即采取补救措施，大幅提高工厂的安全性，并且有效提高产品质量。另外，一些先进的工厂已经可以达到"关灯"的水平，就是各种传感器将工厂内生产线的状况、产品加工状况的信息，实时传送到云端服务器，经过云端服务器的运算、判断，再对生产线上的机器发出相关的指令，大幅减少对人工的需求，对企业降本、增效，提高工程安全，产生了巨大效用。

(4) 智能家居。用于住宅周边的安全监控、智能家电家具的自动开启，温度、湿度的自动调节等，便利了人们的家庭生活，提高了人们的生活质量。

(5) 物流。过去一些物流公司承接了冷冻食品配送运输业务后为了省电，要求司机在配送过程中关闭冷冻设备，等到送达目的地之前再开启冷冻装置。这样，终端入库检验时根本不知道食品在运输过程中已经经历了温度变化，非常容易造成食品的腐坏。现在，物联网技术已经应用在货运车辆的全程温控与车辆行走路线监控上，可以有效避免这些问题发生。

### (三)5G 网络的技术特点及商业应用

1.5G 网络的特点

5G 是一种加快传输效率 (每秒输送数据量) 的新型网络技术，使得海量数据能够实时进行交换、积累，也使得服务器端能够快速运算，做出反应。

移动通信的发展已有几十年的时间。随着消费不断升级，互联网从 1G 模拟通信时代进入了 5G 数字通信时代，不仅重新定义了连接模式，还带动了产业的转型升级。第五代移动通信技术 (5th Generation Mobile Networks, 5G) 是移动通信技术发展到一定阶段的结果，可以给人类生活、经济社会带来巨大变革。随着由 5G 技术引领的物联网、VR/AR、智慧城市、自动驾驶等技术和应用不断发展和落地，人们的生活水平有了极大提升。与 4G 相比，5G 对网络的传输速率、功耗、时延等都提出了更高的要求。基于此，由 5G 支撑的服务将提升至全新的水平，人类也将从万物互联时代迈入万物智能时代。

(1) 通信革命：构建智能世界的基石

早在 20 世纪 80 年代，人类就创造了 1G 技术。时至今日，4G 已经发展成熟并获得广泛应用，5G 也开始实现商业化应用。无线通信技术是构建智能世界的基础之一，它能实现人与人、设备与设备、人与设备之间的连通，打破数据困境，消除"信息孤岛"，推动人类社会进入万物互联的智能时代。

万物互联可以推动工业和经济进一步发展，让人们获得更加智能的服务。

美国发布的《2016—2045 年新兴科技趋势报告》显示，预计到 2045 年，连接在互联网上的设备可能突破 1000 亿台。这些设备主要包括移动通信设备、可穿戴设备、家用电器、医疗设备、工业探测器、监控摄像头、汽车等，甚至服装也能作为一种设备接入移动互联网。这些设备所创造的数据将为人类社会带来一场新的信息革命。

要实现全面互联的目标，就要对网络提出更高的要求。需求是技术进步的动力，5G 网络具有高速率、低时延、抗干扰、低功耗、海量设备连接等特点，可以实现人与人、设备与设备、人与设备之间的互通互联，为世界带来颠覆性的变化。

（2）5G 新动能：人类社会的革命性变革

国际标准化组织 3GPP 将 5G 应用场景划分为 3 个方面，分别为增强型移动宽带（enhance Mobile Broadband, eMBB）、海量机器类通信（Massive Machine Type Communication, mMTC）和低时延高可靠通信（Ultra-reliable and Low-Latency Communication, uRLLC）。其中，eMBB 是指大流量移动宽带业务，例如 3D/ 超高清视频、超高速移动通信、VR/AR、云游戏、云办公、高清语音等；mMTC 是指大规模物联网业务，例如智慧城市、智能交通、智能家居、M2M 等；uRLLC 是指高可靠低时延业务，例如无人驾驶、工业自动化、移动医疗、高可靠应用等。这三大应用场景覆盖了人们工作和生活的方方面面。5G 三大应用场景如下。

第一，eMBB：增强型移动宽带。eMBB 是对常见移动宽带应用场景的升级，可以进一步提升用户体验。5G 能大幅度提升网络速率，这也是它为用户带来的最直观的体验。5G 网络的理论峰值传输速率可达 20Gbit/s，支持 4k 甚至 8k 超高清信号的传输。目前，高清视频是移动通信的主要业务。在 5G 网络的支持下，大流量媒体必将实现快速增长，从而为人们的生活带来巨大的变化。

第二，mMTC：海量机器类通信。mMTC 主要应用于大规模物联网，频段在 6GHz 以下，主要代表是窄带物联网（Narrow Band Internet of Things, NB-IoT）、WiFi、ZigBee 和蓝牙等原本应用于家庭场景的小规模无线连接技术，主要基于长期演进（Long Term Evolution, LTE）实现回传。随着 NB-IoT、LoRa 等技术标准的普及应用，这些无线连接技术的应用将更加广泛，物联网的规模也会随之扩大。5G 具有低功耗、低时延、高可靠等特点，可大规模应用于物联网业务。传统移动通信的连接能力有限，无法很好地支撑海量物联网通信和垂直行业应用，而 5G 可以很好地解决这一问题。低功耗、大规模物联网通信可以支持智慧城市、环境监测、智能农业和森林防火等应用场景，这些应用场景主要以传感和数据收集为目标，而基于 5G 技术的海量物联网通信具有数据包小、功耗低、连接量大等特点，可以很好地完成这些应用场景的通信任务。mMTC 终端覆盖范围广、承载能力强，拥有超千亿级连接能力，每平方千米可以连接 100 万台设备，而且能够实现超低功耗与成本。

第三，uRLLC：低时延高可靠通信。uRLLC 的特点是高可靠、低时延，主要应用场景包括工业应用和控制、交通安全和控制、远程制造、远程培训、远程手术等，特别是在无人驾驶和安防方面具有巨大的潜力。

工业自动化控制的网络时延一般不超过 10ms，无人驾驶对传输时延的要求甚至低至 1ms，4G 网络很难满足这一要求。除了对网络时延有较高要求，工业自动化控制、自动驾驶等对网络的安全性和可靠性也有较高要求，这些要求需要通过 5G 网络才能得到满足。

第四，智能科技：从万物互联到万物智能。物联网是万物互联的基础，5G 则可以推动万物互联实现进一步的发展。中国经济信息社发布的《2018—2019 中国物联网发展年度报告》指出，我国对物联网发展的政策支持力度不断加大，并明确了我国物联网的应用领域和产业规模。在国家政策的引导和支持下，我国物联网技术取得了巨大进步，人们正走向万物互联时代。在万物互联时代，信息加速融合与联动，并通过物联网实现广泛传播。信息变革对人类行为产生了重要影响，打破了不同维度下的信息边界，使知识更具有时空性。第四次工业革命为人类文明开启了一个新时代，5G、人工智能等新一代信息技术不断获得发展机遇。物联网要想获得发展，必须以 5G 为基础，要想获得更广泛的应用，则需要人工智能技术的支持。人工智能技术是开启万物智能时代的钥匙。它的发展覆盖人类生活的方方面面，包括医疗、交通、教育、商业、信息安全等诸多领域。5G、人工智能、云计算等新一代信息技术让机器拥有了"自主思考"的能力，让不同的应用之间不再有边界的束缚，同时也将万物互联时代推向了万物智能时代。

（3）AI 奇点：超级智能社会的来临

美国作家卢克·多梅尔（Luke Dormehl）在《人工智能：改变世界，重建未来》一书中提出了"奇点"的概念。奇点是指机器在智能方面超过人类的那个点。奇点大学创始人曾说：一项技术在成熟之前，都在缓慢潜伏发展，一旦技术水平、市场环境成熟，发展速度将立刻变成一条指数级增长上升的曲线，而这个转折就是奇点时刻。

2016年3月，AIphaGo以4:1的大比分战胜了围棋世界冠军李世石，让人们真切地感受到AI时代的到来，由此拉开了人工智能高速发展的序幕。近几年，人工智能不断取得突破性进展，在多个领域（如语音识别、图像处理、自动翻译、自动驾驶等）都取得了不俗的成就。5G、大数据、云计算等技术的快速发展正加速将人类引入智能时代。

在智能时代，教育领域将迎来变革。教育管理者、研究者和实践者希望借助新一代信息技术实现智能化教学、个性化自适应学习、教育的科学决策和管理等功能。在社会各界的共同努力下，人工智能技术开始走进教育领域，并取得了一定的成就。例如，很多大中小学已经开始将人工智能设备引入教学场景，这不仅减轻了教师的教学负担，也为学生的学习提供了便利。

不过，新技术向教育领域的渗透也引来了不少质疑。人们不禁会问：人工智能凭什么能改变教育模式呢？为了弄清这个问题，需要从人工智能的起源说起。下面，我们对人工智能的起源概念、技术演变、核心驱动力等方面进行总体分析，帮助人们更好地理解人工智能所具备的特殊优势。

2. 个人应用

得益于5G的传输速率，个人在使用互联网以及各种移动设备和装置时都更为便捷，浏览视频、参加网络会议时的卡顿现象也大幅改善，自动驾驶导航也能够更精准、更快速地对路况进行即时反应，提高驾驶安全性。

3. 企业应用

（1）5G支撑了IoT与AI的大量应用，如果没有5G网络的高速度，许多IoT与AI的功能都无法实现。例如，无人机需要快速地将飞行中的环境状态、位置、速度传输回遥控中心，遥控中心再按照收到的信息对无人机发出指令，如果数据传输有延误，势必造成无人机的失控。

（2）自动驾驶汽车。全球定位系统（GPS）或北斗卫星导航系统，能够精确地掌握载具所处的位置，但无论北斗还是GPS卫星终究还是需要从2万~3万千米外的地球轨道取得定位信息，对于高速行驶中的汽车位置，更无法及时掌握，而且往往还有几十厘米甚至几米的误差，这无法满足自动驾驶对于精度和速度的要求。只有通过 5G 技术实时将车辆周边的信息回传，才能让自动驾驶的安全性得到大幅提升。

**（四）云计算的技术发展及商业应用**

1. 云计算的特点

传统的企业如果要处理大量数据，就需要投资购买大量的服务器。云计算就是一种提供计算机算力的服务，由服务器提供商设置大量的服务器，让企业通过网络，进行数据存取与计算。此时，企业无须自行购买服务器，而是按需租赁，这使得企业的服务器使用能够具有更大的弹性。例如，在"双 11"时，为了应付交易的峰值，企业只需要暂时提高储存或是运算能力。有了云计算服务，企业就无须只为应付一天的高峰交易，而去购买平常用不上的服务器。

2. 技术特点

T 级（1024 GB）的数据储存以及高速运算的服务器和路由技术。

3. 给个人用户带来的益处

个人使用手机时，手机厂商会提供一定量的云端储存空间，让用户可以复制或上传手机中的内容到云端，也可在云端存储空间备份重要资料，既方便随时随地读取，也可以腾出手机的本地存储空间，同时还可以避免误删重要数据。

4. 给企业带来的益处

更低的成本、更高的效率、更富有弹性的信息技术相关设备投资。

**（五）大数据的技术发展及商业应用**

1. 大数据的定义

大数据最初仅指数字时代产生的大量数据，这些海量数据包括电子邮件、普通网站和社交网站生成的所有网络数据。现在，大数据不仅用于指代以电子方式生成和存储的数据总体，还用于指代数据量大和复杂度高的特定数据集。大数据是需要借助新处理模式才能具有更强的决策力、洞察发现力和流程优化能力来适应海量、高增长率和多样化的信息资产。

麦肯锡全球研究所认为，大数据是一种规模大到在获取、存储、管理、分析方面大大超出了传统数据库软件工具能力范围的数据集合。通过对用户上网行为的数据采集，通过大数据分析绘制用户画像，从而开展一系列的商业行为，也成为当下零售企业普遍采取的方式。

2. 大数据的特征

大数据具有 4V 特征，即规模性（volume）、高速性（velocity）、多样性（variety）、价值性（value）。

（1）海量的数据规模

大数据相较于传统数据最大的特点就是海量的数据规模，这种规模大到在获取、存储、管理、分析方面大大超出了传统数据库软件工具能力范围。就企业所拥有的数据而言，即便整合一个商场或商业中心所采集到的数据也很难达到这种"超出范围"的数据量，更不要说少有企业可以做到布点整个商业中心。现在多数的企业还是处于小规模发展阶段，所得到的数据多是某一个门店或单独营业个体的数据，并不能称为大数据。所以要想收集海量的数据，就目前的行业发展态势而言，最佳的选择是企业合作。通过合作，集合多家企业的数据，填补数据空白区域，增加数据量，真正意义上实现大数据采集。

（2）快速的数据流转

数据具有时效性，采集到的大数据如果不经过流转，最终只会过期报废。大多数企业采集到的数据都是一些用户的商业行为，这些行为往往具备时效性。例如，采集到某位用户某天在某服装商场的消费行为轨迹，如果不能做到这些数据的快速流转、及时分析，那么本次所采集到的数据可能就会失去价值，因为这个用户不会每一天都在买衣服。只有不断流转，才能保证大数据的新鲜度和价值。

（3）多样的数据类型

大数据的第三个特征就是数据类型的多样性。首先，用户是复杂的个体，单一的行为数据是不足以描述用户的。目前，企业对大数据的使用多是通过分析用户轨迹，了解用户的行为习惯，由此进行用户画像，从而实现精确推送。但是，单一类型的数据并不足以实现用户画像。例如，一些企业根据用户某一段时间在某一区域内的饮食数据，在用户进入这一区域的时候推送相关信息。然而，这一信息只是单纯分析用户这一段时间的饮食数据，并没有考虑到用户现阶段的身体状况、个人需求和经济承受能力等，所以这种推送的转化率通常不会很高。

（4）较低的价值密度

大数据本身拥有海量的信息，这种信息从采集到变现需要一个重要的过程——分析。只有通过分析，才能实现大数据从数据到价值的转变。但是众所周知，大数据虽然拥有海量的信息，但是真正可用的数据可能只有很小一部分。从海量的数据中挑出一小部分数据本身就意味着巨大的工作量，所以，大数据的分析也常和云计算联系到一起。只有集数十、数百甚至数千的计算机分析能力于一身的云计算才能完成对海量数据的分析，但目前绝大部分企业并不具备云计算的能力。

以上四个特征，既是大数据的特征，也是影响大数据变现的原因。这些因素对于大多数企业来说很难单独解决，所以需要全行业甚至多个行业的合作才能共同完成。

3. 主要技术

大数据涉及的技术是大容量存储设备、数据库的建设，还涉及各种统计分析以及人工智能的相关算法。

4. 给个人用户带来的益处

个人运用大数据的生活场景非常丰富。例如，日常生活用的各种搜索引擎，就是大数据能力的展现，让搜索者能够快速获得想要的信息，而且参照其他人搜索词的热门程度，决定你可以先看到的结果。另外，日常使用的各种导航系统也是大数据的应用，高德或是百度地图显示的通行时长和路况信息等实时数据就是通过收集并分析与你同时使用电子地图的其他众多用户的轨迹与移动速度等信息后得出的。

5. 给企业用户带来的益处

大数据对于企业的应用价值更为重要。例如，通过大数据的积累，企业可以了解个别客户的偏好，以及某些客户群体行为的改变，提高促成交易转化的能力。精准营销更是一个大数据的重要应用。通过大数据，企业可以掌握哪些客户正在流失，并且根据个别客户过去的购买行为或偏好，给予最适合的留客方案。

### （六）人工智能的普及和商业应用

1. 给个人用户带来的益处

人工智能技术已经遍及生活的方方面面，我们每天使用的手机应用中，就有着大量的人工智能技术的痕迹。例如，抖音会按照个人的偏好推送个性化的内容，淘宝的拍立淘也是结合了人工智能、大数据、图像处理以及移动互联网的技术，让用户即拍、即搜、即购。另外，我们在家里用的"小爱同学"或是"小度"，这些智能音箱生活助手，也得益于一个具有声音辨识能力以及搜索能力的人工智能后台。它能按照听到的指令，到网上搜索你想听的音乐或是进行天气预报等多种网上查询服务。许多智慧家居方案也是采用这种声控技术，让我们能够用声音控制家中的家电设备。

2. 给企业用户带来的益处

人工智能在企业界被广泛应用于服务、营销、物流、生产等各个领域。

（1）服务。即使在一两年前，我们还觉得机器人送餐只是科技的噱头，但是今天我们住酒店时，就常常接到送餐服务机器人的电话，告诉住客它在门外等候，请客人开门让它送餐。此外，电话客服与电子商务客服，也应用了大量的客服机器人。

（2）营销。智慧零售已经是零售业的主流，可以提升营销效率、降低成本。在商场、门店的过道上，它可以追踪消费者的路径，推测消费者的来店意图与偏好，给予即时推荐；也可以在购物中心或是门店，进行人流分析，判别消费者的路径，并决定开店策略。当客户进入门店后，人工智能影像识别技术又可以进行客户辨识，判断来客身份。如果是老顾客，又可以立即调取客户数据，让店员提供更个性化的建议或给予更精准的推荐。

（3）物流。人工智能在企业后端的物流体系也有大量的应用，如智能仓储，让库存管理摆脱传统的繁杂流程。在处理商品上架问题时，即使随意摆放，也能通过机器人快速分拣商品。另外，物流的路径优化也是人工智能的重要应用。通过人工智能计算送货路径，可以提高运送效率以及精准度。

（4）生产。人工智能可保护生产线上的人员安全。机器手臂可以进入危险环境，代替人工操作。例如，汽车生产线上就部署了大量的机器人，执行焊接任务。另外，在厂区安全方面，人工智能也可以精准地区分来人身份，决定示警或放行。

前面我们分析了六种主要科技创新对企业数字化转型的驱动力量，其实也只是管中窥豹。我们所讨论的内容或应用，还都限于个别产品功能在企业内的应用。还有一个更大的领域我们没有涉及，那就是将这些技术整合在一起。从企业整体甚至跨行业的视角来看，如何进行整个企业或跨行业流程的全智能化无缝衔接，使我们不仅仅得到一个智能产品，而是得到一个智能企业、智能产业、智能化的城市呢？这种更大范围的智能化，是基于个别单元的智能化，再将每个单元的信息传送到云端，通过人工智能的运算，达到整体的最优化。例如，全智能工厂、智慧城市，跨产业的智能生态圈。这种整合将为企业、行业、城市甚至国家创造巨大的竞争力。

### 四、六大核心技术助力企业数字化转型

前面我们讨论了移动互联网、物联网、5G 网络、云计算、大数据、人工智能等六种当前最重要的技术发展与应用，那么，这些技术如何在企业实施数字化战略时融入企业的业务呢？或许很多人会采取"参照同业"的做法，但是你需要知道，抄袭同行只能使你不至于落后太多，并不能让你创造出领先优势。而且，每个企业都有特殊的背景条件以及技术能力。因此，别人能做的，你的企业不一定能做；别人不能做的，未必你就不能做。主要还是要看企业的策略和能力基础。为了帮助企业家思考这个问题，我们建议从"信息处理理论"的角度来审视六大技术增强企业数字化的能力。从信息处理的流程来看，大致有采集、传输、储存、分析、反馈／应用等五个阶段。

### (一) 采集

主要是确定信息来源在哪里，如何最有效地获取正确的数据。例如，在生产端，需要了解工厂内部的温度、湿度，IoT 在这个阶段无疑是一项非常有效的技术。IoT 适合在人类无法较长时间生存的环境下，24 小时持续性地获取生产所需要的数据，避免人员的风险。例如，大到核能发电厂、重型设备的生产车间，小到智能腕表，IoT 可以全天候地进行监测，确保设备及身体出现异常时能够在最短时间内发现并采取措施。除了 IoT 以外，移动互联网在这个阶段也适合另外一些形式的信息采集。例如，手机当中的百度地

图，能随时获取 GPS 信号，然后通过 5G 无线网络，回传到控制中心，保证行车的安全。AI 也适合作为信息采集的工具。例如，在购物中心门口以及关键路线上架设摄像头，并且直接以 AI 算法进行测度，了解客流动向。

### (二) 传输

信息在前期无论是通过 IoT、移动互联网还是 AI 等技术获取，后期都需要传送到服务器端，5G 当然是最佳、必然的选择。

### (三) 储存

信息上传后，不一定要立即处理，可以先将这些收集来的信息储存起来。云计算是必需的工具。云计算解决了企业关于储存服务器的部署与管理问题，而且让企业对存储设备的投资具有更高的弹性，可以在短时间内大幅提升储存能力，应对突发的市场需求。

### (四) 分析

有了数据以后，可以用传统的统计方法进行分析，也可以用数据挖掘的方式进行分析，这两类都属于大数据范畴的应用。对于一些特定状况，如影像、声音、语音识别以及决策分析，使用 AI 算法能够更加快速、精准地进行处理。例如，商场门店内的人脸识别，使用 AI 可以进行更精准的分析。

### (五) 应用与反馈

目前，这种信息流的框架已经在农业生产、工业制造、互联网等诸多行业和领域中得到广泛应用，不仅可以帮助企业更加快速地在销售、产品、流程及顾客体验方面进行创新，而且也在很大程度上缩短了商业流程所需的时间，节省了企业的成本。更重要的是，信息具有双向价值传递的机制，即企业不仅可以主动通过信息的传递去获得价值，同时还能将数据和算法有效结合，让用户信息在流转过程中得到随时反馈，从而让企业或平台方更加快速精准地部署商业策略。

传统媒介如报纸、电视等只能实现信息的单向传递，即由内容生产者传递信息到用户，而互联网在算法、大数据、人工智能等各种技术的加持之下，可以实现信息的双向传递。不仅内容生产者可以传递信息，互联网同样也在主动向用户索取、抓取自己想要的信息，然后再把用户信息化、数据化，让用户自身拥有反馈机制。因此，信息传递的过程同样也是价值传递的过程。

# 第三章　数字经济背景下企业的转型路径和转型规划

企业数字化转型是一项重大的战略任务。企业是否具备进行数字化转型的条件、何时开展工作、从哪里入手、按照什么步调逐步展开等，都需要全面分析，精准施策。

## 第一节　数字经济背景下企业转型的影响因素分析

对企业数字化转型的平稳推进有影响的因素非常多，如企业的信息化发展水平、信息化组织队伍建设、信息化基础设施、员工的数字化意识等，都是转型的基础条件。管理层特别是决策层的正确认识，是转型作为一个战略能够持续推进而不会半途而废的重要保障。企业自身是否具备强大的平台能力也是数字化转型成功的关键。

企业数字化转型的影响因素很多，包括但不限于以下几个方面。

### 一、决策层认知

决策层对企业数字化转型是否有统一的认知、是否达成共识非常重要。企业数字化转型不仅是技术的更换，更是生产力的更新。生产力决定生产关系，生产力的更新必然带动生产关系的变化，也就是业务流程、组织模式、管理模式等的变革。这其实就是企业的"改革"。

决策层常常对"改革"二字非常敏感。人们常挂在嘴边的一句话是："改革就是利益再分配，触动谁的利益，谁就有可能成为改革的阻力，甚至成为改革的'毁灭者'。"由此可见，决策层的深刻认知和统一意志对企业数字化转型至关重要。

## 二、数字化转型的推动

对于这个问题，不同的企业给出了不同的答案。这里有一个非常典型且普遍的现象。领导将编写企业数字化转型规划方案的任务交给了发展计划部；三个月之后，这个任务被推给了企业改革部；半年之后，任务最终落在了信息部的头上。在另外一些企业的数字化转型过程中，甚至能看到财务部、人事部乃至办公室的身影。这充分说明大家对哪些部门应该参与企业数字化转型并没有统一的认识，而达成统一认识的难度也非常大，更表明参与部门的确定是转型成功的关键。

笔者认为，应该从企业数字化转型的定义中寻找答案。

价值创新——要有价值判断和评估，需要财务部门参与；数字技术驱动——要有数字化技术能力，需要信息化部门参与，为变革提供动力；业务变革——要有业务主管部门参与；企业战略——要有战略主管部门参与。

从以上分析中可以看出，至少要有四个部门参与企业数字化转型，其中最有力度的是战略主管部门。但从实际情况来看，动力部门是最活跃的部门，总是冲在最前面。所以，企业数字化转型的可行路径是，由动力部门即企业的 ICT 部门发起，驱动业务主管部门，使两个部门形成合力，一起谋划企业数字化转型规划方案，之后找到战略主管部门，把规划方案升级为企业战略。

## 三、信息化基础

企业首先应具备一定的信息化发展基础。企业的基础网络应实现全面覆盖，具备相当的算力和存储能力，以及必要的容灾能力和信息安全管理能力。基础应用包括邮件系统、视频会议系统、即时系统、OA 系统等普遍应用；从经营管理层面来看，应具备 ERP 系统、财务资金系统、合同系统、风险管控系统等日常应用；从生产层面来看，应具备必要的自控系统、数据采集系统、安全环保管理系统、能源管理系统、设备管理系统等基本信息化系统。这些系统不仅支撑了企业生产经营管理各个层面的业务运行，更培养了企业员工基本的信息化意识。

与此同时，企业最好具备一定的信息化组织基础。例如，中国石化集团总部的信息化管理部门负责全面统筹，各下属企业的信息化管理部门或信息中心具有一定的业务研发能力，至少应该具有基本的系统运维能力。

### 四、数据治理状况

数据是企业数字化转型的核心要素。从管理层面来看，应对各项经营管理数据进行全面采集，建设相应的数据库系统，最好具备统一的数据管理、挖掘、服务平台。从生产层面来看，应对数据标准、主数据和元数据管理、数据质量管理等有一定程度的覆盖。从企业整体来看，应具备主要的生产装置，核心设备应配置数据采集系统、实时数据库系统等。一些先进企业应具备专门的数据治理和数据管理团队，有一定的数据资产积累和相当丰富的数据挖掘、建模、使用经验。

### 五、数字化基础设施

数字化基础设施主要是指生产层面设备设施的数字化装备程度。关键设备应具备一定的数字化仪器、仪表，如分散控制系统（Distributed Control System, DCS）、数据采集与监视控制（Supervisory Control and Data Acquisition, SCADA）系统、实时数据库系统、在线分析仪器等。大型装备应具备运行监控的各类传感器和自动监控系统。

### 六、新技术应用情况

企业是否积极应用5G、人工智能、物联网、区块链、互联网、实景角色演绎（Role Play Activity, RPA）等新技术非常重要。如果在大多数业务部门都能找到新技术落地的场景，则证明新技术与企业具体业务得到了很好的融合。这些成果、认识和经验都会成为帮助传统行业数字化转型的重要支点。

### 七、技术人才队伍

企业数字化转型需要强大的信息化、数字化建设队伍支持，绝大多数工作不可能依靠外包来完成。企业一定要有自己的技术队伍，特别是平台管理队伍和数据管理团队。在数字化时代，平台不仅是一种技术，而且已经成为企业的核心竞争力，所以一定要掌握在自己手中。数据更是数字时代企业的核心资产，《中华人民共和国数据安全法》的颁布对企业自建数据管理团队提出了更高的要求。

## 八、数字化文化

企业员工的数字化意识是企业数字化转型成功与否的重要影响因素，因为转型涉及企业的方方面面，需要员工不断学习新的数字化技能，具备对数字化设施、工具和系统的使用能力，对数据的分析能力以及对分析结果的应用能力。同时，员工要能够和技术团队进行良好的沟通，能够对业务的数字化需求有清楚的认识。就像建立良好的公共交通秩序需要每一位行人都参与一样，构建良好的数字化生态同样需要每一位企业员工的参与。

数字化时代的到来，对每一位员工都有相应的要求。企业要通过各个层次的培训，提升员工对数字化的认知水平和相应能力，构建良好的数字化文化。

## 九、转型切入点的选择

企业选择从哪里开始数字化转型工作是一个很容易被忽略的问题，只有选好切入点，转型工作才能够快速推进，并迅速见效，这样能提振士气，增强决策层信心。有一句英文是：Think big, start small, act fast。即大处着眼、小处着手、快速行动，用在这里非常应景。尤其是大型企业，不可能一上来就全局推进。像所有改革一样，企业数字化转型也需要巨大的改革成本，所以一定要量力而行，遵循"摸着石头过河"的原则，让小部分人先"转型"起来，用"先进"带动"后进"。

在笔者看来，大型企业的IT业务板块需要最先开始数字化转型。它们在探索转型路径的同时，能够积累一定的操作经验，这也为其他业务部门的转型打下了坚实的数字化基础，同时提供了必要的数字化技术人才储备。

上述九大因素对企业数字化转型至关重要，每一家开始转型的企业都要结合自身状况，逐项展开分析。在启动之前，就要知道自己的弱项和强项，做到心中有数。只有这样，才能在漫漫转型路上行稳致远。

# 第二节　企业数字化转型的战略思考框架

企业数字化转型的概念，最近几年在学术界和企业界都引起了高度的关注，可是对于数字化转型的定义与范畴却众说纷纭。这些不尽一致的观点，也使得各个企业对数字化转型的必要性以及做法产生了许多争议。企业数字化转型绝不仅仅是一个信息技术中的项目，它更涉及了企业的顶层架构、客户价值与商业模式创新以及各个部门的运作流程梳理。不过，这些定义并未进一步描述企业数字化转型到底应该涵盖哪些范畴。

在本节中，我们将进一步列出 IDC、麦肯锡等知名咨询公司的观点，从中构建我们对企业数字化战略的思考框架。有了这个思考框架，企业家们就可以系统化地思考自己企业的数字化战略，并且按步骤推进。

## 一、IDC 提出的数字化转型思考方法论

IDC 是一家国际知名调研公司，对于数字技术的发展经常提出重要且值得参考的观点。首先，我们来看看 IDC 提出的数字化转型方法论。

### (一) IDC 提出的数字化转型"三部曲"方法论

（1）构建新的生态体系：了解企业所处的环境，找出企业上下游相关个体或是企业，然后定义出企业如何与这些个体互利共生。

（2）开发新的业务框架：根据所处的生态体系，决定企业如何创造价值，开展业务活动。

（3）强化新的技术基础：基于新技术基础，根据业务活动的需求，制定新技术方案。

IDC 认为基于上述三个步骤，企业可以从宏观视角出发，有次序地逐步发展出微观的具体方案。关于具体方案，IDC 则进一步提出企业数字化转型的五大部分工作。

### (二) IDC 指出企业数字化转型的五大部分工作

IDC 进一步指出，企业数字化转型一定会引领企业的未来，企业数字

化转型的核心是让企业能够拥有五大功能：

（1）智能决策：企业决策不能只是依靠直觉或是臆测，企业的重大决策应当基于大量的数据。所以，企业在进行数字化转型时，首先要考虑支持决策方面的数据获取以及分析能力。

（2）智能研发、管理、物流：IDC 提出的运营模式跨度比较大，包含了研发、管理、物流等工作。其中，管理主要涉及的是实际操作层面的管理。

（3）智能生产、车间：包含了智能生产以及下沉到车间的自动化，这个范围比较接近智能制造所定义的范围。

（4）智能设备、产品、服务：包含智能设备、产品以及服务，这部分涉及更多的是产品使用时的服务。

（5）数据挖掘与分析、投融资服务：这部分内容强调的是数据挖掘的应用，以及数据化、智能化在财务领域的应用。

### （三）IDC 企业数字化转型框架的不足

IDC 的企业数字转型框架分为五个层级，比较清楚地定义了每个层级的工作内容，以及相应的转型类型。但是，这个模型有以下不足：

（1）没有说明层级之间活动的关系。例如，第二层级包含的研发、管理、物流与第三层级的生产工作，它们之间的关系是什么？难道是上下层级的关系吗？这显然是不对的。它们应该同为价值链上的一个环节。同样的问题也在第三层级与第四层级的关系中存在，其关系应该都是平行的、有次序衔接的。

（2）这个模型采取的是职能划分方法，并以此界定智能化工作。如果是这样，企业的主要职能工作应该都要覆盖，但是模型并未涉及营销、销售活动。例如，门店运营管理、门店体验优化是数字化体验的重要工作，而这个模型完全没有提及，显然这个模型是偏向生产端思维的产物。从这个观点来看，这个模型缺乏行业的普适性。

（3）缺乏对"企业软件"方面的关注。正如我们在对数字化转型战略的定义当中所阐释的，学者们的定义是全方位的思维转变，包含了企业数字化的思维、文化以及管理方式，而这个框架都没有涉及。这又是该模型明显的不足之处。

## 二、麦肯锡提出的数字化转型战略方法

麦肯锡提出的是概念性的逻辑，简单地指出数字化战略思考的是"是什么""做什么"以及"怎么做"的问题。具体说明如下。

（1）开发业务架构（是什么）：就是企业从事业务的模式是什么，业务架构的内容是什么。

（2）夯实数字化的技术基础（做什么）：根据上述业务，决定数字化采取哪些技术手段，以及需要建设哪些基础能力。

（3）数字化转型过程（怎么做）：具体讨论数字化转型的进程，有哪些步骤，应该如何进行。

麦肯锡方法论的优点是思考框架简单明晰，很适合顾问公司向客户提出问题。其不足之处在于：①这里隐含了一个假设，即提出问题以后，要能够回答这些具体的业务问题。但是麦肯锡的框架完全没有给出答案，没有指明到底应该考虑哪些工作，如此一来，对企业实践上的帮助就相当有限了。②麦肯锡的模式当中并没有提及到底应该考虑哪些业务流程，具体该怎么做。

显然，麦肯锡提出的思考框架，只是一个咨询公司关于如何提出问题的方法论，对企业家自己思索、构建数字化转型战略的帮助较为有限。

## 三、本书提出的数字化转型战略思考框架模型

为了清楚定义企业数字化转型应该考虑的范畴，对企业家的实践工作给出一个清楚可循的指引，我们需要一个更为周延的企业数字化转型思考框架。要定义出一个好的框架，还是需要先从理论基础进行拓展。

企业的商业战略思考是个多层级、多维度的工作，前述 IDC 或是麦肯锡的框架，可能就是因为没有从这个视角进行考察，以致难以作为落地实施的标准模型。那么，应该如何定义企业的多层级以及多维度思考框架？其实，管理学上已经有一些被公认的理论模型。

### （一）多层级模型

在管理实践工作中，关于组织层级，有一个被普遍接受的分级——高层、中层、基层。这个分类比较清晰地讲出了层级关系，但是并没有讲清

楚这三个层级的主管分别应该关注什么事。著名管理学者罗伯特·安东尼（Robert Anthony）提出的理论框架，能够比较清楚地定义层级结构，同时他也讲清楚了不同层级分别应该关注哪些事务。按照安东尼的分类，企业层级包含了战略层（Strategic Level）、管理层（Managerial Level）、运营层（Operational Level）三个层级。

（1）战略层。这一层级关注的是企业应该做什么（What）。也就是定义企业的基本使命、愿景、从事的行业、对客户提供什么价值，以及商业模式。

（2）管理层。这一层级关注的是企业应该如何做（How）。也就是说明企业如何管理价值创造的过程，当中涉及的是企业的工作与运营规范。例如，工作计划与考核，如何塑造良好的企业文化，让团队能够有清楚的使命感、奋斗精神以及绩效的反馈考核、创新精神的塑造等。

（3）运营层。这一层级关注的是企业日常工作怎么做（Do）。在企业当中就是保证工作流程照着事先定义的规范有效率地执行。

### （二）多维度模型

多维度涉及的是企业的不同职能，也就是价值创造的整个过程。哈佛大学教授、知名竞争策略学者迈克尔·波特（Michael Porter）提出的价值链（Value Chain）理论框架已经被全世界的管理学者与实践工作者广泛接受。

所谓价值链，一般包含从供应链当中的原材料怎么来、产品是怎么生产制造出来的，到营销流程中如何制定产品的营销策略、如何通过渠道进行销售以及客户使用产品的体验过程，再到售后流程的售后服务这一系列的过程。波特提出的价值链模型可以说是跨行业适用的通用框架，所以更适合拿来作为发展新理论的基础。

### （三）本书提出的"企业数字化转型战略二维理论框架"

我们将上述两个模型结合，就形成了一个考虑多维度以及多层级的企业模型框架。在企业的顶层即战略层，应该思考的是企业的价值提议与商业模式的数字化，商业价值提议将决定企业到底做什么事，商业模式则从价值创造与价值交付的角度说明企业要做什么事。所以，关于这些"是什么"

（What）的思考，将指导后面所有数字化转型工作"怎么做"（How）。管理层在数字化转型时应该思考的是，如何创造符合数字化原则、理念的新组织、新的管理方法以及如何打造一种数字化的企业文化。在运营层则从价值链展开，思考企业的每个价值创造过程如何进行数字化。基础层则是基于上述运营模式的业务需求方向，决定企业应该在技术与数据能力上如何支持上面所述数字化的战略内容。因为这个模型整合了企业的层级与价值创造过程两个维度，所以我们称之为"企业数字化转型战略二维理论框架"。

我们认为这样的思考框架是比较完整的，用于指导企业数字化转型工作是非常有价值的。所以，本书的主要结构也按照战略层、管理层、运营层以及基础层的数字化战略转型思考进行逐级讨论。

## 第三节　企业数字化管理模式

目标管理法和目标与关键结果法是被商学院讨论最多的两种管理方法，其中 MBO[①] 的历史较为悠久。基于 MBO 的相关概念，许多企业发展出了自己的 KPI[②] 体系，对员工进行考核。国际上许多大型企业也采用 MBO 来管理团队，IBM[③] 就是一个典型的例子。OKR[④] 则是近几年被讨论很多的另外

---

[①] 企业目标管理（MBO, Management by Objective）定义：目标管理是以目标为导向，以人为中心，以成果为标准，而使组织和个人取得最佳业绩的现代管理方法。目标管理亦称"成果管理"，俗称责任制，是指在企业个体职工的积极参与下，自上而下地确定工作目标，并在工作中实行"自我控制"，自下而上地保证目标实现的一种管理办法。

[②] 关键绩效指标（Key Performance Indicator, 简称 KPI）是通过对组织内部流程的输入端、输出端的关键参数进行设置、取样、计算、分析，衡量流程绩效的一种目标式量化管理指标，是把企业的战略目标分解为可操作的工作目标的工具，是企业绩效管理的基础。KPI 可以使部门主管明确部门的主要责任，并以此为基础，明确部门人员的业绩衡量指标。建立明确的切实可行的 KPI 体系，是做好绩效管理的关键。关键绩效指标是用于衡量工作人员工作绩效表现的量化指标，是绩效计划的重要组成部分。

[③] 国际商业机器公司或万国商业机器公司，简称 IBM（International Business Machines Corporation）。总公司在纽约州阿蒙克市。1911 年托马斯·约翰·沃森创立于美国，是全球最大的信息技术和业务解决方案公司，拥有全球雇员 31 万多人，业务遍及 160 多个国家和地区。该公司创立时的主要业务为商业打字机，之后转为文字处理机，然后到计算机和有关服务。

[④] OKR（Objectives and Key Results）即目标与关键成果法，是一套明确和跟踪目标及其完成情况的管理工具和方法，由英特尔公司创始人安迪·葛洛夫（Andy Grove）发明。并由约翰·道尔（John Doerr）引入到谷歌使用。1999 年，OKR 在谷歌发扬光大，在 Facebook、Linked In 等企业广泛使用。

一种管理方法，它源于英特尔，最近几年在硅谷被大量的创新型企业，如Facebook、谷歌等套用，也是卓有成效。本节以 IBM 与英特尔两家企业为例，阐释企业数字化管理模式。IBM 与英特尔两家企业分别采用了 MBO 与OKR 模式，本节将重点比较 MBO 与 OKR 的异同。

## 一、MBO 组织管理模式的特点

讲到数字化管理，目标管理一定是第一个被所有人想到的管理制度，知名管理学者德鲁克可能是最早讨论 MBO 的学者之一。目标管理的原理很简单，它基于两个基本原则：

第一个原则可以用德鲁克的名言概括，即"不要告诉下属具体怎么做，只要告诉他们，你要什么，他们就会给你满意的结果"。

第二个原则可以用一句话来概括，即"用关键结果衡量工作绩效"。

这两个原则，前者是在强调如何调动团队的积极性，后者则是在说明应当怎样评估工作绩效。MBO 具有很好的基本原理，那么大多数公司实践时是怎么做的呢？就我们观察而言，公司有两种典型的做法：第一种是上级给定目标（Top down），让下级完成；第二种是下级提出目标，征求上级同意后将其作为目标（Bottom up）。上面两种做法在实践过程中会出现五方面较为常见的问题：

（1）对于目标缺乏沟通。无论目标是上级给定的，还是下级提出的，绝大多数企业都遵照了德鲁克的观点，即"主管不需要管属下怎么做，只要告诉他们，你要什么，他们就会给你这个结果"。这种做法，是假设不需要额外资源投入、不需要其他部门协作。这样的假设，对于稳定型的传统企业，问题并不大，但是对于创新业务，这样的假设就存在很大的问题。除此之外，还有一个更严重的问题，就是一些下属会告诉主管，"既然是目标管理，你就不用管我怎么做，反正我会把结果给你"。这种做法常常导致表面上的"数字"做到了，"实质"却没做到。举例来说，渠道销售管理经常出现的"塞货"问题，就是销售数字确实做到了，可是实际上只是把货塞到代理商那里，根本没有真正卖掉。企业对业务员的要求难道只是"塞货"吗？

（2）最终结果"一翻两瞪眼"。这个结果通常源于上文所说的，只要告诉下属要达到的目标，不要管他怎么实现这一目标。在这种假设下，上下级沟通中经常缺乏及时反馈，上司认为自己已经把任务交给下属，就不需要替下属担心，但等到最终考核的时候，却发现有大量问题没有解决，想要挽救都来不及。

（3）乡愿心理。在许多企业中，MBO 只是为了拿来进行最终的业绩考核、领奖金，业绩考核必然会影响到下属的薪资。许多主管又有乡愿的心理，觉得平时批评一下就行，不要影响到下属的实质经济利益。许多主管认为，反正自己也是打工的，发奖金也不是发自己的钱，为了避免造成上司与下属关系不和谐，因此给出的 KPI 达成率都不错，最终使得目标管理形同虚设，同时会引起不公平的抱怨。

（4）各人自扫门前雪。在 MBO 体系下，最常听到的抱怨就是其他部门不配合，以致影响任务的达成。我们常常会听到一些员工说："我只做和 KPI 相关的事。"这个结果其实一点也不奇怪，因为既然有个人 KPI，员工当然会把心思都花在自己的 KPI 上，如此会造成团队缺乏并肩作战的氛围，甚至不管队友的死活，最终整个组织获得的结果自然也不会很好。

（5）个人 KPI 满分，公司或团队却一败涂地。这个结果是上面第四项结果的自然结论。下属和主管在讨论目标时都很小心谨慎地打数字攻防战，在执行时只管自己的数字是否达成，加上考核时的乡愿心理，导致许多个人的 KPI 都完美达成，可是企业的整体成败只有总经理承担风险。

## 二、OKR 的操作原则及优势

### （一）OKR 方法的起源

OKR 起源于美国的半导体巨头英特尔（Intel）公司，后来谷歌、Zynga、领英、General Assembly、Facebook 等公司使用后，都实现了持续高速的增长。OKR 的第一个字母 "O" 是指 "目标"（Objectives），KR 表示 "关键结果"（Key Results）。"目标"就是你想做什么事情，如上线一款游戏、拿下某个市场；"关键结果"就是如何确认你做到了这件事，如一款新上线的游戏一天达到 2.5 万的下载量，并且一天获得 500 万元的销售收入，在某个市场的占有率达到 60％以上等，都是 "关键结果"。

## (二) OKR 与 MBO 的主要差异

当我们在 EMBA 的课堂上讲到 OKR 时，一些企业家会认为 OKR 与 MBO 只是名称上的差异，基本上是同样的东西。巧合的是笔者在过去几十年的工作历程中，正好服务过两家世界级的企业，它们分别是实施 MBO 与 OKR 的代表。第一个是 IBM，它是实施 MBO 的最佳范例；第二个是英特尔，它是 OKR 的创始者。供职于两家典型的企业，相信笔者的亲身体验是很值得企业家们参考的。笔者认为，MBO 与 OKR 有以下主要差异：

（1）MBO 更适合成熟型企业，OKR 则更适合高速增长、环境不断变化的企业。MBO 的实施方式以及它的假设前提是"主管只要告诉员工目标，下属自然会设法达成"，上述假设在稳定性的企业中问题不大，可是在市场变化较大的创新企业，则有很大的问题。而 OKR 则正好相反，它主张在最初要建立共识，接着要不断地进行盘点、修正，所以 OKR 的实施过程本身就非常适合动态环境。

（2）MBO 是针对个人的绩效管理方法，OKR 则是团队协作的管理方法。基于 MBO 对环境的假设，个人的绩效很大程度上就取决于个人自身的工作，所以 MBO 更适合作为对个人的绩效管理方法。而 OKR 因为假设环境是复杂多变的，所以团队会不断地遇到变化与挑战，以及达成目标路径上的调整，这时就需要依靠整个团队的协作，一起进行步调的调整。

（3）两种模式的目标制定方式截然不同。MBO 的目标本身就是一个可以衡量的数值，而且一个目标只有一个数值作为衡量。而 OKR 的目标是概念性的，较为抽象，针对每一个目标还可以用几个关键结果（KR）进行多个维度的具体描述或衡量。

## (三) OKR 操作的原则

OKR 的实际操作可以分为三个阶段，分述如下：

（1）制定目标。要设置有挑战、可衡量的阶段性目标。具有挑战性的目标能激发团队的斗志和向心力，明确的关键结果又会让员工觉得这个目标不是空谈。OKR 是一个团队希望达成的共同目标。在 OKR 框架下，目标可以按照年度或季度设置，但关键是它一定要"向上关联"。最高层级 OKR 通常要与公司的愿景、使命或与这一阶段的主要任务关联，部门级别的目标则需要和上一级的目标关联，如此才能保证企业整体目标贯彻到位。所以 OKR 在目标制定上具有三大特色：①团队性——它是团队的共同目标，而不是个人目标，所以强调协作性，这个团队的目标是由团队成员共同讨论出来的；②分工性——虽然最终目标是团队共同的目标，但是用来支撑目标的个别关键结果却通常由团队的部分人员负责执行，只是在执行时也可能需要其他部门协作；③层级性——上一级的成员接到任务后，需要在自己部门内进行再分工，形成下一级的 OKR 目标，所以整个工作是层层链接的，从顶层组织分散到下层组织。

（2）贯彻执行。团队管理者必须确保自己和团队一直朝着这个目标前进，不要被其他事情干扰。所谓的"不要被其他事情干扰"，并不是说除目标以外的事都不做，而是要聚焦在与自己目标相关的工作上，随时确定自己的工作符合目标给出的方向。这里又体现出 OKR 与 KPI 或 MBO 的不同。贯彻执行意味着团队互相砥砺保证原定方向坚定执行，因为 OKR 在执行时有每周定期会议，这个会议就是让团队成员都能够共同来检视每个目标以及相应的关键结果的进展。KPI 与 MBO 则是指标交付以后就不多做干预，直到期末再进行达成状况的评估。

（3）相互支持。所有成员一直明确知道整个团队需要努力达成的目标，并相互支持、相互鼓励。OKR 有一个显著的价值就是团队的沟通，这是MBO 所没有的。MBO 的模式是目标与工作的完全交付，OKR 则强调团队方向一致，共同向目标前进，过程当中提供队友与整体目标达成相关的工作支援。因此，OKR 强调沟通。那么，团队之间要沟通些什么呢？首先，沟通哪些事情是重要的；其次，沟通能做到什么程度；最后，与那些在工作内容上偏离公司目标的团队成员进行沟通，应该先做好哪些事才是对的。

### （四）OKR 每周进度的具体操作

OKR 用来推动项目成功的关键就是要聚焦。先将精力集中到一两件事情上，这样才能尽可能地保证目标达成。在执行过程中，有四个很重要的概念与名词，更能显示出 OKR 的执行能力。

（1）OKR 当前状态。关于目标与关键指标的达成进度，一般用 1～10 作为进度的衡量指标，1代表刚开始，10代表完成。每周盘点一次关键目标的达成进度，这样才能让团队随时保持对整体工作或项目进展的高度关注。

（2）状态指标。状态指标不属于量化的"关键结果"，却是需要持续关注的事，例如，团队人员状况、预算资金是否到位等，这些事虽然不是目标或"关键结果"，但是对项目的推进具有重要影响。

（3）本周关注的任务。顾名思义，这些工作是本周最重要的工作。它们的完成，可能代表着关键指标已经向前推进。一般用P1、P2、P3列出不同工作项目。

（4）未来四周的计划。在执行当前工作时，不能只关注一周内要完成的事情，因为很多工作需要一些前置准备。所以，这个描述就是在提醒团队，需要关注哪些未来需要完成、现在就应该开始准备的工作。

OKR需要每周回顾项目进展。OKR是执行特定项目或团队相关工作协同管理的工具，通常在周一进行工作检讨与前瞻，重点是根据上周的进展列出未来一周需要重点完成的工作事项以及未来四周需要提前准备的工作的提醒，周五团队共同庆祝、分享本周重要事情进展、成果。这种每周"庆功"并不是要团队提交"假成绩"，而是对事前计划当中完成较重要事情的喜悦进行分享。

## 第四节　打造企业的信息技术和数据基础框架

数字转型的基础层需要考虑的主要是大数据、人工智能、物联网、移动互联网技术这四大技术基础所建立的企业战略支持框架，任何一项数字化商业战略的实施都要依靠这些技术当中的一种或是多种的组合。本书第一章讲述的赋能企业数字化转型的核心技术，其中的5G技术和云计算虽然也是数字化转型的重要基础，可这两项是商业大环境的基本条件，与个别企业实施数字战略没有直接关系，在设计基础框架初期暂时无须考虑。

接下来，我们从了解其他四种技术的基本概念开始，讨论如何规划企业的这些技术基础框架。

## 一、数字化的信息技术平台与传统信息技术平台的区别

在讨论数字化战略时，必须弄清楚两个名词：IT（信息技术，Information Technology）与 DT（数字技术，Data Technology）。严格地说，数字战略的实现，无论是商业模式的改变还是价值链的重新梳理，都需要以 IT 与 DT 作为基础。所以，有必要了解一下什么是数字化战略的 IT 与 DT，以及它们之间的关系。

IT 可以拆分为三个部分——电脑硬件系统、电脑网络、电脑软件。

### （一）电脑硬件系统与网络

电脑硬件系统就是日常用的个人电脑和企业的服务器。电脑网络则包含连接电脑设备的区域网络以及对外连接的互联网。

### （二）电脑软件系统

电脑软件系统指的是企业与个人使用电脑的程序软件集合。伴随信息产业的发展，大量的应用软件被开发出来，具体来说包含三大类软件系统：前端业务系统、后端资源管理系统、数据库系统。

（1）前端业务系统。例如，门店用的收银系统、电子商务的交易平台，以及一些智能化的门店交互设施，如智能化的自动贩卖系统。

（2）后端资源管理系统。包含企业原材料采购、库存、成品、销售记录系统，以及最终产生企业财务报表的系统，这些后端系统可以统称为企业的 ERP 系统。当然，按照企业的类型，这些系统还可以分为仓储管理系统、运输管理系统等。另外，企业还可能用到人力资源等其他辅助性的软件系统。

（3）数据库系统。数据库系统不属于前端或后端，却是支持前端与后端系统智能化运营的重要核心，因为所有的交易数据都需要存储在数据库当中。数据库系统也容许用户经过一定流程读取其中的数据。

## 二、支持数字化转型的最新技术平台架构——轻前台、快中台、大后台

过去多年来，企业投入发展的 IT／DT 系统，在互联网发展的前期，线

上线下渠道是分离的，消费者要么到门店去购物，要么到网上购物，是二选一的购物渠道结构。此时，线上与线下系统完全独立的架构在使用上并没有太大问题。进入后互联网时代，移动技术渐趋成熟，移动互联网彻底改变了消费者的购物历程，线上线下场景融合成了势在必行的模式。这时，线上网店与线下门店就必须共享商品信息、价格信息、库存信息、订单信息、物流信息等，一个新的 IT／DT 架构就出现了，而且成为企业整体数字化的核心骨干。我们称之为"轻前台、快中台、大后台"的 IT／DT 架构。

### (一) 轻前台

前台系统就是与客户的多渠道接触点所使用的 IT 系统，如线上的电商网站、App、小程序等，在线下的则是门店的收银系统。这些都是接触客户、完成交易所需要的系统支持。

为什么前台系统要轻呢？过去为了支持门店运营，厂家基于微软的 Windows 或 Linux 系统开发了前台收银与客户服务软件，但随着新门店的设立以及门店原有收银系统的迭代，一些大型连锁店的 POS 机因年限不同出现了软件版本不统一的问题。为了解决这个问题，越来越多的厂家将收银系统的软件放在大型服务器中，门店的端口只显示一个操作系统的界面，此举大大方便了前端软件的维护。我们称这样的前台系统为"轻前台"系统。

### (二) 快中台

过去的交易平台，无论是电商系统还是门店系统，各自都具有部分中台系统的功能，只是这些不同系统的功能与数据，如产品信息、价格信息、库存信息、物流信息、促销信息、订单信息，都独立存在于不同渠道的系统中（例如，电商、POS 都有各自的库存数据），造成了线上线下融合的障碍。

为了解决这个问题，技术专家们提出另外搭建一个中台系统，将门店的 POS 系统与电商系统的部分功能移除，再将这些功能打包在一起，改由单一的中台系统提供服务。通过这样的新架构，企业的商品信息、价格信息、库存信息、订单信息、物流信息、促销规则、会员身份，在跨渠道使用时就能够被完全统一，不至于像旧有系统那样，造成数据无法共享、同一客户享受的促销规则不同、线上线下的会员积分无法合并等问题。中台系统要做的就是让企业的会员无论在何处消费，都能获得同样的积分，也可以跨渠道使用同一个账号上的积分。

为什么对中台的要求是快呢？因为在交易时，需要给不同的客户提供差异化的商品建议，采取不同的定价策略，让不同等级的客户享受不同的优惠。这时，无论客户在网站上还是门店里进行交易，上述条件都需要接到云端服务器进行查询，且必须迅速获得结果，否则将造成前端的门店或线上网站的作业阻塞，给客户带来不愉快的体验。所以，作为提供这些统一服务的中台系统，其运算速度必须在毫秒级别。因为对中台系统的要求是快速反应，所以业界也有人将其称为"敏捷反应系统"。

### （三）大后台

有了轻前台、快中台，所有关于交易与财务的信息还要汇总到企业的ERP系统，多渠道交易带来的数据量也给ERP带来了更大的压力。同时，前面设计的数据平台，包含数据仓库、数据集市、数据标签以及商业智能分析或数据挖掘等，也都是庞大的系统。因此，我们将ERP、WMS（仓库管理系统）、数据仓等系统归类为"大后台"。

### 三、企业已有的ERP体系与中台系统的区别

很多企业家都有这样的疑问："正因为ERP①系统能够完整地整合企业的资源，所以企业才愿意在建设ERP系统方面进行投资，现在为什么又要投资新的系统呢？"我们的看法是，企业过去苦于无数据，造成运营不顺，需要IT系统支持，所以投入大量资金建设ERP系统。从生产、供应链、财务、人力资源的规划来看，ERP确实让企业在运营上更为顺畅，可ERP系统只是一种对生产运营流程进行支持的平台，完全不具备数据分析和挖掘能力，也没有强大的报表呈现功能，无法满足企业所需的大数据分析的要求。另外，ERP的目的是服务生产资源整合规划，它与营销或客户管理是没有关

① ERP是英文Enterprise Resource Planning（企业资源计划）的简写。它是一个以管理会计为核心，可以提供跨地区、跨部门，甚至跨公司整合实时信息的企业管理系统，具有集成性、先进性、统一性、完整性、开放性的特点。换言之，ERP将企业内部所有资源整合在一起，从而获取客户订单，完成加工和交付，最后得到客户付款。把所有资源整合在一起，对采购、生产、成本、库存、分销、运输、财务、人力资源进行规划，从而达到最佳资源组合，取得最佳效益。

系的，所以自然无法对市场变化立即做出反应，更不用说对个别客户给出差异化的营销策略。

# 第五节　企业大数据、人工智能、物联网的基础搭建

## 一、大数据平台的特色与价值

DT 包含两大部分：第一部分是数据的储存，第二部分是数据的应用。以下我们先讨论大数据的定义，再讨论数据应用及数据平台如何搭建。

### (一) 大数据平台

大数据平台是基于大数据的应用目的组建成的一套包含数据采集、数据传输、数据清洗、数据储存以及数据分析应用的综合体。数据采集包含通过物联网传感设备获得数据 (例如，穿戴式血压仪的测量数据，农田的土壤湿度、酸碱度测量数据等)。数据传输则包含了远程的无线传输 (例如5G) 以及区域内的网络传输 (例如局域网、蓝牙传输)、近场通信 (Near Field Communication, NFC) 等。数据清洗则包含对数据进行重新审查和校验的过程，目的在于删除重复信息、纠正存在的错误，并保证数据的一致性。数据储存包含数据源的数据采集，汇集到中央数据仓库的数据储存以及经过数据清洗后的数据储存。数据分析应用则包含了一般的商业智能分析、数据挖掘、人工智能机器学习的数据提供等。

### (二) 数据储存系统

数据的储存又可以分为三大类型——数据仓库 (Data Warehouse)、数据集市 (Data Mart)、客户标签 (Customers Tag)。

1. 数据仓库

如前所述，传统的应用系统都有各自的交易数据，且是分别独立储存的，这时就导致了企业信息的不一致问题。这些数据在跨部门时缺乏一致的口径，每个系统的信息内容独立存在，格式不同，无法互通，导致数据汇总与分析困难，我们称之为"信息孤岛"。为了解决这个问题，数据专家们提

出了企业数据仓库的概念。

数据仓库事先对企业各种数据重新定义，使得跨系统的数据交换或数据对比、相加、合并、扣除有共同的标准可循。建数据仓库时按照事先定义好的数据格式，将数据从不同的交易系统导入，通过数据清洗或二次运算，对数据进行标准化、格式化，再传入数据仓库内储存。

2. 数据集市

数据集市是根据一部分特定用户群体的数据需求，将数据仓库的数据提取出来分别储存。数据仓库与数据集市的差异，就如同在餐桌上，大碗装的汤是同桌所有人共享的，你不能因为自己的饮食偏好，就在共享的大汤碗里面放辣椒，也不能拿着自己的小汤匙直接在大碗里喝，你必须用公勺将汤盛到自己的碗里，然后再自己调味。

数据仓库就如同那一大汤碗，数据集市就是你自己面前装汤的小碗。任何用户是不允许进入数据仓库这个"大汤碗"直接喝汤的，但是用户可以将数据仓库里面的一部分数据复制到自己的"小汤碗"里，然后对这一部分数据内容进行格式转换或进行重新分类、汇总、排序、合并、删除等，以满足自己的数据需求。

3. 数据标签

数据标签与前述的数据仓库或数据集市是不同维度的概念。数据标签是一组组经过特定规则整理的数据，对分析对象进行属性分类。关于客户的数据标签，我们也称为"360°客户画像"。这些数据基本上是数据仓库的一部分，也可以被某些部门复制到数据集市当中。那么，数据标签是怎么来的呢？

数据仓库中有许多数据内容是从原始交易记录转过来的数据，也有一些数据是经过"清洗／JUT"形成的新数据，数据标签就是经过重新加工的数据。客户数据标签可用来区分客户的一些维度，例如，性别、年龄、所在城市、购买习惯、价格敏感度、活跃度、流失的可能性等。这些维度的数据通常不直接在交易记录中呈现，而是经数据分析得出的，然后再由数据部门在每个客户的属性上添加标记，用来描绘每个客户的特性和分类归属。完成上述工作后，这些数据才可称为客户数据标签。

用户部门取得这些标签以后，就可以更快速地进行数据筛选或深度分析。

例如，想要知道上海市徐汇区有多少35～40岁的男性客户上周到过门店三次以上，而且购买了特定商品。在没有数据标签的情况下，如果想了解这一部分客户的情况，首先需要从地址找出住在上海市徐汇区的客户，统计所有客户的年龄，从中筛选出35～40岁的男性客户，最后计算得出目标客户的到店次数，费时费力。而数据标签可以直接标定每个客户的年龄，甚至事先标定年龄区间，标签也包含了事先把地址转为所属商圈名称的功能，上月来店次数也可以事先计算好，直接用数字取代。通过这些事先加工过的数据标签，就可以很快筛选、计算得出答案，然后对目标客户采取特定营销活动。

### （三）常用的客户数据标签

客户数据标签并非一成不变的，往往因为行业或企业特色的不同而有一定差异。即便是同一家企业，也要与时俱进，按照市场或是用途的不同，对数据标签进行增减。下面列举六个跨行业最常用的标签类型。这六大标签体系，除了品类需要调整以外，在零售行业、餐饮行业、服务行业、家电行业、家装饰品行业都可以使用。

（1）入口（Demographic）标签。包含客户的性别、年龄、工作、居住区域、收入水平等。这些身份信息在传统营销学上是建立客户区隔最重要的变量。在向一个客户推荐某产品时，事先知道对方性别、住在何处、收入水平等背景信息是非常重要的。

（2）生活方式（Life Style）标签。生活方式，是指客户个人在日常生活中表现出的价值观和规律。例如，客户是每天"两点一线"的上班族，还是经常跑夜店、上酒吧的"夜猫子"？客户对于财富的态度，是属于保守型还是激进型？这些信息对于营销推荐都非常重要。

（3）购买行为（Purchase Behavior）标签。这一标签指的是客户的消费行为习惯。客户喜欢线上还是线下购买？喜欢在周末消费还是在工作日消费？另外，还需要关注客户对价格的敏感度，如是否愿意进行充值消费，以预付换取折扣等。这些在购物时的行为表现或偏好，都可以称为购买行为的标签。

（4）社交行为（Social Behavior）标签。社交行为标签用于追踪客户在社群当中的行为。我们需要知道哪些客户喜欢发表意见、喜欢分享，他们的影响力又能渗透到哪些外部网站。这种信息对企业策划推荐、裂变，寻找小规模社群意见领袖（Key Opinion Leader，KOL），发挥个人影响力非常重要。例如，要在某个地区举办一个消费者见面会，这时找到那些有积极参与社交行为的客户，就更容易让现场氛围活跃起来。

（5）商品偏好（Products Preference）标签。需要了解客户对于企业产品与服务的偏好，同时也需要了解不同类型的客户喜爱的不同类型产品，我们称之为产品与客户的关联性（Products to Customers）。客户需要分为不同的类型，以界定某一类型的客户群体喜欢什么样的产品以及消费场景，我们称之为客户与产品的关联性（Customers to Products）。另外，还有一种关系是产品与产品之间的关联性，我们将其称为 Products to Products，就是当一个客户购买了某一产品后，他可能会对其他哪些产品产生更强的购买倾向。上述这些客户数据标签，在许多互联网电商平台上都有体现。例如，亚马逊（Amazon）网站上的 Also Buy 或国内购物网站上的"猜你喜欢"功能。

（6）RFM 标签。RFM 标签是客户关系管理（Customers Relationship Management，CRM）最重要的工具之一。R（Recency）表示最近一次的消费时间，F（Frequency）是指某客户在特定周期时间内的消费频率，M（Monetary）是指某一位客户每次消费的平均金额。一般用 1~3 或 1~5 的"尺标"来衡量 R、F、M。以 1~3 的尺标为例，最好的是 3，最差的是 1，这样可以将所有客户切割为 $3 \times 3 \times 3$ 的 27 个区隔，判断他们对于企业的价值以及需要对其关注的程度。例如，一名客户的 R—F—M 值为 3—3—3。就表示他是最高价值的客户（F×M=3×3），同时他还很活跃（R=3）。如果 R—F—M 值是 1—3—3，就表示这群客户上一周期是企业的 VIP，但是最近有流失的迹象，这些人就是企业最需要关注的客户群体。

### （四）数据的应用

随着数字概念的不断演进，人们对于数据也有了更深刻的认识。美国旧金山大学教授比尔·施玛泽（Bill Schmarzo）提出了一个值得参考的框架——大数据商业模式阶段成熟指标。

（1）第一阶段——业务监控（Business Monitoring）。其特点是用 BI 创造运营管理报表、商业智能仪表板，对于前期、行业或计划的对标评价

（Benchmarking），以及关于品牌发展、客户满意度、产品绩效、财务绩效等指标（Index）的数据收集、汇总，进行业务监控。

（2）第二阶段——业务洞察（Business Insight）。这个阶段的特点是将数据应用于揭示隐藏在组织内与组织间的现象或趋势，对可激活的产品、客户、运营洞察，涉及对客户、产品、运营未来趋势的预测，以及针对这些预测提出应对方案。使用的方法是数据的转换（Transformation）、丰富（Enrichment）、增强（Enhancement）、混合（Blending）。分析方法则是数据挖掘、预测性分析。从第一阶段跨越到第二阶段需要突破一个"分析断崖"（Analytic Chasm），"断崖"代表了这两个阶段的做法有较大的差异。其中包含以下四方面主要的内容：①从 IT 心态转移到业务心态。②从汇总数据转到关注个人或个别设备的数据。③从表格式的内部数据移转到包含内部与外部的数据。④从批次处理移转到线上实时处理。

比尔·施玛泽提出这些主要差异的论点是，第一阶段仅仅是事后分析，了解发生了什么事，所以需要的数据是汇总性的；第二阶段则需要进一步深挖，所谓的"洞察"就是要能够发现隐藏的现象、趋势。特别是对于产品与客户的关注，需要更细致的数据"颗粒"，亦即到个体（Entity）而不是总体的数据。除此之外，在第二阶段更关注的是趋势、倾向，对市场、产品来说是趋势，对于个别客户来说就是倾向。例如，客户购买的可能性、客户流失的可能性。

（3）第三阶段——业务优化（Business Optimization）。它是基于机器学习（Machine Learning）生成的预测性、指示性分析，目的是达成运营绩效最优化。它是基于这些客户的互动产生的数据，做出"处方式"（Prescriptive）分析，并嵌入运营系统当中，达成自动的运营优化。

根据这个定义，第三阶段不仅仅是发现问题或趋势，更需要立即采取行动。也就是企业必须持续地收集数据、掌握个体或群体的变化，并且快速反应，以获得最大的效益。例如，在这个阶段企业需要监控每一位客户的行为变化，一旦发现客户有流失的倾向，就需要立即采取行动进行挽留。要做到这一点，企业需要收集客户的每一次消费记录，并且将其近期行为与过去的消费历史进行比对，一旦发现客户有流失风险，就需要再根据他过去的购买偏好、价格敏感度等因素，自动做出挽回性营销行为，整个过程都应该是自动化的。

（4）第四阶段——洞察变现（Insight Monitization）。数据变现，不是卖数据，而是用数据创造新的收入机会，掌握市场、客户需求的变化趋势。企业应当考虑如何通过数据洞察，发现新客户、新产品、新市场、新消费模式。例如，共享汽车企业可以通过分析客户的打车时间、距离等数据，精确测算出这些客户使用车辆的目的是上班还是临时性外出，据此推出新的商业模式，如包月租车模式等，锁定这些常客，解决其上班高峰叫不到车的问题，从而提升这些常客的使用满意度。

（5）第五阶段——业务转型（Business Transformation）创造交互性的价值创造文化，将数据分析作为业务纪律以加速数字业务与运营转型，为企业创造新的文化，不断地探索、创造、分享与再利用。利用企业的数字资产以及人力资源创造一个环境，利用企业的先进分析技术，例如强化学习（Reinforcement Learning）、人工智能，提高一线员工的探索、学习能力，进而提升企业在争取客户以及运营方面的能力。

五阶段数据应用成熟模型特征如表 3-1 所示。

表 3-1 五阶段数据应用成熟模型特征

| 业务监控 | 业务洞察 | 业务优化 | 洞察变现 | 业务转型 |
|---|---|---|---|---|
| 历史性的报表以及商业智能仪表板，说明"发生了什么事" | 所有的交易历史，"颗粒"达到个人层面 | 处方性分析 | 资产模型 | 利用数字资产重塑商业模式 |
| 以批次处理为原则 | 非结构化数据与结构化数据 | 预防性分析 | 分析性价值得分 | 改变雇用、管理以及升迁的模式 |
| 经过 ELT 等分段数据清洗 | 内部与外部数据 | 得分 | 倾向模型 | 改变衡量企业成功的 KPI |
| 商业智能（BI） | 即时分析 | 自动化 | 变现为满足的市场需求 | 改变薪酬、分享制度 |
| 数据仓库 | 预测性分析 | 坚韧 | 开发新产品、服务、市场、渠道 | 创造持续学习与调整的文化 |
| 描述性统计 | 数字化因果关系 | 强化学习以及人工智能 | 新的消费模型 | |

续表

| 业务监控 | 业务洞察 | 业务优化 | 洞察变现 | 业务转型 |
|---|---|---|---|---|
| 描述性统计 | 数字化类型以及隐藏在数据当中的关系 | 洞察结果结合运营，创造智能App以及智能产品 | | |
| | 机器学习与深度学习 | | | |

### (五) 孤立的分析

在数据科学领域，有一个经常被讨论的名词叫作"孤立的分析"(Orphaned Analytics)，即一次性地为了处理一个特定业务问题所进行的分析，这种分析绝非不具备可重复操作性。根据美国旧金山大学比尔·施玛泽的研究，这种状况在具备成熟分析能力的企业更常见。组织缺乏一个"拱顶框架"(Overarching Framework)，来确保分析结果以及组织的智慧资本能够在企业的各部分和各业务领域中使用。没有这种顶层分析架构，公司分析人员的工作就会陷入各自为政的局面，分析团队宝贵的时间和精力被投入应急性的工作当中，反而没有时间为企业进行更具战略价值的分析工作和动态掌握市场反应的工作，造成对分析能力和资源的浪费。

回想一下，有的企业是不是常常出现这种情况：老板想了解一个市场状况，就交代数据部门去找资料、做分析，数据人员耗费大量时间和精力拿出结果，老板也只是一眼扫过，满足了好奇心，至于后续是不是要进行有规律的监控，也就没人管了。这就是典型的"孤立的分析"。

组织应当从单一使用、一次性使用的孤立的分析，转变为可组合、可重复使用、连续性学习的分析模式，来提高数据的经济价值。要做到这一点，关键在于构建正确的分析模块架构(Analytic Module Architecture)。这种架构是可组合并重复使用、连续性学习的分析资产，是企业不断积累产生出的分析数据和分析工具。在这个架构当中，保留了多个分析模块，这些分析模块是基于技术抽象，经过优化的人工智能与机器学习组合成的，可以交付事先定义的业务或运营的结果。

## 二、人工智能的特点与行业应用

企业数字化战略的推广，还有一个不可或缺的机制支持就是最近成为科技发展主流之一的人工智能。人工智能是极为专业的领域，并不是个别中小企业能够独立发展的。企业应该如何看待、推广人工智能呢？可以按照腾讯公司对人工智能的分类，评估自身能力决定如何参与。按照腾讯公司的框架，人工智能可以分为基础层、算法层、技术层以及行业应用层四个层级。

### (一) 基础层

当人工智能与人类进行交互时，如果在相当长一段时间内，人类一方无法察觉到对方是机器而不是人类，那么机器就达到了人工智能的标准。新一代人工智能具备机器自主学习能力，就是通过大量的数据输入，让机器逐渐积累出判别一种现象的经验。例如，要判别出一张照片里是什么商品，需要将这个商品从不同角度拍摄的大量照片传给计算机，然后计算机才有办法逐步积累经验并进行判断。这种技术就产生了人工智能的影像辨识。

### (二) 算法层

算法层是人工智能的核心，也是新一代人工智能技术突破的关键，我们统称为机器学习。机器学习的方法有很多，简单来说，最新的研究领域是"深度学习"，就是通过大量数据让机器进行学习，然后使用特殊算法，例如神经网络算法，找出事物的特征值，对事物的属性进行判别。

### (三) 技术层

人工智能的技术层主要说明人工智能的主要技术类型，大致可以归纳为计算机视觉、语音处理、自然语言、决策规划四大类。

（1）计算机视觉（看）。就是通过物件的影像，取得特征值，作为区分、判别的标准。例如，旅客在高铁站的入口，就是以个人身份证影像获取个人身份证号，比对购票系统中的乘车人姓名，通过现场的摄像机取得旅客的影像，再和国家个人身份系统中的影像对比，确定进场的旅客是不是本人以及是否已购买了车票。

（2）语音处理（听）。指的是人工智能的听觉能力。它通过声纹的特征值进行判别，对听到的声音进行解读，甚至能解读对方说什么。例如，科大讯飞就是这方面的领先者。其语音识别系统能够听取会议各方的语音，直接产生会议记录。这时它做到的只是将语音转为文字，更进一步的语音处理需要借助文字拆分功能，判断哪几个字属于一个词或是一句话，然后判断对方的语义。例如，在手机上使用语音开启某个 App 或点播音乐，就需要将语音与数据库当中的歌曲名称进行匹配，然后启动播放。

（3）自然语言（说）。让机器产生语音，如同真人在说话。这时采用的技术是将每个字录制成一个声音或采用人工合成语音，自然语音是最早被大量应用的人工智能。例如，各类客服中心的语音服务、各类有声书的批量制作等。

（4）决策规划（思考）。上述三种人工智能，都是机器与人交互时需要的能力，决策规划则涉及运算的逻辑。例如，GPS 导航的路径选择就是典型的决策规划。它首先要确定出发地与目的地之间有多少个节点，每个节点上的选择有哪些，再加入选择条件限制，例如是否选择全程高速、避免堵车等条件，最后规划出一条符合条件的路径。自动驾驶则是更复杂的应用，首先通过智能影像视觉了解车子周边的状况，并通过 GPS 定位汽车所在地点，综合判断车子遇到什么状况，可以采取什么行动。企业的物流路径、装载计划大量应用了这种技术。智能决策规划也可以应用到更复杂的数据分析领域。例如，银行的信用卡部门，通过大量交易或往来记录，判断个别客户是否有潜在坏账风险，然后对这些客户的信用额度进行调整，以降低坏账风险。

### （四）行业应用层

上述关于人工智能的三个层级，基本上都属于研究人工智能的科技企业需要努力钻研的范畴。它们专注于影像辨识、语音辨识、语音合成、决策分析的各个领域，开发出不同的技术基础模块，并提供这些模块的界面程序（API），接着再由一些应用开发的技术型企业，通过这些 API 建立一般企业可以使用的人工智能系统。例如，商业上的智能仓储管理、智能物流运输、购物中心的来客流量与路径分析、门店内的人脸辨识、安防监测、门店销售管理上的无人结账、餐厅里的送餐机器人等。中国具有庞大的软件开发资源，以这些行业分工的发展速度，可以预见，人工智能未来将渗透生活的方方面面。

### 三、物联网的应用场景及价值

IoT 技术并不是一项全新的技术，其与两项关键技术的发展高度相关：①传感器；②数据分析与应用。IoT 技术最早应用于工厂的生产过程管理以及对农林渔牧业的环境变化监测，因为这些地方都不适合人工长期值守。例如，在钢铁厂，炼钢需要精准的温度控制，而在这种极高温的环境中，不可能由人进场采集温度数据，所以设置传感器来读取温度变化，将这些数据通过网络传输到控制中心，再由控制中心描绘出车间的温度变化图，就可以对潜在风险进行预警。

农、林、渔、牧等行业的作业环境，虽然不是钢铁厂那样的高温高风险环境，但是很多场所需要监测的范围很大，数据采集频率较高。例如，农业大棚的温度变化以及土壤中所含有的水分、养分的监测等。在大量种植的情况下，不太可能每隔几小时就到每个大棚内测温或每隔几天就到田里去检查土壤养分，这时传感器就可以稳定地按照预先设定的时间节点取样，并传回数据中心。

过去这些技术大多应用在农业、渔业以及生产过程控制中，所以一般人感觉不到 IoT 的存在，但是随着移动互联网技术的发展和应用，IoT 的应用开始走进人们的日常生活。例如，穿戴设备可以随时测量人的血压、心率、血氧数据，并传回医疗单位，医生可以不间断地掌握患者的基本生理信息，采取预防性措施，也可以在病患发生危险时立即采取行动。在零售环节，亚马逊通过 RFID 芯片直接将商品移动的信息传送到服务器，作为结账的依据。

IoT 技术能够 24 小时监测、回传数据，让我们避免危险，降低人力需求，并且能立即采取行动，未来的应用潜力很大。

### 四、移动互联网技术对消费趋势的改变

移动互联网的信息传达的精准性、及时性以及社会性与企业的数字化转型战略密切相关。

### (一) 精准性

在没有移动互联网的时代，是没有所谓精准营销的，过去讲究的是用大数据来锁定特定目标客户进行营销。企业发送信息给数据库中具有特定标签的消费者，希望能够精准地抓住他们的需求。过去，当企业推出一个新品时，可以从数据中判断出新品的消费与哪一个现有产品是相关的，并针对特定客群发送推广信息。例如，当企业推出一个时尚腕表时，就可以通过大数据寻找过去有时尚配饰消费经历的消费者；新推出品牌啤酒时，就可以寻找那些经常消费品牌啤酒的消费者。但在今天的移动互联环境下，过去依靠大数据的营销逻辑就不合时宜了。企业对营销精准度的要求更高了，因为营销上产生了一个新的概念——场景，场景概念彻底改变了营销法则。在移动环境下，可以精准追踪客户的行为轨迹，会知道这名客户目前在哪里、和谁在一起，这时的需求分析就涉及场景化了。例如，上面讲的啤酒销售，对于过去经常买啤酒的客户而言，企业会推荐新口味的啤酒，但是有了移动侦测，企业就知道这名客户早上10点到达某个写字楼附近，这时要推送的可能就不是啤酒，而是某个品牌咖啡的优惠券了。移动环境下的精准意味着"客户标签＋移动轨迹"，所以在构建营销体系时，需要考虑移动侦测技术，以清楚地掌握客户的动态。

### (二) 及时性

及时性比精准性的要求更高，它要求不仅考虑场景，更需要抓住瞬间的营销机会。例如，前面讨论过的地理征地或地理围栏，就是当客户进入特定区域时，及时采取行动。对地理征地而言，当客户进入对手门店的一定范围内时，就需要及时采取行动，否则等客户进入对手的门店，营销机会就消失了。又如，设计多渠道覆盖的营销机制时，发动营销的时机点就非常重要。在便利店的应用中，过去利用大数据营销找出最可能购买盒饭的潜在客户，向他们发放促销优惠券。在移动互联环境中，这些优惠券发出的时间就变得非常重要。例如，午餐推广优惠券如果在上午10点多发出，其转化率就会显著地高于早上8点或是中午12点发出的午餐推广优惠券。

### (三) 社会性

社会性指的是影响消费者的信息来源发生了改变。过去消费者相信媒体广告，在传统互联网时代，消费者养成了相信网上评论的习惯，但是在后互联网时代，大部分的人都养成实时在线的习惯，因此遇到问题时，更习惯于直接在朋友圈里求助，社交媒体就成了最可靠的信息来源。另外，社会性可以解释为一群人在同一时间的需求。例如，一群老年人正在聚会，此时在朋友圈推送保健品可能是最有效的。所以，需要找出不同群体的朋友圈或社交媒体进行推广。社会性也改变了营销范式，由过去广告、短信的营销方式转变为利用朋友圈，让消费者来转发，推荐产品。

## 第六节　企业数字化转型项目的启动

数字化转型是一项复杂、全面的工作，涉及企业不同组织层级、不同组织职能，甚至是企业顶层商业架构的调整。正如前面的访谈结果表明的，首先要解决的问题是：①如何让团队取得对战略转型的共识；②如何构建一个团队认同的转型方向与整体计划；③如何设定各个子项目的优先次序，并且选择一个项目作为切入点。

### 一、取得团队对战略转型的共识

战略方向缺乏共识，是指企业的高层团队对于数字化战略有不同的意见，一般有以下三种状况：第一种状况是企业管理层的成员觉得企业还未遇到生存危机，还没有必要进行自我革新；第二种状况是管理层的成员感觉到企业已经面临严峻的市场竞争压力，需要做出改变，但是团队缺乏这方面的经验，不知如何下手，且团队成员各持己见，很难达成一致；第三种状况是基于个人因素，担心个人利益、权力落空或是个人缺乏动力，而消极地拒绝做出改变。

遇到这些状况，作为企业领军人物的企业家该怎么办呢？笔者建议，可以采取三个步骤解决这些问题。

### (一)数字化转型培训

请外部顾问对团队进行数字化转型的培训，让团队了解大环境的发展趋势、消费者行为的转变，再参考其他企业的做法，使团队产生危机感，感知到转型的必要性。

### (二)战略研讨会

针对转型的方向组织战略会议。战略会议建议由外部专家主持宣讲，专家最好事先对企业的行业特性与组织内部氛围有一定的了解，然后用开放式的讨论，让高层管理团队全员参与。

开放式讨论一般分为三个阶段：

(1)讨论产业趋势、竞争态势以及客户需求的可能变化。让团队先针对这些外部议题讨论，并且反思一个最根本的问题——面向未来，企业对客户的价值提议到底是什么，企业应该做出哪些转变，或增加哪些产品与服务。

(2)讨论当前业务上有哪些痛点。首先，讨论痛点应该站在客户的角度，看看客户跟公司打交道时，有哪些不满或是不便之处。其次，讨论内部团队在执行业务流程上，有哪些地方会让客户不满，浪费了人力、物力。

(3)讨论解决方案。如果要满足这些需求、解决这些痛点，企业应该具备哪些能力或是哪些业务流程应进行调整。在这个阶段，只需要在大方向上进行讨论，不需要进入具体流程细节的讨论。

为了达成共识，避免"一言堂"或主管团队只是表面同意转型，实际上还是不认可的情况出现，需要在讨论过程中提醒企业的最高负责人不要太早提出结论性的意见。笔者建议根据企业文化，决定最高层主管的参与方式。如果企业原来就是独裁型组织，最高主管又无法抑制住自己在会议上的强力主导行为，这一类最高主管最好暂时回避讨论，事后再听取结果、表达意见。如果企业本身有着比较开放、民主的氛围，这时最高主管可以较早参与，但是在讨论过程中，最高主管的发言权必须与参加会议的其他人平等，讨论也应该是开放式的。

### (三) 观点归纳法

这种方法可以避免最高主管在会议中独裁，并且能够快速形成共识。许多战略会议中可以使用这个方法，它能让团队在具有建设性的氛围中讨论。具体操作方法如下：

(1) 个人先写出建议。针对每个议题，由参加会议的每个人事先将自己的建议分别写在一张贴纸上 (一个建议写一张小贴纸)，针对某一个问题，参加会议的每一个人可能就有几条建议。例如，针对如何提升客户价值，一个参会人员可能会提出三种建议，每一种建议写一张贴纸，一共写三张贴纸。

(2) 个人表述观点。当所有人都在贴纸上写好自己的建议以后，再让所有参会人员轮流上台阐述自己的观点。发言完毕后，每个人将自己的贴纸分别贴在白板上。

(3) 观点的聚合。接下来由会议主持人 (特别注意，主持人只负责协助讨论，维持秩序，不能表达自己的意见，所以最好是外部顾问) 将大家的贴纸进行分类、汇总。当两张贴纸上的建议相似时，需要征求与会人员的意见，进一步明确建议的内涵，以确认提出建议的成员是否同意把类似的意见归为一类。

(4) 意见逐条命名。经过这样的讨论，可以很快降低不同建议的分歧程度，使团队成员的建议汇拢、聚合。接着，再给每个聚合建议起个名称，将其他写有相似建议的贴纸贴在这个名称的后面，就形成了一个实际执行这种"观点归纳法"讨论所产出的结果。某个聚合建议名称下的"贴纸数"越多，就表示赞同这一建议的人越多。这样就能够通过这种开放性的讨论过程，快速让团队达成共识。

## 二、制订更完善的整体转型计划

在访谈过程中，我们发现许多企业在进行数字化转型时缺乏整体规划，而且问题都出在个人看问题的局限性上。更多企业只是对同行进行模仿，殊不知每家企业所处的背景各不相同，面临各自的特殊问题。所以，其他同行能做或是该做的事，不代表你的企业就能够照搬。

怎样才能做出一个较完整的数字化转型计划呢？我们认为，应该着重考虑计划的前瞻性以及全面性。

## (一) 前瞻性

数字化转型不是单纯的技术引进，它涉及企业对未来几年战略方向的思考，所以必须注意，数字化转型一定要具有前瞻性。如果根据旧的商业环境、旧的商业思维、旧的商业模式、旧的技术进行投资，那么这些投入在未来的一两年中，很可能因为不符合市场的需求而必须再次做出改变，如此就形成了浪费。所以在规划时，一定要着眼未来几年大环境与行业的发展趋势，并考虑不同阶段的需求。这种前瞻性 (战略层的前瞻性是指对业务模式的思考，运营层的前瞻性则是指技术方案的前瞻性) 的考量，从战略层到执行层，都是非常必要的。

## (二) 全面性

全面性讲的是从企业的多个维度来审视战略转型应该做的事，整个企业的价值链环环相扣，单纯的局部业务流程数字化所能产生的效果是有局限性的，也更容易为对手模仿，所以全面性地考虑才能发挥最大的效果。

全面性与前瞻性属于不同概念，前瞻性考虑的是整个大环境的趋势以及技术发展方向，它更属于企业整体战略层面的问题，全面性则涉及各个运营层面的考量。战略层面需要重新审视企业对客户的价值提议，重塑商业模式；管理层要重新审视企业的组织结构、管理方式、企业文化等；运营层需要考虑的是供应链、生产、营销、体验、服务等整个价值链的设计，最后再依据这些需求评估企业在技术与数据处理能力方面应当如何配合。

企业家要特别注意，数字化转型计划和传统的业务计划有非常大的不同。它不仅是一个结构清晰、分工明确的战略实施路线图或计划表，更是一个对企业的目标、定位、合作伙伴关系、关键核心能力等工作的反思；既需要有战略高度，也需要有覆盖广度，更需要有可实现性。

### 三、战略层要思考的问题

战略层首先需要考虑的是社会、技术环境的发展趋势将如何影响行业的未来，企业需要如何改变价值提议、产品或服务定位策略，才能抢占未来的先机。

以汽车行业为例，该行业可能是受到社会与技术环境变化影响最大的行业之一。不仅如此，汽车业的改变也将对人们的生活、居住、出行方式产生巨大影响。首先，汽车行业要考虑的可能是未来十年国内外人口结构、能源政策、消费习惯、经济趋势等的变化将如何影响"出行"概念。其次，要思考技术趋势，例如，新能源、AI科技、共享经济的发展趋势，将会如何影响企业的产品策略。传统的以汽油发动机为动力的汽车，目前虽然仍是汽车行业利润的重要来源，但汽车行业需要考虑新的技术趋势将如何影响车企的商业模式。

### 四、执行层要思考的问题

执行层需要考虑如何基于对未来发展的假设来解决当前的业务痛点，进行数字化转型的规划、部署，构思企业价值链的每一个主要环节如何进行各自的数字化转型。再以汽车业为例。自动驾驶与新能源车可能是影响行业的最重要趋势，这两个趋势将影响汽车的设计、制造、销售、售后服务的模式。国内外一些汽车制造企业开始推出的共享服务，就是将汽车销售的传统模式转变为汽车服务的模式。这时，汽车企业就需要有前瞻性的思考，思考这些业务所需要的不同能力与资源该如何取得，应该自行发展还是与其他企业进行战略合作，抑或从外部收购。

### 五、企业数字化转型的优先次序与切入点

在整体战略计划完成后，问题的焦点就从"做什么"转变为"从哪里开始、怎么做"。既然企业数字化转型是一个全面、完整、长期的计划，接下来就应该思考从哪里入手了。要解决这个问题，可以从正反两方面进行评估。首先，可以从正面布局，按价值的贡献度评估，依次推进；其次，从反面补缺，按风险缺口的重要性进行评估，优先补上业务缺口。完成上述两个视角评估后，还需要考虑技术关联性，最后再定出各个子项目的优先次序。

### (一) 从正面布局——按价值的贡献度评估

根据这种思路，企业应该全盘评估环境趋势对行业的影响，发掘转型

的机会，再按价值的贡献度进行优先级排序。运营层需要在计划阶段，对企业整体价值链中的所有环节进行评估，即每个环节有什么问题，应该如何改善，采用什么措施，这些措施能够获得多大的效益，在每个阶段需要付出多少成本。总的来说，就是要评估能够产生多大的价值贡献。各环节的价值评估应该以前瞻性的视角来进行，而非基于企业现状。要充分考虑价值链在企业进入新的生态系统、进行业务架构和基础设施改革之后所能收获的最大潜在价值。

### (二) 按照风险缺口的重要性评估

检查企业在哪些领域有危险性缺口，这些缺口就是可能给企业造成重大发展隐患的能力欠缺之处。常见的缺口有两种。

(1) 社会环境变化带来的挑战。由于社会环境或消费习惯的改变，企业或行业的未来可能面临严峻的挑战，甚至导致整个企业或行业产生危机。这时企业甚至整个行业面临"必须"转型的挑战，否则就难以生存下去。

(2) 行业出现颠覆性的竞争模式。有的行业面对的市场基本需求仍然是存在的，客户需要的产品与服务基本上没有改变，可是一些企业的商业模式老旧，给客户带来的痛点无法化解，使得客户越来越难以忍受。而另一些企业则主动采取不同的思维模式，着力解决客户的主要痛点。墨守成规的同行业者将会逐渐失去竞争力。若不想被市场淘汰，这些已经落后的同行业者就需要考虑数字化转型了。

### (三) 技术关联性

除了业务视角的考虑，技术关联性也是影响企业自身各环节数字化转型先后次序的重要因素。如果希望将企业发展为新的平台模式，就不可能放着技术平台搭建的问题不管，而只从商业合作伙伴的开发着手。如果打算实施数字化的营销，前提条件就是需要进行大量的数据收集和积累，这时就需要着手搭建数据平台、打通交易数据源头。一般需要先将前端交易平台，如POS设备以及电商平台的交易记录与后台数据平台对接，并且在前端设置一个会员使用的App或是小程序，再进行业务上的会员招募与发展。具备这些基础以后才可能进行智能化的营销。

不过，业务与技术必须是相辅相成的。如果只调整业务流程，而缺乏技术上的支持，业务将很难执行，但是空有强大的技术平台，而缺乏业务应用场景，则会造成技术投资的浪费。正确的逻辑应是先有转型的业务构想并制定新的业务流程，接着定义技术需求，再从技术需求出发，找出是否有前置性的技术问题需要优先处理，并且完整地思考新技术平台的框架。这样，技术与业务就能有较好的搭配。

## 第七节　企业数字化转型的用人策略和组织管理方法

组建一个合适的团队，对于公司转型战略的执行至关重要。组建团队面临的主要挑战是，现有组织可能缺乏数字化转型所需的经验或能力，需要从外部寻找合适的人才，再结合现有的内部资源，才能产生最大的效用。本章将分三个主题对搭建数字化团队相关的问题进行讨论。首先是如何寻找合适的领军人物，这个人需要有什么特质，以及需要哪些经验和能力；其次是如何组建一个高效的转型团队，这个团队应该具有哪些基本的特色与能力；最后是如何授权，在让团队拥有自由度的同时，又可以让项目按计划执行，不至于脱轨。

### 一、数字化转型领军人物的选择及团队策略

用人策略是关系到企业数字化转型成败的关键因素之一。企业进行数字化转型时应该用什么样的团队负责人，如何采取合适的配套措施，关系到整个团队的战斗力发挥。

选择领军人物，需要考虑的第一件事就是究竟应该选择原有线下团队的资深主管，还是从外部寻找有互联网经验的主管。如果由企业原有的资深主管来负责数字化转型项目，好处是容易沟通、信任度高，但是这么做也会面临一个问题，就是原来的主管很容易陷入旧有的工作方式或思维模式，或因互联网及数字技术的相关经验不足，导致在决策或战略方向的选择上陷入误区。相反，如果从外界寻找具有互联网经验的主管来负责推动数字化转型项目，他们又可能因为对行业本身，尤其是对企业的状况不够了解，遇到无

法适应企业内部运营的问题。所以，选择数字化转型的领军人物时，企业经常会面临两难的境地。那么，到底该如何选择呢？

根据多年的数字化转型经验，笔者认为，对于中小型企业而言，因为企业的规模相对较小，人员的复杂度较低，新旧团队沟通效率较高。在这种状况下，从外面找来的新主管只要有比较好的人际沟通技巧，并且赢得最高领导的支持，就不会有太大的问题。至于中大型企业（指年度营收在百亿元以上的企业），因这类企业规模较大，人员与部门比较多，协调内部资源时需要花更多的时间，建议考虑"1+1"模式。

### (一)"1+1"模式

何谓"1+1"模式？就是从外部招募新主管，再搭配一名原先任职于企业且内部关系良好、沟通能力强的主管。为什么要"1+1"呢？因为从外部引入的具有互联网经验的新主管，熟悉互联网思维，能将企业快速引入互联网领域。那么，为什么还要搭配一名老员工担任主管呢？因为需要其扮演资源引入与协调的角色。有这样一位内部的"引路人"，可以避免新主管在企业内部走"冤枉路"。

### (二) 关于数字化转型项目领军人物安排的建议

笔者讨论数字化转型项目"领军人物"的问题，是因为这是整个转型项目最重要的安排。中小型企业原有组织相对不复杂，从外部聘请具有互联网经验的资深主管可能问题不大，但中大型企业的情况就比较复杂了。因为企业规模越大，原来的人事、组织关系必然就更为复杂，数字化转型所需要的经验与能力也非中小型企业可比，因此从外部引进资深互联网行业主管应该是无法避免的安排。但是，这种外聘而来的新人遇到的最大问题就是如何快速地完成与原来体系的融合对接。明确实际负责人与"引路人"的阶段性角色定位，让主管各自发挥所长，才能使转型项目顺利推进。

## 二、建立高效的数字化转型团队的方法和管理机制

### (一) 转型团队应独立于原来的组织

数字化转型可能涉及企业商业模式的根本性改变，可能影响到多个职能部门的工作内容或流程。在转型的工作上，需要的是积极的态度与执行速度。但是，现有组织职能是当前企业的利润来源，在新模式被证明有效之前，原有的工作还是要保留相当一部分，以免组织停摆。所以，一边是稳定、高效的现有组织，另一边则是承担着转型任务的动态、灵活、快速的创新团队组织。

从传统组织理论上看，这两个截然不同的组织是有根本区别的，而在大部分的数字化转型工作中，这两种组织将在较长的一段时间内并存，转型需要更为动态、灵活的组织。但是，企业也不可能因为正在转型就放弃原来有稳定收入的业务。

转型业务讲究速度，负责执行的人员必须全程聚焦、全力以赴，如果由原来组织内的人员兼任，很可能顾此失彼。所以，关于如何组建转型团队的第一个建议就是转型团队必须独立于原来的组织。如果一定需要用到原来组织的某些人员，那么他们在短时间内为转型团队提供协助是可以的，如果是长期性的工作，则一定要将其调离原来的组织，以使其融入转型团队。

### (二) 团队必须是个常态化的敏捷组织

什么是敏捷组织？一般来说，敏捷组织可以定义为"一个为了完成特定目标的跨职能团队组织"。从传统的组织理论来看，"敏捷组织"并不是一个新概念，从1950年开始，敏捷组织就已经得到了应用。进入21世纪后，敏捷组织的应用趋势开始加速，特别是随着互联网和高新科技公司的蓬勃发展，敏捷组织在其中扮演了重要的角色。

一个高效的敏捷组织需要符合以下四项要求：

（1）明确的共同任务使命。这个团队的任务使命必须非常明确，而且团队的每个成员都必须非常地清楚而且认同这一使命，否则在执行时很难产生较大的凝聚力。领军人物需要明确团队将对哪些关键业务指标负责，并且以

透明化的看板，清楚地展示业绩和目标的达成状况。什么是透明化的看板？笔者的建议是在团队的办公区域内设置大型的 OKR 看板，上面的指标包含各个子项目每周、每月的进度，每一个成员都可以清楚地看到这些指标的进展，这样才能形成团队共进退的氛围。

（2）清晰界定团队成员的职责分工。既然是跨部门的组织，其工作就应该由几个部门协同完成，所以团队当中每个成员对于扮演的角色、负责什么事情，必须非常清楚，且应该关注执行过程中 OKR 形式的指标。

（3）以稳定的基础架构给予支持。敏捷团队虽然是针对特定任务的快速执行团队，但是仍然少不了背后强大的支持。这些支持单位不能在接到请求时才开始筹备，而必须是一个稳定的常设组织，通常就是企业原有的其他部门。项目负责人必须确保这种支援通道的顺畅，才能有效协同，完成任务。

（4）紧密的进度管控与协调。需要设置周会和每日例会。有效的周会和每日例会，可以让团队时刻保持互联，确保信息畅通，并且建立起团队成员间的信任。这种会议可以通过面对面或是异地在线即时信息反馈的形式进行。这样，团队凝聚力将更为强大，并且能够更早发现并解决问题。

# 第八节　数字经济背景下企业的转型规划

## 一、企业数字化转型规划"四步法"

企业数字化转型是以价值创新为目标，用数字技术驱动业务变革的企业战略。数字化转型落地"五步法"包括规划先行；选择试点；试点效果评价；复制放大，扩大实施范围；运行优化，持续调整。由此可见，要想推动企业数字化转型，第一步就要做好规划。企业数字化转型的主导部门是信息部门还是业务部门，或者是企业改革部门？从业界实践来看，企业数字化转型一般是由信息部门牵头，多部门参与，这也符合数字化引领变革的大趋势。企业如果能够遵循从容起步、稳妥推进、步步为营的原则，并按照本书给出的方法制定规划，一定能够获得一个落地可行、目标明确、效益可期的规划方案。其实，如果能够认真理解企业数字化转型的定义和内涵，规划的方法论就已经呼之欲出了。这里要把握三个关键词："业务""数字技术""价值创新"。一个完整的规划，三者缺一不可。同时，这三个关键词在企业中也分别代表着三个部门：业务部门、IT 部门和管理部门。一个合格的规划方案一定要有这三个部门的共同参与。传统企业的数字化转型是大势所趋，但转型并不是一朝一夕就能完成的，要重点突破、步步推进。所以，规划的价值首先体现在突破点的准确选择，选准了突破点才能真正发挥示范带头作用。

企业数字化转型规划"四步法"即业务选择、技术匹配、价值评估、体系整合。

第一步：业务选择（业务部门）

因为转型的对象是业务，创新的价值也从业务中来，所以第一步要挑选合适的业务单元，把转型对象定下来，同时要分析业务转型方向，转型之后要达到何种状态，转型会带来哪些新价值，转型需要哪些基本条件和保障条件等。

对于一个大型企业而言，一般会有多个业务单元或者业务部门同时提出转型需求，所以一定要做好选择，不能"一窝蜂"都上。企业数字化转型很注重可以带来的新价值，所以前期必定会有很大的投入。如果同时开展多个业务单元或者业务部门的数字化转型，一定要量力而行。

挑选转型对象时，一般以业务部门为主，因为它们最清楚哪些业务需要转型，业务部门自身有转型意愿的最好，同时要提出明确的转型预期。有些企业的信息化部门既了解企业的业务，又了解数字技术的发展，这样的信息化部门也能够提出非常好的业务发展方案。无论是哪个部门提出的转型方案，都要把责任落实到业务部门去，因为转型对象是业务，这些业务无论是否数字化，都需要业务部门组织生产。落实业务部门的第一责任是转型成功的重要保障。

第二步：技术匹配（IT 部门）

业务转型要靠数字技术来驱动，没有合适的技术支持，企业数字化转型目标就不可能达成。所以选好业务方向之后，数字化部门就要登场，研究是否具备转型的技术能力，如何构建转型需要的技术能力。主要包括基建水平的提升、数据治理、工业互联网平台建设，以及生产自动化水平提升。同时，还包括技术人才队伍建设，特别是复合型人才队伍建设。

关键是做好匹配。多大规模的转型需要多大规模的数字技术能力匹配，对此要做出可行性判断。数字技术是转型的驱动力，如果动力不足，则很可能造成转型迟滞甚至失败。

第三步：价值评估（管理部门）

价值评估是对选定的业务以及匹配的数字技术、人力、物力等进行综合分析，以评估转型项目的技术经济预期，如投入产出是否划算、技术能力是否具备、安全合规是否达标、人才和管理等保障条件是否满足等。同时，对所有备选业务进行综合对比，排出先后顺序，供决策层参考。

做规划既要考虑企业长远的、整体的发展，也要考虑当下的可操作性。一个能够奠定良好基础的开端，对转型有着深远影响。因此，企业要慎重选择起点，尽快做出样板，以增强数字化转型的信心。

价值评估这一步很关键，也很重要。一定要跳出技术的"框框"、脱离业务的惯性，让第三方管理部门进行综合评估，让评估更客观，确保企业数字化转型的价值实现。

第四步：体系整合（跨部门）

如果多个业务单元或者业务部门同时提出转型需求，而从数字化、平台化、智能化技术上看，这些部门的业务能够融为一体，就要对转型进行融合设计，形成生态、实现共享，绝对不能形成"信息孤岛"。

融合设计是关键。无论有多少个业务部门或者业务单元同时开展转型工作，企业数字化转型的动力配置都要形成一个整体。从技术保障上看，要对工业互联网平台的搭建、数据治理体系的设计、智能化能力的建设等进行统一设计，并组建数字技术团队；从管理上看，要组建管理团队并建立协调机制。与此同时，数字化文化建设、人才培养、组织机构的协同优化机制等也要跟上。

做好整合很关键。整合好了不但能够解决一体化建设问题，而且能够为转型的深入推进奠定坚实的基础。通过整合，企业数字化转型基本可以落实到具体的数字化项目上。

企业数字化转型规划"四步法"在转型概念和落地项目之间架起了一座桥梁。一旦进入项目建设阶段，后续的操作对于传统企业来说就驾轻就熟了。切忌将企业数字化转型规划变成项目罗列和堆砌。一定要先明确业务转型的目标，再谈项目建设问题。算好投入产出的大账，是企业数字化转型规划成功实施的关键。

企业数字化转型需要业务发展的内生动力与技术牵引的外在动力形成的合力的推动。企业必须充分发挥内部团队的关键作用。

## 二、基于 TOGAF 方法论的数字化转型规划

### (一) TOGAF 方法论概述

TOGAF 由国际标准权威组织 The Open Group 制定。The Open Group 于 1993 年开始应客户要求制定系统架构的标准，在 1995 年发表 The Open Group Architecture Framework（TOGAF）架构框架。TOGAF 的基础是美国国防部的信息管理技术架构（Technical Architecture for Information Management, TAFIM）。它是基于一个迭代（Iterative）的过程模型，支持最佳实践和一套可重用的现有架构资产。它可让企业设计、评估并建立组织的正确架构。TOGAF 的关键是架构开发方法（Architecture Development Method, ADM）：一个可靠的、行之有效的方法，以发展能够满足商务需求的企业架构。

TOGAF 方法提供了用于开发数字化转型架构的一个经测试并可重复的流程，包括建立架构框架、开发架构内容、架构过渡及对架构实现进行管控。

### (二) 基于 TOGAF 方法论的数字化转型规划流程

1. 预备阶段

预备阶段描述创建架构能力所需的准备和启动活动，包括 TOGAF 的定制化和架构原则的定义。预备阶段的目的有两个：首先是确定组织所期望的架构能力，其次是建立组织特定的架构能力。这个阶段通常与 Zachman 架构（5W1H）理论相结合。

对于市场任务、政治任务一肩挑的国有企业来讲，数字化转型的顶层驱动因素一方面是越来越严峻的市场环境，另一方面是遵循国务院国资委方面的要求（Why）；需要建立的是一个适用于本企业数字化的架构（What）；所影响的组织范围通常是整个企业，其中对业务部门及 IT 部门影响最大

（Where）；根据企业不同的内部环境因素及架构成熟度评估、差距计划数字化转型的起始时间（When）；建立企业引领数字化转型的组织架构，可以成立专门的数字化转型部门、依托现有的 IT 部门或者借用外部团队的力量（Who）；通过对 TOGAF 的适当裁剪确定本企业架构转型的方法论（How）。

2. 愿景阶段

愿景阶段是整个数字化转型规划的起始阶段，整个规划生命周期被看作是一个项目，所以通常与 PDCA 及 PMP 理论相结合。

架构愿景的开发过程通常与企业的战略目标相结合，因为企业数字化转型的最终目的是为实现企业战略目标服务。

本阶段主要识别利益攸关者、关注点、业务需求，以确定整个数字化转型规划的广度与深度。在这个过程中需要注意，利益攸关者并不局限于本企业内部，更偏向于相关方。企业的上游企业、下游企业，部分政府机构，甚至应聘者都可以看作是企业的相关方。企业可以根据各相关方的需求建立相应的 SRM、CRM、E-HR 等系统。这就决定了企业数字化架构规划的广度，而相关方的关注点决定了企业数字化架构规划的深度。例如企业内部的采购人员，他们只关注今年签订了多少订单以及签订订单的总价，关注资产类订单、损益类订单各签订了多少笔，以及每类订单分别签订的总额，关注点的颗粒度是不一样的。企业数字化架构规划的深度影响到后续开发业务架构、信息系统架构的颗粒度。

3. 业务架构

业务架构阶段响应架构愿景中设定的业务战略驱动因素，描述从业务层面如何达到企业的战略目标。业务架构及后续阶段的架构都包含两个架构：基线架构（现状）及目标架构。如果企业之前没有架构资产的话，对于基线架构，通常依据自下而上的方法进行开发；对于目标架构，采取自上而下的方法将战略目标层层分解至每一个支持其达成的业务流程。

在这个阶段主要工作是进行业务建模。可以采用业务流程模型、用例模型、类模型等建模工具等进行开发，从端到端（广度）、从上至下（深度）完成描述企业所有业务流程的全生命周期，最终达到基线架构匹配企业实际、目标架构满足相关方的关注点。在这个过程中，要依据不同相关方的不同视点，绘制不同的视图。例如，同样对于财务这个大流程，公司高层与财务会计所关注的点及颗粒度是不同的。

业务目标架构开发是企业数字化转型的基础与关键。如上文所提到的，企业依据数字化技术开辟新的业务模式、重组新的业务条线都是在此阶段实现的。阿里巴巴从原本的电商平台的客户需求（相关方视点）开辟了蚂蚁金服的新业务模式；滴滴打车通过数字映射、数字孪生等技术手段开辟了区别于现实世界打车的 App 打车新业务模式；滴滴又利用原有的 App 打车业务条线资产，重组了滴滴货运、滴滴搬家等新的业务条线。

业务目标架构的开发十分考验企业 CIO 及整个架构团队的前瞻视野和专业性，通常也需要业务部门的配合、支持。业务目标架构的开发通常也伴随着组织架构的调整及业务流程的重组，这在国有企业中也会遇到较大的束缚。

4.信息系统架构（数据架构及应用架构）

信息系统架构分为数据架构及应用架构，通过本阶段支持并实现业务架构和架构愿景。根据不同企业的实际情况，开发顺序会有所不同。因为数据架构与业务架构联系比较紧密，笔者认为优先开发数据架构或将数据架构与应用架构一并开发会更合理。

（1）数据架构

数据架构主要对将企业日常经营生产过程中的数据进行梳理、管理、治理，最终开发出适用于本企业数字化转型的数据架构。本阶段需要考量三大因素。

①数据管理。数据管理被企业认为是一种对数据资产运用结构化和综合方法，开发和利用数据资源的手段。架构团队通过结合业务架构对企业业务中创建的主数据、元数据进行加工、传递、利用、存储，使企业有效利用数据，积累竞争优势。

②数据迁移。如企业计划将现有应用替代，将数据从旧应用迁移到新应用，需要考虑数据（主数据、交易数据、参考数据）的转换、抽取、清洗，以保障数据质量和数据定义达到迁移要求。

③数据治理。企业的组织架构及数据标准对数字化转型的数据实体进行管理；企业的数据管理系统对数据进行全生命周期管理；企业数字化转型所需要的数据专家技能和角色。

在数据架构的开发过程中，通过建立主数据（数据中台）系统可以较为有效地解决数据管理和数据迁移问题。企业在该过程中，也可以根据《GB/T36073-2018数据管理能力成熟度评估模型》从数据战略、数据治理、数据架构、数据标准、数据质量、数据安全、数据全生命周期、数据应用八大维度29个管理过程进行数据管理及深度综合，逐步提升企业的数据管理能力。

（2）应用架构

这一阶段开发出的目标应用架构实际上就是达到企业数字化转型所需要上线的应用系统蓝图（虽然仍需不断迭代），包含各个应用系统所囊括的功能模块，应用系统、模块间的界面划分等。目标应用架构的开发应与数据架构相结合，并与业务架构一一对应。

企业在应用架构的开发实践过程中，可以适当参考已发布的所属行业的通用业务模型。例如TMF发布的电信行业通用应用模型，OMG发布的医疗、交通、金融行业的通用应用模型，TOGAF组织发布的各类通用应用模型。

5. 技术架构

技术架构阶段的目标是开发能实现架构愿景，支撑业务架构、信息系统架构的目标技术架构。通俗来讲就是搭建企业自身的信息化基础设施，包括机房建设、网络建设、服务器、存储建设等。对于国企而言，还应该构建集团/企业内部的广域网，引入安全架构，按照相应应用系统等级保护标准采取网络安全措施。

6. 机会及解决方案

本阶段主要工作内容是审视企业的组织过程资产和环境因素；确定影响数字化转型的约束性因素；将之前阶段的成果进行有机整合，通过业务交互矩阵、数据实体/业务功能矩阵及应用/功能矩阵等多种视图使不同架构域中的元素完全关联，分析基准架构和目标架构的差距，形成完整的数字化转型蓝图；合并、调和互用性需求，分析数字化转型过程中的任务依赖性（例如只有先完善信息化基础设施建设，后续才可以推进应用系统建设）；对数字化转型的风险进行风险管理；制定数字化转型实施和迁移战略，进行WBS分解，为下一阶段迁移规划做前期准备。

7.迁移规划、实施治理、架构变更管理

迁移规划阶段主要是依据承接机会及解决方案阶段开发的数字化转型蓝图制定详细的实施和迁移计划。因每个企业信息化、数字化基础不一，各企业根据机会及解决方案阶段开发出的数字化转型蓝图、预算状况等约束因素，开发过渡架构、架构路线图和实施迁移计划。

实施治理、架构变更管理阶段主要是在数字化转型过程当中实施治理和架构的变更管理，与本文主题略有偏差，在这里就不作详细表述了。

企业数字化转型不仅是技术的变革，更是企业的整体转型，需要重新构建企业的价值理念、文化思维、生产工艺、管理流程、客户及供应商管理、员工思维及工作方式等。数字化转型规划仅仅是数字化转型漫长道路上的开端。企业在做好自身数字化转型的同时，还要协调关联企业的协同转型。虽然这一过程必定会面临技术短缺、人才匮乏、大额投资等一系列挑战，但面向未来，国有企业必须转变观念，主动拥抱数字化，实现企业更加长远、更高质量的发展。

## 三、数字经济背景下企业转型流程规划

### (一) 统一认识

在企业开始数字化转型之前，明晰认知、统一认识十分重要。统一认识要从高层开始，逐步普及到全体员工。

在这个阶段，企业需要选择一本适合的教材 (本书是不错的选择)，或者编写一些培训资料，组织大范围培训并展开广泛讨论，交流思想，充分沟通，形成百家争鸣之势，直至对企业数字化转型的重要性、意义和价值、内涵和路径等达成共识。

### (二) 落实组织

在达成共识基础上形成的合力，要通过组织才能发挥作用。虽然数字世界是由数据驱动的，但是在传统的物理世界中，一切工作都需要人 (在组织支配下的人) 来推动。

要推动多大规模的企业数字化转型，就要有相应规模的组织来提供保

障。一个部门的转型一般只需要部门级别的组织即可，整个企业的转型则需要企业级的组织来推动。在一个企业内部，所有业务都是相互关联的。因此，即使单个部门或者局部的转型，最好也建立一个企业级组织。企业级组织不仅能够保证单个部门或者局部转型时不受关联部门的制约，还能够使转型价值最大化，单个部门或者局部的成功转型经验能够快速推广到其他部门，甚至整个企业。

### (三) 数据治理

将传统业务数字化，是实现业务数字化转型的根本。传统信息化建设中的数据收集只是收集信息化项目自身所需要的数据，而数据治理是进行企业数据资产管理，全方位盘点企业已有的全部数据资源，并根据需要通过设计挖掘新的数据资源，最终形成公司级或集团级数据资源，实现数据资产价值最大化。

数据治理彻底摆脱了一个系统对应一个数据库的传统模式，为企业建设了一个"数据湖"(Data Lake)，所有应用都面向这个"数据湖"里存取数据，数出一源、资产一库。企业级数据治理是一项难度很大的工作，也是企业数字化转型能否取得成功的关键，需要全局规划，统筹推进。

### (四) 平台建设

从某种程度上说，企业数字化转型就是把整个企业搬到网上，这个网就是工业互联网。成功转型的企业要在工业互联网平台上运行，这个平台能够为企业在数字的"大海"上航行提供动力。因此，无论是借船出海，还是造船出海，这条船一定要具备强大的功能。同时，企业要拥有驾驭这条大船的技术团队，企业全体员工要具备在大船上生活、工作的基本素质。这也是为什么笔者要在书中多次强调转型需要提升全体员工的数字化意识，需要具备相当规模和实力的数字化技术团队，二者缺一不可。

### (五) 选择业务

一个小企业可以灵活转身，整体推进企业数字化转型。但对规模大、业务链长的集团企业而言，更常见的操作方式是从企业局部转型开始，试点推进，量力而行。这样才能保证企业平稳度过风浪，基业长青。

作为试点的业务单元，要具备"三好"条件：基础好、认知好、队伍好。

（1）基础好是指本业务单元的信息化基础好。

（2）认知好是指本业务单元的领导和员工对数字化的认知比较到位。

（3）队伍好是指具备相当实力的 IT 人才队伍，对数字技术和本业务单元有比较深入的了解。

作为试点的业务单元也要有代表性，有较好的市场前景，有较大的增值空间，这样才能保证数字化转型快速见效，形成样板。

### （六）匹配队伍

前面提到的组织是指从管理层发起、推动企业数字化转型工作的组织，这里讨论的配套队伍是指发生转型的业务所对应的组织。

当业务发生转型时，数字技术深入融合到业务中去，业务流程得到大幅度优化，流程缩短，业务人员减少，组织更加扁平化、集中化，专业人才的配置也要围绕业务数据的流动重新进行。这些专业人才有可能是从不同部门或者岗位抽调的，也有可能是聘请的外部专家。

企业可以对照数字化转型的四种模式，结合自身业务运行特点和组织模式，选择能够快速落地见效的数字技术，同时优化能够落实到位的业务单元。通过业务流程的变化创生新的盈利模式，并将盈利模式同化下来，保证价值增值的持续性。

### （七）宣传成效

对企业数字化转型的正确认识以及对技术的储备，是转型顺利推进的重要保障。因此，在取得局部转型成功后，要及时宣传成效、经验和所需要的保障条件。

通过宣传，一是培养企业员工的数字化意识，让他们认识企业数字化转型的必要性和对企业长远发展的重要意义；二是告诉企业员工数字化转型的正确方法，让他们认清数字化转型道路；三是培训骨干力量，让他们掌握必要的数字化技术，让数字技术更好地融入业务，产生更好的成效。在这个过程中，企业能够发现转型条件最成熟的业务单元——技术储备充足、数字化认识到位的业务单元。一般来说，这样的业务单元转型后成效显著，能够成为转型示范项目。

### (八) 优化推广

数字化转型是一项企业战略，可能会持续很长一段时间，所以要分阶段开展评估，总结经验，优化完善，并及时推广。

开展阶段性评估能够肯定转型成效，给企业数字化转型持续推进增加信心。及时推广能够让企业效益最大化，在推广过程中还要总结经验，不断优化原有方案，发挥数字技术快速迭代的优势，随时形成转型发展的新版本。

对一个大型企业而言，数字化转型一定要有规划。前述的八个步骤是在总体规划的指导下，某个业务单元或局部转型的技术路径。在缺少战略规划的情况下，这也是一条有效路径。以上所讲的八个步骤不一定按照顺序推进，有些步骤可以同步开展，有些步骤可以提前，如第五步选择业务、第七步宣传成效都可以提前或者同步实施，所以这八个步骤犹如八仙过海，各显神通，但目标是一致的。从这条技术路径可以看出，企业数字化转型由两部分组成：数字化和转型。前四个步骤解决数字化问题，后四个步骤解决转型问题，二者缺一不可。

数字技术是企业数字化转型的发动机，各种数字技术在转型的不同环节发挥着不同的作用。云计算及相关技术是基础，数据治理和平台技术是核心技术与必备条件，"数据湖"和数字化交付、"数字孪生"等是"利器"，能够让转型更快捷、更高效。当然，要用好这些技术，强大的技术团队是必不可少的。

# 第四章　数字经济背景下企业全管道覆盖整合营销创新

## 第一节　全管道覆盖整合营销的内涵

伴随着移动网络技术和人工智能技术的发展，全管道零售概念的提出至今已有十多年。美国学者达雷尔·里格比（Darrell Rigby）曾指出：全世界零售业已进入"全渠道零售时代"。近年来，阿里巴巴、苏宁、京东等中国巨型零售企业先后提出了"新零售""智慧零售"和"无界零售"等概念，这些概念都隐含着全管道覆盖整合营销的内容。

### 一、零售管道变革

对于全管道的概念，目前尚未有统一、标准的界定，业内对其理解是多种多样的。一般情况下，全管道被理解为全部的分销或销售的通路，是从单管道、多管道、跨管道演化而来的。零售管道演化阶段如下。

#### （一）单管道

从定义上来看，单管道是指只通过一条管道（如门店、电视、邮件等），将产品和服务从某一销售者手中转移到消费者手中的行为。从技术上来说，单管道时代就是"实体门店"时代，为少数的客户提供服务。

单管道策略优势是成本低，部署方便快捷，易于评估，有竞争优势的品牌容易垄断市场，实现利润最大化。其劣势是，严重限制了潜在客户的规模和多样性。除非是少数非常特别的品牌（市场比较小众），否则，单管道策略并不是一个值得推荐的策略。

### (二) 多管道

从定义上来讲，多管道是指企业采用两条及以上完整的零售管道进行销售活动的行为，但顾客一般要在一条管道单独完成全部的购买过程或活动，或者说企业在每一条管道都提供完成销售全部过程的服务。从技术层面来看，多管道是多个单管道的组合，每条管道实现管道的全部而非部分功能，相互之间并没有统一的操作标准和规范。同时，每条管道通常面对不同类型的客户。例如，美国西尔斯公司在20世纪初期就开始采用门店和邮购相结合的零售方式。一些化妆品供应商不仅在百货商店零售产品，也在化妆品专卖店或超市销售，每条管道都完成销售的所有功能，其间不进行交叉。

从范围和规模的层面来看，多管道是单管道质的提升，帮助品牌开发市场，使其在营销活动中能够触达更广泛、更多样化的受众，并可以在不同管道利用不同的营销活动策略抓取潜在的消费者需求。但是，这些多样的管道并不能相互连接和协同，如此一来，必然会导致运营效率低下，营销活动成效不理想。

### (三) 跨管道

为了解决管道的相互独立性所带来的问题，跨管道营销应运而生。如果说多管道的出现是一次质的飞跃，那么，跨管道的诞生则使企业对受众的有效触达进入了新时代。

跨管道是多管道整合发展的结果，是指企业采取多条非完整的零售管道进行销售活动的行为，每条管道仅完成零售的部分功能。如果说多管道的目的是扩大市场覆盖率，渗透市场的每一个空间和角落，那么，跨管道的目的就是降低成本，提高管道效率。管道的多种类型各有特色和优势，有条件与销售的各个环节或功能相匹配。跨管道实际上是由不同的管道类型构造一条而不是多条管道。

伴随着社交网络和移动网络等新媒体的出现，跨管道的最大特征是，完成管道中某一个环节或某一种功能，不一定像过去一样是一种销售管道，也有可能仅仅是一种信息媒介。因为除物流之外，销售过程的信息交流、交款、售后服务等功能的完成一般只涉及信息的沟通，信息管道类似于或基本等同于销售管道。例如，通过微博、微信、搜索引擎等管道零售商可以完成信息沟通功能，实体店完成说服、展示及陈列功能，网店完成收款、送货等功能，而营销人员和移动 App 完成售后服务功能等，这就是一种跨管道模式。

飞速发展的数据链接技术为跨设备、跨管道营销提供了基础，帮助企业通过最适合的管道与客户进行沟通。跨管道策略最深远的影响是可以实现企业在不同的管道同时和消费者进行沟通，这些技术开创了市场营销活动和管道效果评估的新时代。跨管道的技术战略使得企业可以评估一个品牌在可以多重触达消费者的环境中的真实表现。另外，企业正在发掘创新方式来利用多样的管道唤醒那些沉睡和表现不佳的受众——能做到这些是因为企业可以整合所有管道数据，全面地评估每次活动的效果，加深对消费者的洞察。

### (四) 全管道

全管道概念是伴随着互联网管道，特别是移动网络管道出现而形成的，全管道具有互联网、移动网络和社交网络的烙印。具体来讲，全管道是指零售企业为消费者提供丰富的交易触点，创造多元的交易场景，构建门店、电商、微商城、社群营销、直播带货等多种交易类型，在覆盖目标人群的基础上，提升交易的效率，简化交易的路径。全管道通过对管道的选择和组合、整合，让消费者持续不断地获取良好的客户体验。在全管道阶段，企业将不再只是简单地呈现内容给消费者，还会与消费者进行实时交流。这种交互不仅紧跟不断发展的现代技术，更是融入了消费者多样化的生活方式。

从技术上讲，全管道和跨管道本质上是相同的。但在数据挖掘和数据识别方面，尤其是线上和线下数据的匹配方面，全管道的优势更加明显。全管道实现零售管道和信息管道的融合，同时，经营数据在各种管道之间共享。全管道不仅会影响消费者的生活习惯，更会对整个零售业模式产生巨大的影响。

实现全管道分为两步：第一步，强化 IT (信息技术) 支撑作用，通过大量投入，建立起覆盖大部分消费触点的零售管道和信息管道；第二步，建立中台系统，打通企业的数据、服务、业务，深挖数据价值，构建消费者行为画像，统一管道服务水平，提升交易的转化率和留存度。

## 二、全管道覆盖整合营销的概念

### (一) 全管道覆盖整合营销的内涵

全管道覆盖整合营销中的"管道"一词不仅是"分销管道"的意思,还涵盖了营销的各个元素,包括全管道的产品(服务)设计和生产、全管道的价格制定、全管道的分销和全管道的信息传播等。因此,线上线下管道的融合,不仅是零售或销售的专属管道,还成为一般性概念。这就需要将营销组合的第三个要素"管道"一词解放出来,回归到"分销"一词。准确地说,全管道覆盖整合营销是指面对目标顾客的整个购买和消费过程,零售商在每个阶段通过有效的生产、定价、分销和传播等多种线上线下管道类型的组合,构建与其匹配的关键流程,整合重要资源,满足顾客全管道参与设计生产、全管道定价、全管道购买和全管道沟通的需求,进而提升顾客价值和满意度,同时获得竞争优势。

在今天,由于零售活动中除物流之外的信息流、资金流都可以在线上完成,因此,几乎一种网络媒体的信息管道,就是一种顾客参与生产、参与定价、参与购买和沟通的全管道覆盖整合营销。

当然,这里的全管道不是企业选择所有管道进行营销的意思,而是指面临更多管道类型的选择和组合、整合。换句话说,为了满足顾客综合体验的需求和提高营销运行效率,采取多种跨管道整合方式,或者跨管道整合与多管道组合并存,且有些功能可能由多种管道完成,这种策略就属于全管道覆盖整合营销。

全管道覆盖整合营销是营销方式变革中的重要阶段,同时也是未来营销的方向。因为在当今这个互联网时代,消费者获得信息的管道越来越多,企业只有利用一切可以利用的管道进行营销,包括门店、微博、微信、论坛、QQ、App 等线上管道和线下管道,才能引起消费者的注意,从而刺激消费者的购买欲望。

总之,全管道覆盖整合营销中的"全",是指决策时要考虑线下线上所有管道,不是必须采用所有管道的意思;全管道覆盖整合营销中的"管道",是指产品设计、制造、服务、定价、分销(店址和门店环境)和传播的所有线上线下管道，不仅指分销或销售的管道；全管道覆盖整合营销中管道流动的客体，不仅是商品（包括有形商品的物流和无形商品的信息流），还有与其伴随的资金（支付）流和信息（传播）流。值得关注的是，除部分商品物流之外，其他流都呈现为数字流，无论是资金、文字、照片，还是图像、声音等，都可以通过数据方式进行传输。参与全管道覆盖整合营销的主体，不仅涉及零售商和顾客，还涉及银行、物流等相关主体。同时，各主体渗透至营销组合的每一个要素之中。

**（二）全管道覆盖整合营销相关概念辨析**

1. 全管道覆盖整合营销与全管道销售

这是两个内涵和外延都不同的概念，当然，两者也有密切的相关性。销售是营销的一部分，因此，全管道覆盖整合营销包含全管道销售的内容。

全管道销售，是指个人或组织为了卖出产品或服务，以及提高分销效率，尽可能多地实施线上线下的多管道组合和整合行为，涉及的主要营销组合要素为管道、价格和信息等，体现的是售卖行为。全管道销售策略中不包括目标客户选择和营销定位、产品策略等。

全管道覆盖整合营销则是个人或组织为了实现相关利益者的利益，在全部管道范围内实施管道选择的决策，然后根据细分目标顾客对管道类型的不同偏好实行不同或相同的营销定位，以及匹配产品、价格、管道和信息等营销要素的组合策略。与全管道销售概念的最大不同之处在于，全管道覆盖整合营销增加了选择目标顾客、设定管道数量和结构，并根据管道偏好对目标顾客进行细分、进行营销定位以及匹配相关产品策略等内容。

2. 全管道覆盖整合营销与 O2O 营销

全管道覆盖整合营销中的"全管道"含义是，组织和个人在进行营销规划时，把所有管道类型作为备选对象，而最终选择的结果可能是线上和线下管道的融合，也可能都是线上管道，或者都是线下管道。其宗旨是在适合的基础上融合尽可能多的管道类型，但不会是所有管道。

O2O 强调的不是选用尽可能多的管道类型，而是更加关注线上和线下两种管道类型的融合。O2O 营销中，无论是线上还是线下，一条管道既可以选择完成营销过程中的一部分功能，也可以选择完成营销过程中的全部功能。

3. 全管道覆盖整合营销与精准营销

全管道覆盖整合营销意味着企业可以通过多种管道与消费者互动整合营销传播，包括网站、实体店、服务终端、直邮和目录、呼叫中心、社交媒体、移动设备、游戏机、电视、网络家电、上门服务等。这些管道相互整合，相互呼应，成为全方位的营销力量。

全管道覆盖整合营销实际上就是企业把实体管道与线上管道有机协同起来，进行精准营销，加强与消费者的互动，以便取得最佳的经营绩效。企业只有了解全管道各自的特点以及客户需求，方能真正实现全管道精准营销。

按照精准营销的理念，一个企业要想获得尽可能高的顾客回报，就必须将资源配置到能够带来高回报的客户身上。要做好精准营销，首先一定要掌握全管道的特点和客户需求，然后针对客户的需求采取相应策略。

# 第二节　全管道覆盖整合营销应用

## 一、消费者行为模式转变

### (一) 消费者获取信息的路径日益多元化

随着互联网和移动网络的发展，20世纪90年代至今，计算机、手机、电视、收音机、搜索眼镜等都成为信息传播的路径。这不仅使信息传播的路径大为丰富，而且使信息传递变得随身化、24小时全天候化、文字和图像多元化。这样就导致人们在网的时间大幅延长，甚至已经出现了一个庞大的网络消费人群，他们随时随地生活在网上。同时，信息技术的发展又可以随时监控人们的行为数据，使海量的数据可以容易地采集和高效率地分析，企业就有可能将其转化为决策行为。

信息传递路径的拓展催生了全管道的信息接收者和传播者。他们使用多种信息管道的结果就会伴生海量的行为数据，人类也自然地进入了全管道的信息传递时代。

### (二) AIDMA 与 AISAS

AIDMA 是消费者行为学领域的理论模型之一，由美国广告学家 E.S. 刘易斯在 1898 年提出，是指消费者购买决策有五个阶段——引起注意（attention）、产生兴趣（interest）、培养欲望（desire）、形成记忆（memory）、促成行动（action）。具体是指，消费者首先注意到某广告，其次因对广告感兴趣而阅读下去，接着产生想买来试一试的欲望，再次记住该广告的内容，最后产生购买行为。这种广告产生功效而引导消费者发生的心理变化，就称为 AIDMA 模型。

AIDMA 模型很好地反映了传统媒体环境下的营销关系。新闻、娱乐、广告等信息经过编辑后，形成图片、文字、视频等形式在电视、广播、报纸、杂志等媒体上发布，信息接收者甚至无法选择或筛选自己接收到的信息。同时，信息接收者并没有及时的、畅通的管道与信息发布方产生连接。这种一对多、集权式的传播技术，形成了消费者对于营销信息的 AIDMA 反应模式，从而形成了以"媒体"为核心，以"引起注意"为首要任务的营销策略。这种策略用在媒体上时开始要求内容刺激性强，覆盖传播范围广，多次重复等，通过"引起注意"来打开消费者消费意愿的大门。这种模型适用于大众媒体时代，信息稀缺，消费者获取信息管道单一，掌握着内容和管道的大众媒体具有主导权。企业喜欢通过媒体来传话，围绕着"注意、兴趣、欲望和记忆"影响用户，目的是让消费者逛街进店时能"记得买自己感兴趣的商品"。脑白金广告就是这种营销模型的经典案例。时代在变，营销环境在变，消费者行为在变，用作描述消费者行为的科学模型也在改变。

随着互联网行业的发展，尤其是互联网社交媒体服务的出现，传统媒体的 AIDMA 模型逐渐无法满足新型媒体的营销需求。2005 年，国际 4A 广告公司日本电通广告提出 AISAS 消费者行为模型，其含义包括引起注意（attention）、产生兴趣（interest）、主动搜索（search）、购买行动（action）、口碑分享（share）。AISAS 模型是指通过引起消费者的注意，使消费者对信息产生兴趣；消费者开始主动搜索产品的其他信息，如果发现网友评价都不错，就会付诸行动产生购买行为；在用了一段时间后，消费者会通过网络进行分享。但分享的结束并非意味着营销的结束。消费者的网络分享，可以影响其他潜在消费者，引起对方的注意，进而使其产生兴趣，主动搜索甚至购买并分享。

AISAS 模型与 AIDMA 模型相比，最大变化是，多了两个具有互联网色彩的动作，即"search"——用户可以通过以互联网为主的平台进行搜索，"share"——用户成为一个自媒体，能发声，能与别人分享产品点评和购买体验。AISAS 模型中，用户是主动去获取信息的。

AISAS 模型决定了新的消费者接触点。依据电通的接触点管理，媒体将不再限于固定的形式，不同的媒体类型不再各自为政。对于媒体形式、投放时间、投放方法的考量，首先源于对消费者与产品或品牌的可行接触点的识别，在所有的接触点上与消费者进行信息沟通。同时，在信息沟通这个圆周的中央，详细解释产品特征的购物网站，成为在各个接触点上与消费者进行信息沟通的深层归宿。购物网站不仅提供详细信息，使消费者对产品的了解更深入并影响其购买决策，对消费者之间的人际传播也提供了便利。同时，营销者通过分析网站访问者数据，可以制订出更有效的营销计划。由于互联网不可替代的信息整合与人际传播功能，所有的信息将在互联网聚合以产生成倍的传播效果，以网络为聚合中心的跨媒体全传播体系随之诞生。

## 二、零售顾客全管道生活

全管道信息传递时代的来临，必然导致全管道购物者群体的崛起。全管道购物者同时利用包括商店、产品名录、呼叫中心、网站和移动终端在内的所有管道，随时随地浏览、购买、接收产品，期待着能够贯穿所有零售管道和接触点的一屏式、一店式的购物体验。这意味着顾客可以在任何地方、任何时间完成商品信息收集、比较和购买的全过程。

### (一) 顾客全管道搜寻

在信息透明化、碎片化的自媒体时代，顾客收集信息使用的管道越来越多。因此，全管道顾客的全管道信息收集，要求企业考虑是否提供全管道信息，否则将丧失被顾客发现和选择的机会。

例如，当顾客决定购买一辆汽车时，下班途中就会留意马路上的汽车品牌和造型，走进自家电梯间会关注墙面上的平面汽车广告，进家后习惯性地打开计算机进行网络搜索和查看评论，边做饭边用手机发微信征求好友的购车体验，饭后坐在电视机前留意汽车广告，同时浏览汽车网页，第二天上班时与同事面对面地交流用车心得，有时候还会去汽车 4S 店逛一逛。

### (二) 顾客全管道选择

以往顾客选择商品时要做如下决策：去哪里购买，选择什么品牌。全管道顾客还要加上一个决策——是否参与商品设计和生产。

全管道顾客在选择商品时有两个明显的特征：一方面，利用诸多管道进行比较，这是因为商品选择是建立在信息收集基础上的，顾客进行全管道信息搜索，自然就会进行覆盖线上线下全管道的商品比较；另一方面，个性化需求会使顾客参与商品的设计和制造，顾客期望新产品带来更多的好处，就会投入更多的精力参与产品的设计。

顾客的全管道商品比较，要求企业考虑是否进行全管道商品展示和说服，否则企业会由于信息呈现不充分而被顾客淘汰；顾客的全管道参与产品设计，要求企业考虑是否允许顾客改变设计、是否让顾客参与设计等，否则会由于产品标准化而失去个性化的顾客群体。

### (三) 顾客全管道购买

狭义的购买过程包括下单、付款、收货三个阶段。以往这三个阶段基本是在同一个时间和空间完成的，即通过单一管道完成，例如都是在一家百货商店完成。

在多屏幕的互联网时代，普遍存在着全管道购买的现象。一个最为简单的例子是：顾客在网上挑选自己满意的商品，然后去实体门店进行实物查看和试用、试穿等，用手机拍照发给闺蜜征求意见，如果满意，再去网店下订单，用手机支付，快递公司将商品送达小区的便利店，自己下班后去便利店拿取。这位顾客购买过程的完成，无论是下单，还是付款、取货，都面临着多种管道选择，每次选择也都带有一定的随机性。因此，顾客的全管道购买，要求企业考虑是否进行全管道销售，否则企业会由于购买过程选择余地有限而失去顾客。

### (四) 顾客全管道消费

对于一些文化、教育和娱乐类型的商品，呈现的商品形态为信息形态，可以不依赖于物质实体而存在，这就催生了线上消费模式。例如，可以通过 PC、iPad 和手机在网上读报刊、玩游戏、听课程，也可以看电影、听歌曲等。同时，为了有现场体验，也可以读实体报刊，到教室听课，去电影院看电影等。在地铁里，可能会看到有人拿着报纸看新闻，但更多的人是用手机浏览网页或刷微信。而当人们回到家里时，常常是手机、iPad、电视、实体书刊同时享用的状态。因此，顾客的全管道消费要求教育、出版、文化、艺术、影视等机构进行全管道引导，否则它们可能会由于顾客的全管道消费而被淘汰。

### (五) 顾客全管道反馈和传播

人类天生就有表达和分享的本性，特别是对于好和不好的体验，更愿意与他人分享。互联网和移动网络催生的微博、微信、E-mail 等使人们的分享和传播变得简单、迅速和广泛。一位顾客赞美时可能仅仅选择一条管道，但是抱怨时通常会选择全管道，抱怨越深，选择的管道会越多。因此，顾客的全管道反馈，要求企业必须考虑提供与顾客沟通的多管道路径，并及时关注顾客的全管道反馈和传播，否则企业会由于反应不及时而惹上麻烦。

## 第三节　全管道覆盖整合营销思维的树立

全管道覆盖整合营销不是简单的"线上＋线下"的营销组合，在本质上是让消费者持续不断地获取良好的用户体验。全管道覆盖整合营销在很多方面颠覆了传统的营销思维，并在此基础上创新出很多新业态以及新的商业模式。

## 一、用户思维

### (一) 用户思维概述

一切以用户为中心，其他一切纷至沓来。在全管道覆盖整合营销时代，用户思维越来越重要。用户思维，简单来说就是"以用户为中心"，针对用户的各种个性化、细分化需求，提供各种有针对性的产品和服务，真正做到"用户至上"。

用户思维的基础就是要了解用户，通过用户接触、数据分析来了解用户需求，汇集成用户画像。用户画像是为了更好地帮助企业理解用户，不仅能帮助企业找到用户的主需求，还可以帮助他们挖掘出用户的隐性需求。

例如，消费者选择某一购物平台，不仅是一种用户习惯，也是一种用户认知度和满意度的体现。用户习惯是有依赖性的，一次购买后，觉得好，就会再买一次，最后形成持续购买。用户认知度是对品牌和网站的认知度，其中界面的亲切感很重要；用户满意度则是对整体服务的满意度。

### (二) 用户思维的特征

1. 用户思维是一种打动思维

传统的营销思维是告知思维，通过大量的广告和促销手段告诉用户产品的优点以期用户产生购买行为，其中最具代表性的就是电视购物。而用户思维是一种打动思维，相比淡漠、强制性的营销模式，用户思维是把每一位消费者都当成朋友，产品是与他们产生关系的媒介。

2. 用户思维是信任与认同的思维

打动消费者只是一个开始，想让消费者成为忠实的用户，还需要带给他们认同感和信任感，只有这样才是真正的用户思维。要想获得用户的信任，就要让产品在满足用户基本诉求的同时，还能带给他们极致的产品体验和身份认同。例如，小米手机和苹果手机，代表了一种生活方式和价值观，消费者在感受到产品可以信赖的同时，还可以感受到对自己身份的认同——苹果的品质生活，或者小米的极客文化。

### 3. 用户思维是社群营运思维

传统的客户思维是在客户与商家发生交易之后才产生的，而用户思维则是从消费者开始关注时，体验就已经产生了。只要产生互动，例如，消费者关注微博或订阅官方微信时，就已经成为用户。用户思维模式，就是通过持续不断的体验，让客户从关注到产生兴趣，再到成为使用者，继而变为粉丝，最后形成社群。

社群是用户思维模式运营的最高级形态。需要注意的是，商业社群触发于产品，深化于体验，成型于产品的独特魅力。产品越极致，体验就越完美，对社群的感召力就越大。

### (三) 用户思维的应用——用户运营

用户运营，就是围绕用户生命周期进行一系列运营措施，延长用户生命周期时间，提高用户价值。所要做的工作包括用户画像、AARRR 模型、用户生命周期管理、用户分层、建立会员体系 (用户成长体系、用户激励体系)。

### 1. 用户画像

对用户进行数据分析，建立用户画像，这是做好用户运营的前提。用户数据包括用户基础数据和用户行为数据。用户基础数据包括姓名、年龄、性别、身份证号、收入等，用户行为数据包括购买频次、购买数量、搜索数据、访问数据等。用户基础数据可以通过用户自己填写获取，用户行为数据要根据用户的行为路径来抓取。通过对用户的数据分析，构建用户画像，给用户贴"标签"，进而进行精准营销。

### 2. AARRR 模型

AARRR，是 acquisition、activation、retention、revenue、refer 这五个单词首字母缩写，分别为获取用户、激活用户、提高留存、增加收入、自传播。以知乎为例，获取用户包括新用户注册或 App 新增用户；激活用户是让下载 App 的用户注册、实名，成为活跃用户；提高留存是指一段时间后，用户还能使用该产品；增加收入是使用户成为付费用户，或者增加用户的客单价；自传播是指用户主动将知乎分享出去，邀请好友来知乎。以上运营工作建立在用户画像的基础上。知乎的新用户大多是大学生，所以知乎的拉新运营策略一般会侧重于大学校园。

3. 用户生命周期管理

用户生命周期包括引入期、成长期、成熟期、休眠期和流失期。还是以知乎为例，用户生命周期就是一个用户，从了解知乎、注册知乎、成为知乎活跃用户、每天都刷知乎、提问回答问题、加入盐选会员，再到一个月刷一次知乎，渐渐地离开知乎的过程。用户生命周期管理的核心目标是提升单个用户的价值（让用户成为会员）、延长用户生命周期（让用户持续使用知乎）。

根据用户所处的不同生命周期阶段，开展不同的运营策略。新手用户处在引入期阶段，根据用户属性，可推荐一些用户感兴趣的内容；成长用户，处于从了解知乎到熟悉知乎的过程；成熟用户，处于活跃、对知乎贡献最大的阶段，需要通过运营策略来延长用户的成熟期；睡眠用户处在休眠期，可通过推送一些用户可能感兴趣的内容，重新激活；流失用户则是已经流失的用户，这类用户需要采取相应措施进行流失用户召回。

4. 用户分层

用户分层，是进行用户高效管理的一种方式，即对不同级别用户提供不同的资源倾斜，为不同级别的用户推送不同的内容。用户分层中，比较常见的是 RFM 模型，根据最近一次消费时间（recency）、消费频次（frequency）、消费金额（monetary）来对用户进行分层。根据不同的用户，用不同的运营策略。RFM 模型适用于电商网站和一般的传统门店。像知乎，也有大 V、小 V、普通用户的区分，既有内容生产者，又有内容消费者，运营策略也不相同。

5. 建立会员体系

会员体系主要起促进用户成长和激励用户的作用。会员体系一般包括会员等级、会员特权、签到、积分体系等。例如，通过签到送积分，可以提高用户活跃度；通过会员等级特权设置，高等级享受更高的特权，来提高用户升级的积极性，增加忠实用户的黏性。比如支付宝会员分为大众会员、黄金会员、铂金会员、钻石会员，各类会员享受不同的特权。

## 二、体验思维

### (一) 体验思维概述

体验是用户在使用一个产品或服务的过程中建立起来的主观心理感受。体验经济是继农业经济、工业经济、服务经济后出现的第四个人类经济生活发展阶段。

体验思维，就是企业以服务为舞台，以商品为道具，围绕消费者，创造出值得消费者回忆的活动。商品是有形的，服务是无形的，而创造出的体验是令人难忘的。体验思维是连接消费者和生产者之间的桥梁，其核心目的是通过体验让用户对公司的品牌产生忠诚度。

### (二) 体验营销策略

**1. 感官式体验营销策略**

感官式体验营销是通过视觉、听觉、触觉与嗅觉创造和获得感官上的体验。通过这种体验增加和提升产品的附加值，激发用户购买动机和购买欲望。例如，商家可以通过尝试虚拟试衣体验、VR 体验等增强消费者体验感。

**2. 情感式体验营销策略**

情感式体验营销是指在营销过程中，要真正了解哪些刺激可以引起用户的某种情绪亢奋，使用户自然地受到感染，触动用户的内心情感，创造情感体验。体验的范围可以是温和的正面心情，如欢乐、自豪，也可以是强烈的激动情绪或美感。例如，企业一般都非常重视客服部门，客服的热情服务和亲切关怀，可以拉近用户与企业的距离，培养用户对品牌的情感。

**3. 思考式体验营销策略**

思考式体验营销是通过启发智力，创造性地让用户获得认识和解决问题的体验。它运用惊奇、计谋、诱惑、测验等方式，增进用户对产品的了解。例如，"双十一"期间有的商家设计了游戏网关、夺宝奇兵等活动，将品牌价值、产品优势、对比差异、优惠促销等内容设计为游戏关卡，用户完成指定任务后才可以参加下一步的活动。

### 4. 行动式体验营销策略

行动式体验营销是通过影视歌星或著名运动明星来激发用户的情感，使其生活形态发生改变。企业也可以通过设计各种艰险环境和氛围，使用户进入环境体验角色，或体验艰辛，或体验超然，或体验魅力，从而实现或扩大产品销售。

### 5. 关联式体验营销策略

关联式体验营销是指利用用户的感官、情感、思考和行动因外界因素的变化而引发的各种关联反应或关联变化，让用户在这种变化和反应中得到体验，来促进市场开发和产品销售的一种营销策略。

由此可见企业在全管道覆盖整合营销过程中树立体验思维的重要性。

## 三、口碑思维

### (一) 口碑思维概述

互联网打破了地域、空间和时间的限制，信息传播的速度以分秒计算，信息传播的广度很大。因此，移动互联网企业更要重视声誉的管理，有正确的口碑思维。口碑的实质是通过用户的好评来积累品牌的信用度，这里面既包括用户对品牌的信任，也包括其他用户对用户评价真实度的信任。

在传统的口碑思维中，企业品牌通过熟人或朋友之口传播扩张，这样的传播方式有着速度慢、信息衰减多的缺点；同时，企业与用户之间缺乏有效的沟通管道，无法进行频繁的互动交流。而在移动互联网中，口碑是用户自己创造出来的，或者说是用户在与企业互动的过程中形成的，并非企业单方面灌输的结果。

### (二) 用户口碑建立三大要素

口碑思维不是传统的产品思维，而是用户思维。只有以用户为核心，并满足其要求，才能在海量的受众群体中形成口碑效应。口碑是由产品、社会化媒体、用户关系这个"铁三角"组成的。

#### 1. 产品

产品是口碑的发动机，好的产品是建立口碑的根本，是营销的基础。产品只有给用户带来真正的价值，超出用户的预期，给用户带来惊喜，才能使用户愿意成为企业的忠实用户，主动为企业产品做宣传。

### 2. 社会化媒体

社会化媒体是口碑的加速器，可以帮助企业在短时间内迅速打开知名度，快速地获得大量用户。例如 papi 酱，仅用了一年时间，就在微博上积累了 2000 多万粉丝。这说明一个普通的用户通过生产有趣的内容，也可以引发无数网友的共鸣，获得外界的关注和良好的口碑效应。

### 3. 用户关系

用户关系是口碑的关系链。企业与用户建立良好的关系，用户才会主动为企业做宣传。企业与用户关系的信任度越高，口碑传播就越广。很多企业提出与用户做朋友的观念，让用户感受到企业的"温度"，愿意建立起对企业的信任和依赖。

## 四、免费思维

### (一) 免费思维概述

免费思维是通过前端绑定后端的产品或服务来获取客户的。前端的产品或服务是免费的，后端的是付费的，从而达成最终的转化，以实现利益最大化。免费思维的核心思路是：核心产品免费，增值业务赚钱。

最早用免费思维大获成功的是吉列公司。1903 年，吉列发明的可更换刀片的剃须刀只卖出了 51 副刀架和 168 枚刀片。于是，公司做出了一个疯狂的决定：免费。将数以百万计的剃须刀低价卖给军队，以期他们能够养成剃须的习惯并延续到战后；将刀架卖给银行作为储蓄的礼物；和口香糖、咖啡、茶叶、调味品以及糖果捆绑销售，免费发放剃须刀。仅用了一年时间，吉列公司就卖出了 9 万副刀架和 1240 万枚刀片。此后，这种营销模式便渐渐流传开来。

### (二) 免费思维七大模式

免费思维的主要模式有以下七种。

1. 体验型模式

体验型模式是先让用户体验，获得用户的信任后再成交的方式。这种模式具体可以分为两种：一种是企业设计可以体验的产品，用户可以免费体验该产品，感觉良好后再消费；另一种是与时间挂钩的免费体验，就是用户在特定时间内，可以免费体验某产品，而后付费进行长期使用。

2. 第三方付费模式

消费某个产品的用户将获得免费机会，而真正付费的是想拥有用户的第三方。如很多地方报纸、杂志等，用户可免费领取，而付费者是第三方企业。

3. 产品型模式

产品型模式是通过某一产品的免费使用来吸引用户，而后进行其他产品消费的方式。产品型模式的实质是产品之间的交叉型补贴，即某一个产品对于用户是免费的，而该产品的成本由其他产品补贴。产品型模式分为以下三种。

（1）诱饵产品设计。设计一款免费的产品，吸引大家使用，目的是培养大量的潜在目标用户。

（2）产品配套设计。用户将免费获得企业的某个产品，但是该产品的耗材需要用户付费。

（3）产品分级设计。用户可以免费得到普通版的产品，高级版本或个性化的产品需要付费。

4. 用户拓展型模式

用户拓展型模式是通过对一部分人免费，从而获得另一部分消费人群的模式。该模式要求企业找到一部分特定的用户采取免费模式，对另一部分用户则收费，实现用户与用户之间的交叉性补贴。这种模式设计的关键在于找到特定的用户群。例如，女士免费，男士收费；小孩免费，大人收费；老人免费，家属收费等。

5. 时间型模式

时间型模式是指在某一个规定的时间内对消费者免费，例如，一个月中的某一天，或一周中的某一天，或一天中的某一个时间段。采用这种模式时，要将具体的时间固定下来，让用户形成时间上的条件反射。该模式对用户的忠诚度宣传有极大的作用。另外，用户还会消费其他产品，实现产品之间的交叉补贴。

6. 功能型模式

功能型模式是指将其他产品的功能集成在主要产品上，让用户获得免费的使用机会。例如，通过支付宝可免费骑行共享单车七天，某邮箱提供免费微盘的功能等。

7. 增值型模式

为了提高用户的黏性，促进重复性消费，企业对用户提供免费的增值型服务。例如，网购达到一定额度可以包邮，指定服装可以免费烫洗，购买化妆品可以享受免费美容培训，在有赞微商城开店可以获得免费的开店培训等。

## 五、共享思维

### (一) 共享思维概述

共享经济作为一种全新的商业模式，伴随着移动互联网、云计算、大数据等信息技术的发展创新而兴起。共享经济时代的来临，改变了当前人们的思维方式。

共享思维是指本着互惠互利的原则，利用社会资源价值，实现共享各方的利益最大化。借助互联网，消费者不但可以轻松地找到所需的商品，还可以将自己闲置的资源与他人共享，从而赚取一些收入。其实，共享经济的概念并非最近几年才出现，只是借助数字技术的发展，用户利用互联网将共享经济推到了一个新的高度。从最早的二手资源 (拍卖网站)，到现在闲置汽车的共享 (Uber)、闲置房子的共享等，因为网络上随选、搜寻、整合的交易成本越来越小，未来这种凡事皆可出租的新经济，就称为共享经济。传统的企业和消费者之间的界限正在不断弱化，人们开始逐渐放弃传统的商品购买方式和服务，转而在互联网上寻找商品共享服务，以这种更加方便、高效而且价格低廉的新方式来满足自己的需求。

### (二) 共享思维的特性

**1. 商业变革: 用户是商业实现和成功的前提**

商业变革源于经济发展诉求, 而经济发展源于市场需求。对于互联网企业尤其是移动互联网企业来说, 要思考的只有三点: 用户是谁? 能为用户带来什么价值? 会遇到什么壁垒? 至于商业模式, 无非是广告、增值服务和电商等。只有赢得了用户, 才能赢得市场。

**2. 服务变革: 需要从根本上提升产品和服务质量**

共享经济的出现对应的是市场的需求缺口, 推广共享经济最大的挑战则是用户消费习惯的培养。虽然有市场需求在驱动共享经济, 例如 Uber 的创始人正是因为发现了交通服务的巨大需求缺口才想到启用闲置资源, 但如果无法尽快培养用户的消费习惯, 建立用户对共享经济相应服务品牌的信任与好感, 共享经济就很难普及。而培养用户习惯, 需要从根本上提升移动互联网的产品和服务质量。

**3. 技术变革: 需求为本, 技术驱动**

共享经济在调研用户需求的基础上, 实现产品和服务的优化, 其中技术是最重要的驱动力。以技术为驱动, 创造出符合需求的产品和服务, 才能获得用户的认可。互联网以及移动设备的普及, 为共享经济提供了一个绝佳的温床。

# 第四节  全管道覆盖整合营销模式设计

## 一、大数据营销

当今社会, 随着信息的爆发性增长和科学技术的创新突破, 人类文明正从信息技术时代向数据科技时代飞速演进。数据不再仅仅是数据, 大数据 (big data, 缩写为 BD) 蕴含的巨大商业价值和社会价值使其成为企业甚至国家的重要战略资源。营销活动作为企业引领性的核心业务, 正在被大数据重新塑造。

### (一) 大数据思维

大数据思维是指一种意识，它认为公开的数据一旦处理得当就能为千百万人急需解决的问题提供答案。具有大数据思维的公司和个人，能先人一步发现机遇，尽管他们本身可能并不拥有数据，也不具备专业技能。

拥有大数据思维的领导者不一定拥有数据资源。要让大数据发挥作用，产生价值，大数据、数据分析技能、大数据思维缺一不可。如今，大数据已经成为极具潜力的产业，大数据价值链上聚集着众多的以数据收集、数据分析与处理、商业应用为主业的公司。

现在，具备大数据思维的企业和人才越来越多，高校也相继设立大数据相关的专业，很多科技公司也加入极具潜力的大数据价值链中。国内的阿里巴巴、腾讯、百度、京东、滴滴、美团等都是数据、技能、思维三者兼备的知名互联网企业。大数据思维正在更多的领域得到拓展，为企业创造越来越多的发展机会。

### (二) 大数据营销的概念

#### 1. 大数据营销的定义

大数据营销是基于多平台的大量数据，依托大数据技术，帮助企业找出目标受众，以此对企业营销活动的内容、时间、形式等进行预判与调配，并最终完成营销活动的过程。大数据营销的核心在于让企业营销活动在合适的时间，通过合适的载体，以合适的方式，向合适的人开展。

大数据营销是在大数据分析的基础上，进行描绘、预测、分析、指引消费者行为，从而帮助企业制定有针对性的商业策略，使其营销活动更加精准有效，给企业带来更高的投资回报率。

#### 2. 大数据营销的应用

依据大数据分析挖掘的结果，企业可以洞悉客户、竞争对手、产品、管道在多维度的信息，发现以前未曾觉察的内在规律，实现降本增效并创造商机。大数据成为许多企业竞争力的来源。

(1) 用户行为与特征分析

只有积累足够的用户数据，才能分析出用户的喜好与购买习惯，甚至做到"比用户更了解用户"。这一点是许多大数据营销的前提与出发点。

（2）精准营销信息推送支撑

企业通常以受众为导向进行精准营销，因为大数据技术可以知晓目标受众身处何方，关注着什么位置的什么屏幕。大数据技术可以做到当不同用户关注同一媒体的相同界面时，广告内容有所不同。大数据营销实现了对用户的个性化营销。

（3）引导产品及营销活动投用户所好

如果能在产品生产之前了解潜在用户的主要特征以及对产品的期待，企业的产品生产即可投其所好。

（4）竞争对手监测与品牌传播

企业可以通过大数据监测分析竞争对手的状况，品牌传播也可通过大数据分析找准方向。例如，企业可以进行传播趋势分析、内容特征分析、互动用户分析、正负情绪分类、口碑品类分析、产品属性分布分析等，可以监测掌握竞争对手传播态势，可以根据用户声音策划内容，甚至可以评估微博矩阵运营效果。

（5）品牌危机监测及管理支持

新媒体时代，品牌危机使许多企业谈虎色变，然而大数据可以让企业提前有所察觉。在危机爆发过程中，最需要的是跟踪危机传播趋势，识别重要参与人员，方便快速应对。大数据可以采集负面定义内容，及时启动危机跟踪和报警，按照人群社会属性分析，聚类事件过程中的观点，识别关键人物及传播路径，进而可以保护企业、产品的声誉，抓住源头和关键节点，快速有效地处理危机。

（6）企业重点客户筛选

从用户访问的各种网站可判断其最近关心的产品是否与某一企业相关；从用户在社会化媒体上所发布的各类内容及与他人互动的内容中，可以找出千丝万缕的信息，将这些信息用某种规则关联及综合起来分析，就能够筛选重点的目标用户。

（7）改善用户体验

要改善用户体验，关键在于真正了解用户及他们使用产品的状况，给予最适时的提醒。例如，大数据技术可以有效提高车辆驾驶安全性，通过遍布全车的传感器收集车辆运行信息，在汽车关键部件发生问题之前，就会提前向客户或4S店预警。这绝不仅是节省金钱，而是保护驾乘安全。事实上，美国的UPS快递公司早在2000年就利用这种基于大数据的预测性分析系统来检测全美60000辆车辆的实时车况，以便及时地进行防御性修理。

(8) SCRM中的客户分级管理支持

面对日新月异的新媒体，许多企业通过对粉丝的公开内容和互动记录的分析，将粉丝转化为潜在用户，激活社会化资产价值，并对潜在用户进行多维度的画像。大数据可以分析活跃粉丝的互动内容，设定消费者画像规则，关联潜在用户与会员数据，关联潜在用户与客服数据，筛选目标群体开展精准营销，进而可以使传统客户关系管理与社会化数据结合，丰富用户不同维度的标签，并可动态更新消费者生命周期数据，保持信息新鲜有效。

(9) 发现新市场与新趋势

对于企业而言，基于大数据的分析与预测，无论是在协助洞察新市场，还是在把握经济走向方面，都能提供极大的支持。

(10) 市场预测与决策分析支持

数据对市场预测及决策分析的支持，早就在数据分析与数据挖掘盛行的年代被提出过，沃尔玛著名的"啤酒与尿布"案例即是那时的杰作。只是由于大数据时代对数据分析与数据挖掘提出了新要求，更全面、更快速、更及时的大数据分析，必然对市场预测及决策分析提供更好的支撑。

**(三) 大数据精准营销策略**

大数据营销是基于对大数据的分析和挖掘来提升营销绩效的过程。这一过程包括广泛收集数据、分析挖掘数据，然后将结果应用于营销活动，提升用户体验和营销效果，支持营销管理决策。大数据对经典营销理论的4P均会产生影响，4P即产品、价格、促销、管道。

1. 产品

当今世界，多数产品和服务处于买方市场，竞争加剧使得产品推陈出新的速度加快，产品的市场生命周期越来越短，消费者需求迭代快，预测难。在传统的产品研发过程中，消费者需求调研环节实施难度大、成本高、抽样样本较少，获得信息不准确、不全面。如今，基于大数据分析，基础的产品研发。依托海量数据资源，能够更精准地了解消费者需求和偏好，为产品和服务研发指明方向。大数据甚至可以帮助企业发现小数据时代无法洞察的机会，引领需求，创造商机。

现在，一些快餐业将数据分析用于调整供应的产品。如通过数据分析等候队列的长度，自动改变电子菜单显示的内容。如果队列较短，就显示那些利润较高但准备时间相对较长的食品；若队列较长，则显示可以快速供给的食物。这样可以兼顾顾客体验和公司利润。

### 2. 价格

产品和服务的价格是营销成败的关键要素之一。传统的产品定价，一般根据自身的成本加上适当的利润，结合市场竞争情况及目标客户的支付能力等来决定。但市场竞争状况千变万化，难以准确预测，目标用户的支付能力和支付意愿也难以全面获得。进入互联网时代，依靠各类技术手段，企业可以获得种类繁多的数据。利用这些数据可以分析用户的购买习惯和偏好、支付的价格区间、使用产品的习惯和使用情况、企业的运营情况等，为企业的产品售价提供决策支持。

当然，产品的定价需要考虑多种复杂的因素。例如，为打造爆款，企业可以针对目标用户的购买力和竞争对手情况制定较低的价格，以获取较高的品牌关注度和巨大的流量。总之，大数据可以为企业提供以前求而不得的信息，支持企业的定价策略和整体营销目标。

### 3. 促销

基于互联网、移动互联网、广电网、智能电视等多平台的大量数据，能够更精准地了解潜在用户的购买行为及购买管道、用户喜爱的广告类型、用户分布的地理位置、所在社群圈层等综合信息。这些精准画像能使广告和推广活动更有的放矢，相较于传统的促销，大数据精准促销的绩效更高。

只要用户连接互联网，无论是浏览商品信息还是读取新闻，抑或是与朋友微信聊天，推荐广告都如影随形。用户在互联网的任何一个浏览、点击、停顿、放入购物车、购买动作等都被收集、被记录，被商家用于画像和分析。大数据分析与推荐已经渗透到人们工作生活的方方面面，这既提供了许多便利，同时也带来了过度推荐、不实推荐的烦恼。

如今，收集潜在用户的地理信息是如此重要并被广泛用于广告及促销。

用户随时随地打开手机，都能收到附近各类饭店、商家的产品、价格等系列推荐。这为消费者带来消费便利，也使得商家广告投放的效益有所提升。以往，营销人员需要了解消费者心理，研究消费行为背后的机制，依赖专业的因果关系洞察改善营销工作绩效；如今，大数据仅仅根据挖掘出的关联性就可指导营销活动，改善消费者体验并提高销量。

随着互联网的普及，信息及商品可触达用户的管道不断增多。除了传统的线下实体门店、纸质媒体和有线电视，如今互联网电视、计算机及移动端等新管道流量爆发。互联网时代流量为王，广告的制作和交易模式不断调整优化。以往的广告促销以媒体为导向，商家倾向于选择知名度高、浏览量大的媒体进行投放；现在广告传播以受众为导向，按照受众的审美习惯和浏览管道量身定做，广告费用已从传统的按时段收费转向按点击收费和按单次展示收费。

4. 管道

互联网时代，商家和用户可以低成本获得大量相关信息，大数据对潜在用户的精准推荐使得商家更便捷地触达消费者，这使得管道缩短、管道变宽。与传统单纯线下实体管道相比，近年来商家借助互联网建立更多线上管道。大数据技术的应用，使得商家线下、线上多管道日益融合，实现了全管道整合管理，并优化构建与之匹配的物流管道。

例如，借助天猫平台，优衣库等一些国际知名品牌不仅建立了线上管道，还依据天猫大数据优化在我国不同城市圈的门店布局，尤其是下沉到三四线城市，匹配消费需求。在阿里巴巴生态大数据支持下，新零售探索者盒马鲜生开始逆潮流在线下开设主营生鲜和堂食的实体店，其选址高度匹配潜在客户的需求。盒马鲜生强推的线上 App 购买及支付，进行线上导流，用热力感应等科技抓取用户到店信息，利用场景和 App 的链接使"人货场"高度数据化，探索打造数据驱动的新零售商业模式。

大数据技术不仅帮助商家缩短原来的营销管道，开辟新的管道，同时还密切了管道成员之间的关系。管道上的信息流更通畅、更透明，高效的管道运作需要管道成员之间互相信任，协同共享销售信息、库存信息、位置信息、资金信息等，以供应链成员间的高效协作共同提升产品和服务在最终市场的竞争力，打造高效敏捷的供应链、价值链。

大数据对管道的影响，还体现在对线下、线上多管道的整合。随着技术的发展，营销渠道、信息管道、物流管道与日俱增，大数据技术基于多管道的信息来源，分析挖掘提升营销绩效的有用信息。

## 二、场景营销

场景营销对很多人来说是一个比较新鲜的术语，但事实上，这一做法早已出现，只是在传统营销模式下没有受到重视而已。例如，家电零售中的各类体验店、家居零售企业的各类样板间、婴童用品零售企业的亲子活动等，都是场景营销的具体应用。当然，在全管道覆盖整合营销大背景下，借助于信息技术，特别是移动互联网技术，场景营销方式日益多样化，内容也越来越丰富，已然成为一种重要的营销模式。

### (一) 场景与场景营销

#### 1. 场景

场景就是消费者生活的具体情境。消费者在某个时间、某个阶段所处的环境都可以形成场景。例如，电影院售票厅通常都会设有零食、饮料售卖区域，这就是一种场景，因为人们在观看电影时通常会购买零食和饮料。场景可以视为人们消费行为的反映。

在全管道覆盖整合营销背景下，场景更多的是指借助于互联网和移动互联网，将各种消费行为高效连接起来，利用内容来重构产品与用户的连接。场景可以是真实的，也可以是虚拟的，但无论何种场景，其核心都是人——消费者。

场景通常包含人物、时间、地点、环境、行动、结果六大要素。

在场景构建的过程中，这六个因素是必不可少的。场景六大要素的存在与延伸为零售企业提供了制造场景的无限可能：在任何时间、任何地点，零售企业都可以根据人物的具体行为来设计、创造营销场景。

#### 2. 场景的特征

营销中的场景来源于人们最基础的生活情境，但又与生活情境有所区别。除具备前述六大要素，营销场景还呈现出如下特征。

（1）场景的功能性

每一个场景都有相适应的综合商业环境。场景本身的商业环境会对消费者进行选择。例如，购物中心汇集了购物、美食、游戏、电影等功能，依托这些功能，就能吸引相应的消费者。

（2）场景的周期性

场景会因为时间的不同而有不同的变化。在不同时间点的作用下，场景对消费者的吸引力会有所差异。例如，某门店在5月20日前制造出"说出你的爱"互动表白营销场景，吸引众多消费者前来体验，而5月20日过后，这个场景就缺乏吸引力，该场景要再次出现就只能等到下一个"520"。

（3）场景的公开性

在任何场景中，人们的行为都是公开的，甚至可以被量化。例如，在一家超市购物，消费者选购各类商品，如米、面、油、肉、蛋、奶等，整个消费过程和结果都是公开的、可以被发现的。而且，对该零售企业而言，消费者的各类数据都是可计量、可获取的。

（4）场景的群体性

一部分场景是由一些群体在某个时点制造的。例如，快闪活动、节庆期间的庆祝活动等，都是众多消费者参与的某种统一的行为，这些都是群体性的场景。

（5）场景的变动性

人在场景中行为会发生变动，这是一种不可预估的变动。例如，一个消费者本来是在购物中心选购衣服，但这时正好有熟人告诉他网上同款的衣服更便宜，于是他听从熟人的建议，转而到网店选购。受心理因素等影响，消费者常常会切换购买场景。

3. 场景营销

场景营销作为一种营销模式，将营销方式与人们的生活场景结合起来，从而让企业实现营销目的，让消费者获得最佳体验。场景营销的核心是要抓住具体场景下消费者的心理状态和动机，利用场景唤起消费者在该场景下的消费需求。

场景营销与人们的生活紧密结合，能达到广告的目的，满足消费者的心理期待，解决消费者的选择困难问题等。可以说，场景营销的出现很好地解决了人们生活中的问题，也引导着人们改变现有的生活方式来追求更好的生活。

（1）场景营销的分类

按生活场景来划分，场景营销可以分为两类：一类存在于现实生活中；另一类活跃在互联网的使用中。后一类又可以分为 PC 场景营销和移动场景营销。

第一，现实生活中常见的场景营销。这一类型的场景营销存在于日常线下消费中。例如，超市中经常使用的情境陈列方式，为再现生活中的真实情景而将一些相关商品组合陈列在一起，如用室内装饰品、床上用品、家具布置一间模拟室内环境的房间，用厨房用具布置一个整体厨房等。这种场景营销方式，使商品在真实中显示出生动感，向消费者有效传递商品信息，具有强烈的感染力。

第二，PC 场景营销。PC 场景营销一般存在于计算机端，是基于人们的网络行为而产生的，通常采取"兴趣引导＋海量曝光＋人口营销"模式。例如，消费者通过搜索引擎收集信息时，系统会自动根据搜索词条、浏览频率等数据，推送相关的资料信息，让这些信息的曝光量持续增加。用户在"感兴趣、需要和寻找时"，企业的营销推广信息才会出现。这种方式充分结合了用户的需求和目的，是一种充分满足企业"海量＋精准"需求的营销方式。

第三，移动场景营销。移动场景营销一般借助手机和移动互联网完成，因而具有很好的移动性和连接的实时性。企业能与消费者随时随地建立联系、进行互动，而消费者可以在任意场景的触动下发生购买行为。实际应用中，移动场景营销往往基于位置及大数据来分析判断消费者在当下所处场景中对于购物的需求以及消费者自身的特点，判断得出结论后，再为消费者推送相应的产品信息或优惠信息。

（2）互联网时代场景营销的特征

第一，场景营销的碎片化。消费者行为的不确定性叠加互联网各类消费信息的海量化，使得基于互联网衍生出的营销场景具有高频生成、转换快速、片段呈现等特点。同时，互联网具有连接一切的功能，消费者行为与互联网的关系更加紧密。在任何碎片化的时间中，消费者都能够参与基于互联网所制造的各类场景。

第二，场景营销的高迭代性。互联网模式下的商业场景建立在商业模式的周期中，不同场景必然会跟随商业周期进行切换。所以，对于企业而言，其商业场景会经历频繁的迭代，而且为了最大可能地吸引消费者，每一次迭代都会通过不同路径来实现。因此，场景营销也必须进行快速迭代。

第三，场景营销的跨界性。在互联网时代，规模经济被划分为个性化定制经济等更加细小的经济体，打破了原有经济体界限，同时又融合了其他经济体元素。围绕营销这一活动，原有互不相关的领域的元素被重构，形成各种各样的新场景。由于跨界频繁，不同场景间的差异逐渐模糊化，逐步呈现出混搭的感觉。

第四，场景营销的体验性。场景营销的核心是体验。营销场景的构建是为了给消费者美好的体验，通过体验来刺激消费者消费，进而让消费者对这种营销场景形成依赖心理，在任何时间进行消费时都会自然而然地想到并选择该场景。场景营销是一种让消费者满足感增强的心理营销。

### (二) 场景营销常用技术

场景营销的实现必须有一个完备的场景，而要想得到一个完备的场景，就需要一些技术手段来帮助搭建营销场景。目前，场景搭建使用最多的技术手段有移动设备、社交软件、定位系统等。这些移动互联网时代的技术手段是场景营销的得力助手。

#### 1. 移动设备

移动设备的盛行基于移动互联网的发展，在移动互联网普及的背景下，越来越多的移动电子设备进入大众的生活，而这些移动设备正好是营销场景的载体。具体来说，移动设备在营销场景搭建过程中的作用主要体现在以下两个方面。

（1）移动设备逐渐成为各类信息的终端。移动设备整合了文本、声音、图像等多种传播媒介，融合了纸媒传播与互联网的交互功能，成了新媒体时代的信息终端。例如，只要存在移动互联网，人们就可以依靠一部手机实现网上阅读、视频观看、网络预约、网络购物、网络分享、网络交流等。可以说，移动设备已经完全可以满足人们接触不同媒介的需求。所以，企业在构建营销场景时，移动设备就是有力的支撑。

（2）不同的媒体会有不同的接触群体。针对不同人群进行研究，发现不同人群会接触不同的媒体。例如，非单身群体与电视媒体接触的机会较多，因为一家人一起看电视节目的场景非常普遍，他们能对电视中出现的广告场景等进行讨论，容易激发购买行为。这时候，企业就可以在电视媒体中投入一些居家生活的营销场景。而单身群体可能更多地通过移动设备接受资讯，尤其是新闻资讯，所以企业可以在这些资讯的页面构建出符合这类群体的场景营销广告。

2. 社交软件

社交软件是人与人之间信息交流的通道，随着社交媒体的渗入和普及，社交软件与大众生活的关系越来越密切。社交媒体的代表有腾讯旗下的微信、QQ，新浪旗下的微博等。此外，陌陌等也在社交软件中占据一席之地。

如今大众普遍适应了社交软件的应用，其中年轻人占据很大比例。如果能从以下两方面着手设置营销场景，就能快速吸引社交软件端的年轻消费者。其一，设置语言场景。为了抓住社交媒体端的年轻消费者，企业可以用更能体现年轻人姿态的语言来传播热点话题，进而引导消费。其二，设置时令场景。这就需要搭时间的顺风车，借助时令节点对消费者情绪进行安抚，同时提出自己的话题并引发他们的关注。

3. 定位系统

在各项技术手段的支持下，场景营销的路径越来越广，特别是定位技术的出现，为场景营销注入了新的活力。例如，iBeacon 技术是 2013 年苹果公司推出的一项低能耗蓝牙技术。

iBeacon 发射信号，iOS 设备定位接收并发出反馈信号。iBeacon 技术的出现，让传统的室内定位更加成熟，很好地提升了人们对室内定位的体验感。此外，iBeacon 技术也促进了线下网络的建设，主要是因为 iBeacon 技术使得电子设备的精准度明显提升，在定位方面能够实现室内、室外全方位的覆盖。

**（三）场景营销实施流程**

通常情况下，一次完整的场景营销包含四个环节，分别是场景定向、用户定向、行为定向、媒体和内容定向。这四个环节环环相扣，层层递进，只有在完成前一环节的基础上，才能进阶到后一环节，最终实现一次成功的场景营销。

1. 场景定向：场景营销的基石

场景定向就是根据消费者随时随地的需求给出合适的营销契机。例如，各款外卖软件会根据人们在不同时间的饮食需求推出各个时点的餐食：在早上推出各类营养早餐，到了中午推出丰盛的午餐，下午的时候会有下午茶等休闲食物，晚餐时间会有美味晚餐，甚至到了深夜还会有夜间专送的夜宵。

外卖平台这种服务设定的基础就是消费者时间日渐碎片化。利用消费者在碎片化时间内的特定需求推出相应的餐食服务，不仅满足了客户的饮食需求，同时也让企业充分地利用了时间，实现了经营的优化。

这种场景定向可以潜移默化地影响人们的认知，引发人们的好奇心和消费欲望，使得企业轻松挖掘出潜在消费者。因此，场景营销首先要确定场景定向，它能为后续活动的打造确立总的方向和基调，是整个营销活动开展的基石。

2. 用户定向：精确锁定用户

用户定向就是企业将自己的客户定位在哪类消费者群体上。为完成用户定向，企业首先需要通过对用户的分析设定大的用户分类框架，然后追踪创意广告初步投放后的数据并不断修改用户画像，逐渐完善对用户特点的分析，然后将用户的这些特点应用到后续的创意宣传中。在用户定向中，调查分析是非常重要的环节。只有通过有效的市场调查，才能获得用户数据，进而清晰地确定自己的用户定位。

在互联网模式的场景营销中，企业要实现精准的用户定位，就需要使用以下"移动互联网信息流广告投放的闭环流程"来吸引用户：分析用户—设想用户画像—创意宣传—修正用户画像数据追踪—线上投放—用户数据收集分析。

用户定向分析广告投放之后，企业就需要根据广告的回馈进行以下两个方面的工作。

（1）采集用户特征。主要包括：①统计已有用户的基本信息，分析基本的用户特点；②观察不同流量和不同浏览界面的结果，分析用户的关注点；③分析用户喜好，假设用户类型，描绘用户画像。

（2）了解产品的受众群体。当用户画像绘制完成后，企业就应针对不同的用户宣传自己的产品。例如，面对学生用户时，宣传会聚焦在"小众""经济""有设计感"等词上；面对中老年的中产阶级消费者，产品宣传将更多地定位于"尊贵""沉稳"等风格上。在针对不同的用户设计不同的宣传语时，要注意以下三个问题：①用户，用户可以分为哪些类型，他们各自关注的是什么；②场景，各类用户会在自己的活动场景中表现出哪些行为；③需求，企业的产品在哪些方面契合了用户的需求。

精准的用户定向可以帮助企业快速与用户建立连接，这对于提高企业的营销效率至关重要。用户定向对于产品投放和营销场景的确定具有很好的帮助，是企业场景营销设计的重要环节。

3.行为定向：借助数据分析确定用户行为定向

用户行为定向的实现需要通过追踪、分析互联网用户的网络浏览记录，借助数据分析工具对这些记录进行分析，进而确定用户的行为特征，为用户行为定向广告的投放提供依据。用户行为定向广告有以下两个重要的特点。

（1）个性化。行为定向广告具有个性化的特点，使每个人在网页上看到的广告有所差异，实现了"千人千面"。

（2）基于消费者过去的行为。通过对网页浏览数据、消费者行为数据、社交软件使用数据等的分析，网站就可以精准地预测用户感兴趣的产品，实现精准投放。

消费者利用购物软件购物的过程中，如果之前选购了某种商品，再次进入系统时，系统就会自动推荐同类商品，这其实就是基于用户行为定向原理而进行的营销服务。这种个性化的服务能增加用户的购买欲望，提高用户的购物体验效率，增强用户对产品的好感。

4.媒体和内容定向：借助媒体进行优质内容宣传

在互联网媒体时代，优质产品有了非常好的发展契机，因为丰富的传播管道可以让产品进入各类媒体用户的眼中，进而带动一系列的消费。那么，这种借助媒体的策略该如何实施呢？来看一个例子。

在很多年轻人都喜欢观看的某真人秀电视节目中，安慕希品牌强势冠名该节目的第二季，使得品牌知名度迅速提升，于是安慕希继续赞助了该节目的第三季。在后续的节目中，安慕希甚至启用了全体常驻嘉宾进行品牌代言。在这个过程中，安慕希的市场占有率大幅度提升。安慕希的成功宣传主要在于对媒体的借势，这种利用媒体进行优质内容宣传的营销举措很好地传播了品牌形象，使场景营销实现了最终的落地。

**(四) 场景营销常见方式**

1. LBS 场景营销

LBS（location based service）营销也称基于位置服务的营销，它以地理位置为基础，通过资源的共享和互换等方式，来提升消费者的体验，是一种基于消费者地理信息的精准化互动式营销。在互联网时代，借助移动网络GPS 技术，LBS 技术在企业的营销推广中被越来越多地采用。企业利用该技术在准确获取用户即时位置信息的同时，通过移动端入口将用户导入自己的平台，然后为用户提供增值服务。这就为 LBS 技术赋予了更多的商业价值。在移动化的碎片时间和场景中，LBS 更能为人们提供随时随地的服务，让全场景体验时刻在人们的生活中上演。

（1）LBS 场景营销的价值

LBS 营销是移动互联网时代特有的一种新型营销模式，其所具有的商业价值主要体现在终端客户上：为用户提供更多的场景需求解决方案，或搭建新的场景为用户创造意料之外的场景。从本质上看，LBS 商业价值的最终定位还是为消费者提供精准化的营销服务，不仅可以让企业实现价值的最大化，还能让消费者在更加完备的场景中获得最佳体验。

企业一般会从以下几个方面来实现 LBS 商业价值的最大化。

借助 LBS 精准营销：LBS 的最大价值就是用户即时定位，可以将企业、场景、用户实时地联系起来，让企业在实时了解用户的生活方式、行为习惯、兴趣爱好等的基础上，构造实时的营销场景，精准地为用户服务。

实体店和社交网络结合，提升用户忠诚度：商家除了可以借助实体店的会员卡、折扣券实现营销之外，还可以利用 LBS 平台的线上签到数据、消费数据等为消费者提供相应的优惠和折扣，同时再对用户进行细分，人性化和个性化地满足用户的需求体验，进而让用户对企业产生好感，保持忠诚度。

借助 LBS 实现口碑传播：LBS 所具有的搜索记录、拍照上传等功能，可以将产品通过社交途径传播得更远。对于企业来说，这就在无形中实现了自己的口碑传播，从而吸引更多的消费者。

发现用户需求，提升服务质量：LBS 能对用户生活进行更细致的挖掘，察觉用户在生活中的细微表现，将用户需求清晰地呈现给商家。商家可以依据这些需求信息为用户提供更加精准化的服务，提高服务质量。

（2）LBS 场景营销典型应用

LBS 场景营销最明显的特点就是智能化、个性化和场景化。这些特点在如下的 LBS 场景营销三大典型应用中有充分体现。

第一，LBS 与生活信息结合。LBS 与生活信息结合是指人们可以将自己在一些场所（餐厅、理发店、电影院等）或场景中的体验通过 LBS 平台分享到社交平台上，并对自己的消费内容进行点评。消费者的分享和评价是对企业口碑的又一次传播，而其他消费者通过了解社交平台上的分享信息及评价，就能找到更加适合自己的企业或产品。

第二，LBS 与物流货运车辆结合。LBS 与物流货运车辆结合主要通过一些物流 App 来实现。例如，通过物流 App，用户可以预约取件、接收送件提醒、实时查询物流等，使物流信息变得更加透明，实现了可视化。此外，对于物流公司而言，可以通过实时定位实现物流资源的整合，从而让资源得到有效利用，节约运营成本，提升物流效率。

第三，LBS 与酒店预约结合。传统的酒店服务模式都是提前预约、到店住宿。在这种经营模式下，客户一般无法对酒店的实时情况（房间数以及房价标准、优惠活动、周边设施等）进行了解，同时酒店也无法对用户需求进行了解，双方都是基于对彼此的不了解来开展服务和被服务的。而借助 LBS 场景营销，企业可以和消费者进行更加有效的互动，使酒店与客户建立一种更加积极主动的关系。例如，企业通过推出一些限时签到奖励、邀请好友签到团购等优惠让利活动吸引更多的用户登录 LBS 平台，对酒店的各项信息（房间类型、价格、优惠活动等）进行查询了解。

LBS 营销与人们本地生活有效结合在方便用户消费体验的同时，也给企业提供了更多的机会，两者基于 LBS 平台服务共同受益。

2. O2O 场景营销

O2O 场景营销是基于互联网技术的一种新型营销模式，通过线上与线下互动，在满足人们线下消费需求的同时，也为人们开拓了线上消费路径。其中最为典型的应用有以盒马鲜生为代表的线上线下一体化购物，以美团、滴滴为代表的线上预订、线下消费，以及各类社区团购等。各类线上线下营销模式的成功，表明在互联网时代，O2O营销是场景营销中的一种重要形式。消费者很多消费行为都通过线上下单、线下配送完成，这种省时、省力的营销模式丰富和优化了消费环境。

（1）O2O场景营销的价值

O2O场景营销通过连接线上与线下，构建出独特的营销模式。这种消费模式优势明显，实现了产品思维与营销思维的有效结合。

第一，扩大营销范围。O2O场景营销的优势主要体现在对用户消费的培养，进而扩大营销范围。O2O场景营销可以很好地满足消费者需求，因而能够吸引更多的消费者加入，甚至通过用户的分享行为吸引其他消费者继续加入营销场景中，从而在扩大营销范围的同时提高企业影响力。

第二，强化与消费者的连接。O2O场景营销促进了网络平台与线下门店、商品服务与消费者之间的连接。O2O模式实现线上业务与线下业务的融合，推动企业在营销过程中通过各种管道发掘消费者需求；同时，还可以把消费者对各种产品的接纳进行数字化展现，以促使其他消费者进行该产品的消费。在具体产品营销过程中，可以借助一些营销工具来完善营销场景，例如使用微信平台的卡券、红包等，吸引消费者加入O2O场景营销模式。

第三，深化消费数据分析。O2O场景营销不仅体现为线上与线下连接，还体现为利用网络平台提供的数字化工具，达到推广效果可查、每笔交易可跟踪。掌握消费者数据，一方面可以深化对消费者的了解，发现更多的消费者需求信息，并据此完善营销场景；另一方面，可以有效提升对老客户的维护与营销效果。

（2）O2O场景营销的典型应用

O2O场景营销的一个典型应用就是通过LBS+O2O方式开展精准营销。通过LBS的位置服务和O2O对线上、线下消费场景的连接，可以构建基于位置定位的精准营销。这种精准营销产生了消费半径，可以让一定范围的消费者享受到更好的营销服务。

这种消费半径范围内的精准营销模式还融合了推荐消费。具体来说，当消费者进入某一具体消费场景之后，通过 LBS 营销将附近的商家推荐给消费者（这里的"附近"指消费半径以内，例如一座写字楼的周边通过步行就可以较快到达的位置）。在这样的主动推荐下，消费者就可以根据自己的消费意愿自主选择商家或产品进行消费，这就是精准的 O2O 场景营销。这种基于 LBS 位置服务的场景营销，结合个性化的定制服务，在让用户得到高质量消费体验的同时，还能通过社交分享实现企业口碑的传播。

例如，以点评起家的大众点评，配合 O2O 场景营销和百度地图，以团购、优惠券、推荐等方式为大众提供服务。其对用户个人进行了高度的关注。在大众点评的"我的"个人中心，各项信息设置得十分完备，将用户的点评、签到、关注等进行了整合，极好地扩充了用户的各项体验。用户除了解自己的信息之外，还可以对附近签到用户的评价内容进行察看与评价，增强了用户与用户之间的互动。当然，通过社交媒体平台，用户还可以将消费体验、商家评价分享出去，供其他消费者参考。

3. O2M 场景营销

O2M 场景营销是移动互联网时代的一种新型营销方式。作为 O2O 的细化，O2M 场景营销通过"线下实体店＋线上电商＋移动终端"的融合，致力于打造线上、线下和消费者移动终端闭环的营销场景，更加突出了移动终端和移动电商在营销场景中的地位。在 O2M 场景营销中，场景和营销管道是两个关键。场景是指商家为用户打造的满足不同消费需求的购物环境和场合，而管道是指商品在企业与消费者之间流通的路线。

O2M 营销中的场景可以分为管道场景和管道外场景。管道场景即通过线上、线下各种固定管道产生的交易行为。管道外场景，即不通过任何管道，在管道之外产生的交易行为。也就是说，人们可能会在各种固定管道外购物，例如，人们通过微信达成交易意向，然后线下付款完成交易行为的方式，就属于管道外场景的交易方式。

（1）O2M 营销场景的构建

第一，依托管道的 O2M 营销场景构建。基于管道的 O2M 营销场景应该围绕移动端打造，但又要注重对传统线上与线下的总体布局。在构建场景时，首先要填补管道空白。O2M 营销场景包括线上、线下、移动端三个方面，要打造完整的购物场景，就需要把上述三个管道都覆盖。对大多数企业而言，线上和线下管道已经成熟，移动端管道仍有较大的发展空间。

要想在移动互联网时代构建 O2M 营销场景，企业应查漏补缺，完成全网布局，实现全网管道的闭环，特别是移动端的建设。其次，打造配套齐全的线上、线下基础设施，助力打造移动端营销管道。为了让移动端更好地为场景营销服务，就需要从打造线上、线下的基础设施着手。具体而言，线上要从价格体系、会员服务及引流等方面配合移动端管道的打造；线下要从实体门店、各种营销活动、本地化服务等方面着手，在配合线上营销的同时为移动端提供流量引导、产品供应、物流仓储等。

第二，脱离管道的 O2M 营销场景构建。脱离管道的营销场景是指不依靠管道的 O2M 营销场景，这种营销场景的打造需要通过以下六个环节来完成：①搭建产品展示平台。没有固定管道没关系，但是无论如何，企业产品需要被充分展示，企业形象也需要被充分展示，消费者才能完成商品挑选的过程。所以，企业应构建一个展示平台，在展示产品的同时，展示企业的形象和文化，让用户可以充分了解产品和企业。只有这样，才能建立起与用户的基本信任。②构建比价、选购场景。仅有展示平台还不够，还不能坚定用户购买决心。这个时候，企业需要为用户购买决策提供依据，最好的依据就是比价，让用户有选择的空间。只有当消费者看到在企业平台可以买到更价廉物美的产品，才会最终产生购买需求。③打造交易平台。等客户最终决定购买，企业就需要为他们提供完整交易平台，包括一系列的流程，如确定购买、填写资料、提交订单等，关键点在于解决如何下单的问题。④设计客户服务流程。在场景构建中，客户服务环节不可或缺。例如，及时处理消费者购买过程中的咨询、为用户提供良好的售后服务等。⑤搭建支付环节。当消费者最终决定购买的时候，如何支付也是一个很关键的场景。是线上支付，还是线下支付？支付完成后，是否能收到商品？有什么保障？这些都是消费者很关心的问题。如何打造让消费者信赖的支付环节，考验着企业的场景打造能力。⑥打造交付环节。当消费者下单并完成支付，这个时候如何又快又好地将产品交付到消费者手里也很关键。是用快递，还是当面交货，抑或客户自提？这些都是必须妥善考虑和设计的。

（2）O2M 营销场景中流量的汇集

O2M 营销场景构建的关键在于如何把线上、线下流量汇集到 M 端，即移动端，并沉淀下来。

第一，线上流量进入移动端的通路。要将线上流量汇集到移动端，就需要以企业拥有的平台为核心进行相应的战略调整。这个过程一般需要通过以下三个步骤完成：①自主经营的线上平台的调整。添加企业的微信、微博等社交媒体窗口以及页面分享模块等，让流量从平台向移动端转移。将线上的邮件、电子杂志等与线下的画册、单页等结合起来为移动端引流。用移动端客户服务将用户转化为销量与会员。②线上资源的调整。对线上销售平台与推广平台的资源进行有效调整，摆脱外界控制，加入二维码等连接工具，让流量向移动端转移。③第三方电商平台的调整。入驻电商平台的企业的流量主要有店内流量和外部流量。

店内流量需要从竞争者手中抢夺，外部流量的引导与自主经营的线上平台的流量调整相似。

第二，线下流量进入移动端的通路。企业进行线下流量整合时，要从以下三个层面展开：①注意企业的具体形象，进行适当的调整。企业的发展除要得到市场认可之外，还需要得到社会的认可，这就要求企业积极进行企业文化和企业发展理念的构建，让企业形象以更加积极的面貌展现在用户面前。②注重门店拥有的资源，并对其进行有效整合。O2M营销场景对于线下门店而言仍然具有很大的优势。线下门店可以通过会员流量管理（如在移动设备上以电子显示的形式标注会员身份，简化会员进入方式，建立与会员的互动机制，为会员提供足够多的可选择项目）、构建店内引流体系（如挖掘并发挥店内的宣传体系，将店内的各项活动与促销有效地结合起来，通过移动设备传入移动端，便于用户接触）、构建店内购物场景（在门店内覆盖Wi-Fi、移动端显示设备等提升用户的购物体验）等方式引入流量资源。③调整线下活动，利用事件进行营销，并关注进展。企业除在门店内进行营销推广之外，还可以借助一些事件和话题进行焦点营销。这样可以很好地吸引大众注意力，增加品牌的关注度，间接地将流量引到移动端。

## 三、社群营销

社群营销是一个口碑传播的过程，其人性化的营销方式不仅深受用户欢迎，还可以通过用户口碑会聚人群、扩散口碑，让原有用户成为继续传播者。企业要想成功通过社群进行营销，需要先了解社群与社群营销之间的关系，掌握社群营销的基本理论。

### (一) 社群概述

社群，广义而言，是指在某些边界线、地区或领域内发生作用的一切社会关系；狭义而言，是指以互联网工具为载体，有共同特征或兴趣，并相互交流、相互参与，有人与人的链接，并相互提供价值的群体。其中人和人只有产生交叉的关系和深入的情感链接，才能被看作社群。一个完整且典型的社群通常有稳定的群体结构、一致的群体意识、一致的成员行为规范和持续的互动关系。同时，社群成员之间既要能够保持分工协作，又要具有一致行动的能力。

近年来，大部分社群是随着微信群的应用而逐渐兴起和发展的，但实际上，以前的线下俱乐部、同好会等都是社群。互联网的便利性，让社群成员的沟通和信息的传达可以不受空间和距离的限制。这不仅方便了社群成员之间的沟通，也方便了运营者的管理。社群经济的火爆是移动互联网与新媒体进化的产物。

1. 社群的构成要素

为了让大家对社群有更直观的认识，以下总结了社群的五个构成要素，分别是同好、结构、输出、运营、复制，简称为"ISOOC原则"。

(1) 同好 (interest) ——决定了社群的成立

同好是指对某种事物的共同认可或行为，是社群成立的基本前提。同好可以分为很多类型，可以基于某一产品，比如华为手机、小米手机；可以基于某一行为，比如热爱旅游、阅读；可以基于某一标签，比如星座、某明星的粉丝；可以基于某一空间，比如生活小区；可以基于某一情感，比如老乡、校友；可以基于某一观念，比如热爱国货。每一种同好类型，都可能形成一个与之对应的社群。

(2) 结构 (structure) ——决定了社群的存活

根据同好建立的社群非常多，然而，可以真正存活下来并持续运转下去的却很少。影响一个社群存活的重要因素就是社群的结构。社群结构包括组成人员、交流平台、管理规范。一个成熟的社群，不仅要有发起人、社群成员，还必须细分出管理人员、组织人员，制定完整的社群规范，控制社群的秩序和社群成员的质量，同时为社群成员提供必要的联系平台，加深成员之间的联系。也就是说，社群一要设立管理员，二要不断完善群规。不仅要帮助同好建立联系，还要进行规范的管理，保证社群可以持续、健康地发展下去。

（3）输出（output）——决定了社群的价值

一个能够持续发展的社群，要能够为群成员提供稳定的服务输出，创造价值。很多社群虽然最初可以吸引同好，也进行了完善的管理，但由于无法持续为成员输出价值，从而造成成员流失或社群日渐沉寂。为了让成员可以通过社群得到价值、产生价值，社群内必须要有持续性的分享，引导群内成员互相分享，培养社群内的领袖人物，分享不同层次、不同领域的知识。

（4）运营（operate）——决定了社群的寿命

运营决定了社群是否能长期持续地发展下去。在一个保持活跃、具有凝聚力的社群里，群内的每一位成员通常都会有很强的归属感，能够自发产生主人翁意识，自主维护社群的发展和成长。而要做到这一点，必须对社群进行运营。运营要建立"四感"：①仪式感。加入要通过申请、入群要接受群规、行为要接受奖惩等，以此保证社群规范。②参与感。通过有组织的讨论、分享等，让群内有话说、有事做、有收获，以保证社群质量。③组织感。通过对某主题事务的分工、协作、执行等，以保证社群活力。④归属感。通过线上线下的互助、活动等，以保证社群凝聚力。

（5）复制（copy）——决定了社群的规模

社群的复制性决定了社群的规模。复制性是指可以通过复制手段建立多个相似的社群。当然，社群不是越大越好。由于社群的核心是情感归宿和价值认同，社群越大，情感分裂的可能性就越大，信息遴选成本就越高，人员相互认知成本也会越高。所以在复制这一层，需要认真思考：是不是真的有必要通过复制扩大社群规模？是不是真的有能力维护大规模的社群？一个具备复制性的社群一定具备核心文化和核心成员，这样的复制才有可能有效。

2. 社群的特征

社群是一种关系连接的产物，成员之间可以交流互动、互相了解、共同进步。总的来说，社群的特征主要有以下几点。

（1）信息公开化

一个社群能持续发展的最基本的要求是信息公开化。信息公开化能够让群成员相互了解，真实的信息可以增加群成员之间的信任，使社群更具凝聚力。如果一个社群的成员连最基本的信息都无法获知，那么这个社群就很难让群成员凝聚在一起，更谈不上持续发展。

（2）高效沟通

社群能够快速发展，得益于微博、微信等高效沟通工具的发展和普及应用。通过高效的沟通互动工具，社群成员可以自由交流和互动。

（3）弱中心化

社群弱中心化体现出社群成员的平等性和自主性。网络社群是一个较为扁平化的组织，信息呈网状结构传播，每个人都拥有平等的话语权，可以实现多人互动。正因为如此，每个人都能成为信息管道，每个人的观点都能获得相应的反馈与重视。弱中心化并不与社群有领袖、有管理规则相悖，弱中心化指的是内容、信息不再由专人或特定人群生成，而是由全体成员共同参与、共同创造。

（4）互动持续频繁

社群是以共同兴趣、共同利益等为纽带组成的群体。对于网络社群而言，依靠网络的便捷性，社群成员间持续而频繁的互动，才能发挥更大的作用，使社群成员具有更强的黏性，偶然的、转瞬即逝的互动对网络社群是无益的。

（5）裂变性和聚合性

一方面，社群可以实现多对多传播，制造或抓住引爆点，利用社群的网络结构，使传播呈现滚雪球般的裂变；另一方面，社群成员通过高频率的信息互动，能够快速地使基于某些共同点结成的社交小圈子产生很强的聚合力。

**（二）社群营销概述**

1.社群营销的概念

社群营销是指企业为满足用户需求，通过微博、微信、社区等各种社群来推销自身产品或服务而形成的一种商业形态。社群营销通过互联网超强的传播效应，借助社群成员对社群的归属感和认可度而展开，通过良好的互动体验，增加群成员之间的黏合度和归属感，形成强大的凝聚力，让群成员自觉传播品牌，甚至是直接销售产品，从而达到营销目的。

社群营销与其他营销方式不同的是，它是一种通过社群成员的信息分享进行自我创造，进而实现社群自我运营的营销方式。社群成员的参与度和创造力是促进社群运转的前提条件，因此，社群要想长久地生存下去，需要进行社群成员的更替，换掉那些不能为社群产生价值的成员，引入能为社群创造价值的成员，以保持社群的活力，同时也使社群的组织结构更加完整，保证社群营销效果最大化。

2. 社群营销的价值

新媒体时代下，社群营销已经成为企业和粉丝互动不可或缺的营销方式，是提高转化率最好的方式之一。社群营销是通过社群的自生长、自消化、自复制能力实现运转，以社群成员的创造机制为链条进行发展并打造营销效果的。简单来说，社群营销的价值主要有以下三个方面。

（1）树立企业形象。树立企业形象是一个长期的过程，品牌形象必须被大众广泛接受、长期认同和追随，而社群营销就可以使用户快速地了解、认识品牌。

（2）促进产品销售。无论是有共同兴趣的学习群，还是从个人目的出发的运动、减肥塑身群，在共同的价值观和营销活动的影响下，社群营销能够激起用户的购买欲望，促进产品的销售。

（3）维护顾客黏性。建立社群后，可以增加企业与用户的互动和交流，使用户更深入地参与到产品的反馈升级及品牌推广中，主动为品牌发展助力。

**（三）社群营销策略**

建立社群并不难，但要让社群成功运转，达到社群营销的目的，就要熟悉社群营销策略。

1. 明确社群定位

社群是由一群有共同兴趣、认知、价值观的用户组成的。社群成员在某一方面的特点越相似，越容易建立相互间的感情联系。因此在建立社群之前，必须先做好社群定位，明确社群要吸引哪一类人群。例如，小米手机社群，吸引追求科技与前卫的人群；逻辑思维社群，吸引具有独立思考标签的人群；豆瓣社群，吸引有文艺情怀的人群。社群有了精准定位之后，才能推出契合社群成员兴趣的活动和内容，不断强化社群的兴趣标签，让社群用户产生共鸣。一般来说，社群的定位类型主要包括以下五种。

（1）产品社群

产品社群是指以产品为核心形成的社群组织。在这种社群中，产品就是群成员之间沟通的桥梁，起到增强群成员凝聚力的作用。同时，营销人员还可以加入群聊，通过与群成员之间的互动促进产品的销售。

（2）兴趣社群

兴趣社群是基于共同的兴趣爱好建立起来的社群，如游戏社群、母婴社群、明星粉丝社群等，这种兴趣社群最容易促进消费行为的产生。例如，在游戏社群里，大家谈论的是怎么做任务、有什么挖宝攻略等，如果有成员表示自己没有时间，群内成员顺势介绍自己知道的代练或自己可以代练，那么交易就完成了。

（3）品牌社群

品牌社群是用户对某一品牌产生了认同感，从而聚集在一起的社群。品牌社群是产品社群发展到后期的表现，群成员能够通过彼此的交流互动产生对品牌的共鸣。在这个社群中，企业需要考虑大家为什么加入这个品牌社群，是为了获取品牌的产品或活动信息、结交好友、解答疑惑，还是为了得到优惠，然后"对症下药"，这样就能很好地维系该社群并实现品牌的变现。

（4）知识社群

知识社群的本质类似于兴趣社群，是以学习交流、获得知识为目的，自发形成的学习社群。例如英语学习社群、考研社群等。这类群体的定位是学习知识或资源交流而非社交，所以打造优质内容就成为该社群营销的重中之重。这类社群营销更多的是推荐图书、课程等。

（5）互融社群

社群并不是封闭的，一个社群也可以具备多个标签，例如逻辑思维社群就是一个互融社群，它既是产品社群，又是兴趣社群和知识社群。不同社群可以交叉组成一个新的互融社群。不管如何对社群进行划分，都是为了确定社群的基调，保证社群既能满足成员特定的价值需求，又能为社群营销人员带来回报，形成良好的自运行经济系统。

### 2. 吸引精准用户

要想精准营销，必须拥有精准的用户。因此，任何营销推广的前提都是对精准用户的细致分析，了解目标用户的消费观念、地域分布、工作收入、年龄范围、兴趣爱好和工作环境等。了解用户与社群定位相辅相成，了解用户更方便社群定位，准确的社群定位更有利于吸引精准的用户入群。

### 3. 维持用户活跃度

对于社群营销而言，能否建立更加紧密的成员关系直接影响着社群最终的发展，因此用户活跃度是衡量社群价值的一个重要指标。现在大多数成功的社群营销已经从线上延伸到线下，从线上资源信息的输出共享、社群成员之间的优惠福利，到线下组织社群成员聚会和活动，目的都是增强社群的凝聚力，提升用户活跃度。

### 4. 打造社群口碑

口碑是社群最好的宣传工具。社群口碑与品牌口碑一样，都必须有好产品、好内容、好服务等支撑，并经过不断积累和沉淀才能逐渐形成。一个社群要打造良好的口碑，必须先从基础做起，抓好社群服务，为用户提供价值，然后逐渐形成口碑，带动用户自发传播社群，逐步建立以社群为基点的社交圈。这样，社群才能真正得到扩大和发展。

## (四) 社群活动策划与开展

在成功建立社群后，要想保持社群的活跃度，需要策划并开展社群活动，增强社群的凝聚力。策划、开展社群活动是保持社群活力和生命力的有效途径，也是加强社群成员情感联系、培养社群成员黏性和忠诚度的有效方式。

### 1. 社群线上活动

要保持社群的活跃度，社群分享、社群交流、社群福利、社群打卡等都是十分有效的方式，可以不同程度地活跃社群，提高社群成员的积极性。

（1）社群分享

社群分享是指分享者面向社群成员分享一些知识、心得体会、感悟等，也可以是群成员之间针对某个话题进行交流讨论。专业的分享通常需要邀请专业的分享者，也可以邀请社群中表现突出的成员进行分享，提高其他成员的参与度和积极性。一般来说，进行社群分享，需要提前做好相应的准备。

第一，确定分享内容。为了保证分享质量，在社群分享之前，应该对分享内容、分享模式进行确认，特别是对于没有经验的新手分享者而言，确定内容和流程的环节必不可少。

第二，提前通知。在确定分享时间后，应该在社群内提前反复通知分享信息，以保证更多的社群成员能够参与进来。

第三，分享暖场。在分享活动开始前的一段时间里，最好有分享主持人对分享活动进行暖场，营造一个好的氛围，同时对分享内容和分享嘉宾进行适当的介绍，引导成员提前做好倾听准备。

第四，分享控制。为了保证分享活动的秩序，在分享开始前，应该制定相关的分享规则，约束社群成员的行为，如分享期间禁止聊天等。在分享过程中，如果出现干扰嘉宾分享、讨论与分享话题不符的内容等情况，控场人员应该及时进行处理，维护好分享秩序。

第五，分享互动。在分享过程中，如果嘉宾设计了与成员互动的环节，主持人应该积极引导，甚至提前安排活跃气氛的人，避免冷场。

第六，提供福利。为了提升社群成员的积极性，在分享结束后，可以设计一些福利环节，为表现出彩的成员赠送一些福利，促使社群成员积极参与。

第七，分享宣传。在分享期间或分享结束后，可以引导社群成员对分享情况进行宣传。社群营销团队也应该总结分享内容，在各种社交媒体平台进行分享传播，打造社群的口碑，扩大社群的整体影响力。

（2）社群交流

社群交流是发动社群成员共同参与讨论的一种活动形式。社群交流需要挑选一个有价值的主题，让社群的每一位成员都参与交流，通过交流输出高质量的内容。与社群分享一样，社群交流也需要经过专业的组织和准备。

第一，预备讨论。对社群交流来说，参与讨论的人、所讨论的话题都是需要提前考虑的问题。一个好的话题往往直接影响讨论效果。通常来说，简单、易于讨论、有热度、有情境感、与社群相关的话题更容易引起广泛的讨论。除确认参与成员、话题类型外，话题组织者、主持人、控场人员等也必不可少。合理分配角色，及时沟通，可以保证在社群交流时不出现意外事件，保证良好的交流秩序和氛围。

第二，预告暖场。在社群交流活动开始之前，最好有预告和暖场阶段。预告是为了告知社群成员活动的相关信息，如时间、人物、主题、流程等，以便邀请更多成员参与活动。暖场是为了保持参与成员的积极性，让活动在开场时有一个热烈的氛围。

第三，进行讨论。话题交流活动在正式开始后，一般按照预先设计好的流程依次开展，包括开场白、讨论、过程控制、其他互动和结尾等。需要注意的是，与社群分享一样，当讨论重点过于偏离主题，甚至出现与主题无关的话题等情况时，控场人员要及时进行控制和警告。

第四，结束讨论。在社群讨论活动结束后，主持人或组织者需要对活动进行总结，将比较有价值的讨论内容整理出来，总结活动的经验和不足，并对活动进行分享和传播，扩大社群的影响力。

（3）社群福利

社群福利是提高社群活跃度的一个有效工具。一般来说，不同的社群通常会采取不同的福利制度，也可以多种福利形式结合使用。

第一，物质福利。物质福利是指对表现优异的成员提供物质奖励，一般为实用物品，或者具有社群特色的代表性物品。

第二，现金福利。现金福利是指对表现优异的成员提供现金奖励，多为奖金的形式。

第三，学习福利。学习福利是指对表现优异的成员提供学习类课程奖励，如免费参与培训、免费报读课程等。

第四，荣誉福利。荣誉福利是指对表现优异的成员提供相应的荣誉奖励，如颁发奖状、证书，或给予设定的头衔、称号等。荣誉福利若设置合理，可以很有效地提高社群成员的积极性。

第五，虚拟福利。虚拟福利是指对表现优异的成员提供暂时虚拟的奖励，如积分，当积分达到一定程度的时候，成员就可以领取相应的奖励。

（4）社群打卡

社群打卡是指为了使社群成员养成一种良好的习惯或行为而采取的一种方式。社群打卡有监督并激励社群成员完成某项计划、促使成员不断进步的作用。

①打卡规则设置

社群打卡如果没有设置严格的规则，很难持续进行下去，也就无法获得良好的效果。一般来说，为了保证社群成员能够坚持打卡，积极实现个人目标，管理人员可以从以下四个方面设置社群打卡规则。

第一，押金规则。设置押金积分制度，入群成员需要交纳一定押金，完成目标后退还押金，未退还的押金则作为奖金，奖励给表现优秀的成员。在判断完成度时，可以制定积分制度，设置积分加减项目，同时，积分也可作为优秀成员的评判标准。

第二，监督规则。监督规则是指管理人员对社群打卡情况进行统计、管理和监督，并通过消息或通知发布打卡情况。监督规则一方面可以激励未打卡的成员积极完成打卡；另一方面通过公布已打卡成员的打卡情况，使坚持打卡的成员产生自己的付出"被看到"的感觉，从而产生持续打卡的意愿。

第三，激励规则。激励规则是指为持续打卡、表现优秀的成员设置特殊的奖励。奖励可以是多种形式的，如物质、精神、荣誉等，也可以根据打卡成员的个性、特色、职业等为其设置专门的奖项，体现个性化，提高社群成员的积极性。

第四，淘汰规则。淘汰规则是指制定淘汰制度，淘汰打卡完成度不高的社群成员。

为了保持社群成员持续打卡的积极性，建议定期或不定期地对社群规则进行优化和升级，保持社群成员持续打卡的热情。

②打卡氛围营造

一个积极健康的打卡社群，必定拥有良好的打卡氛围。这样可以鼓励社群成员坚持在社群中打卡，加强成员对社群的情感联系和认同感。有利于营造社群打卡氛围的因素主要有以下几种。

第一，榜样。榜样是一种可以持续激励人们前进的力量，社群打卡是一件十分需要毅力的事情，需要榜样的引导和激励。对社群打卡的组织者而言，一定要起到榜样的作用，让其他成员看到榜样的坚持，产生跟随的动力。

第二，鼓励。很多人加入社群打卡的目的是让自己变得更好，但是打卡需要长期坚持，所以他们需要从同伴的鼓励中获得继续下去的动力。当打卡人觉得自己受到了同伴的关注时，就会不断自我激励，完成更多事情。

第三，竞争。一个社群中如果有一部分成员拥有积极向上的精神，就能带动其他成员，为整个社群营造出积极的氛围。所以，设置竞争机制刺激成员进行打卡也十分重要，例如给积极参与打卡的人更多权限或奖励，培养更多社群榜样。可以设计物质奖励、精神奖励等措施，对优秀成员的持续输出进行持续激励。

第四，惊喜。惊喜是指不定时为社群成员发放一些意料之外的福利，如奖励免费课程、邀请名人进群分享等，不仅可以为社群成员带来新鲜感，还能让他们觉得加入社群打卡很有价值。

第五，情感。社群是一个需要在成员之间建立情感连接的场所。在打卡过程中，有很多值得挖掘的打卡故事，如带病坚持打卡、深夜坚持打卡等。这些有温度的事情十分有利于建立社群成员之间的情感连接，让他们被坚持者的行为感动，并努力成为社群中的优秀成员。这种情感连接，能够增强社群成员之间的黏性。

2. 社群线下活动

在全管道覆盖整合营销时代，线上与线下相结合才是顺应潮流的营销方式，社群营销也不例外。虽然线上交流限制更少、更轻松自由，但线下交流更有质量，也更容易加深感情。一个社群中的成员，只有从线上走到线下，才能建立起成员之间的更多联系，让情感联系不再局限于社交平台和网络，从而进一步链接到生活圈、兴趣圈、朋友圈、人脉圈中。联系越多，关系越牢固。

(1) 线下活动类型

对于社群而言，线下活动主要包括核心成员聚会、核心成员和外围成员聚会、核心成员地区性聚会等。不管是哪一种聚会形式，在聚会过程中，都可以适时发布一些聚会实况到社群。这样，一方面可以增加社群影响力，增加成员对社群的黏性；另一方面也是持续提高和保持社群活跃度的有效方法，可以刺激更多人积极参与线下活动。

（2）线下活动策划

社群的线下活动根据规模的大小，会有不同的组织难度。为了保证活动顺利开展，在开始之前必须有一个清晰完整的活动策划，方便组织者更好地把控活动全局。活动策划要做到有计划、有目的、有质量。

①活动计划

活动计划是指对活动的具体安排，主要内容包括活动策划团队名单、任务分配模式、宣传方式、报名方式、活动名称、活动主题、活动目的、活动日期、活动地点、参与人员、参与嘉宾、活动流程、费用、奖品、合影及后续推广等。为了更好地对活动全程进行控制，在制订活动计划时，通常还需要制作一个活动全程的进度表。

②团队分工

通常社群类型和活动目的不同，其线下活动的内容和流程就会不同，对应的团队分工也会不同。一般来说，社群在策划线下活动时，主要需要进行以下分工。

第一，策划统筹。策划统筹是指负责制定活动方案、把控活动方向、统筹活动安排等。

第二，线上宣传推广。线上宣传推广是指在确定活动信息后，需要组织线上管理人员对活动进行推广，如在社群、公众号、微博、知乎等平台进行宣传，设计和发布活动海报，邀请媒体等。此外，也可收集活动参与人员关于活动的建议，反馈给策划统筹人员，以便进一步对活动方案进行优化。在活动开展过程中，宣传人员还可以对活动进行直播，发布游戏、奖品、分享等照片。

第三，对外联系。对外联系人员是指负责筛选和洽谈活动场地、活动设备，邀请活动嘉宾的人员。该人员必须确认活动场地和设备正常无误，活动嘉宾的邀约和分享文稿无误。为了方便及时沟通，对外联系人员可以制作一份活动重要人员的通讯录。

第四，活动支持。活动支持主要是指引导签到（现场签到、引导人员入场、发放入场前的物料等）、PPT 的播放、活动开展过程中的录影拍摄及主持人的工作安排等。

第五，总结复盘。总结复盘是指对活动的效果进行总结和反馈，生成复盘报告，为下一次的线下活动提供参考资料。

团队分工可以保证活动有序开展。设置合理的团队分工并明确各组的具体任务后，不管是在活动筹备期、活动传播期、活动进行期还是在活动复盘期，都可以做到有条不紊。

# 第五章　数字经济背景下企业全流程数字化体验创新

## 第一节　全流程数字化体验与交互

### 一、全流程数字化体验

全流程数字化体验与全管道覆盖整合营销有相同之处，但二者的重点不同，彼此是互补关系。全管道覆盖整合营销强调的是营销信息的覆盖与交易时消费者跨管道选择的多样性与便捷性，全流程数字化体验讨论的则是从客户接触，特别是在门店现场的体验，到完成购买、交付商品，以及消费或使用产品的整个过程的便捷。简单地说，全管道覆盖重点在营销的触达性以及线上线下信息的互补，而全流程数字化体验的重点是客户在门店内以及交付过程的各种体验。

麦肯锡将线上线下融合服务分为两大类——基本服务与高级服务。基本服务指线上购物后，利用线下门店取货或退换货，这是消费者最需要的服务。消费者通过扫码获得商品链接，线上查询门店库存，网上完成购物。

高级服务则以门店内的虚拟实境体验以及定制为主。麦肯锡在 2016 年与 2017 年进行消费者调研时发现，消费者关于虚实融合服务的需求大幅提升。这些调研结果代表的是线上线下融合帮助消费者做出购买决策的最基本内容，我们可以将这些内容作为基础，看其是如何应用到不同行业的。

#### (一) 餐饮行业

消费者选定一家餐厅去就餐，预约、停车、进入餐厅、选座、点餐、上菜送餐、菜品介绍、食材溯源、付费、评价、分享、邀请加入会员等整个过程的在线化，可分为五个阶段。下面分别择重点进行深入分析。

(1) 订位。目前许多餐饮行业通过美团引流，美团只提供餐厅的菜色介绍以及订位联系电话，这个流程与后续所有流程是断裂的。如果你的餐厅开在购物中心，停车对客户可能不是大问题，但如果你开的是街边餐厅，妥善地安排停车或者告诉客户附近哪里可以停车，将能够更有效地消除消费者来店用餐时的停车顾虑。另外，订位时，如果能够让消费者在 App 或小程序上视觉化地看到餐厅座位排列，让消费者自行选择，是不是就更加人性化了？

（2）入座。接下来是入座引导。可以考虑是否在预约时让消费者告知用餐人数，并且由消费者选择自己偏好的位置，再通过订餐 App 或小程序反馈位置号码以及保留时间。

（3）点餐。目前已经有许多餐厅采取了桌上扫码点餐的小程序，方便了消费者，也节省了不少服务的人工成本，但目前的点餐系统只完成了提升效率的点餐功能，并未按照用户需求进行个性化分类，例如可以针对素食的消费者推出素菜菜单，菜名下面备注用料和成分等。此外，还可以考虑针对老顾客推荐菜品，让老顾客有宾至如归的感觉。

（4）上菜用餐。这个阶段目前是空白的。企业家们想一想，有哪些餐厅的服务给你留下了深刻的印象？比如菜品故事或食材溯源，这些都是消费者关注的。这些增值服务可以让消费者用餐更放心，而且在用餐时获得更多的谈资。

（5）用餐完毕。用餐完毕应该包含付费、评价、分享、邀请加入会员四项内容，目前大多数餐馆已经实现线上直接支付，但是评价、分享、邀请加入会员做得比较少。可以在支付结束后把这些流程无缝地对接，鼓励客户评价并推荐以及再次消费。

## （二）汽车维修

选定一家汽车修理厂后，可以将预约、到店、维修内容的沟通与确认、维修过程的监看、结账、离店、分享等步骤全部上线。同样，可以将汽车维修客户的流程体验拆分为搜索门店、预约、到店、维修、结账离店等五个阶段。

（1）搜索门店。汽车维修具有比较强的区域特性，所以企业首先要从特定距离内搜索考虑，如何让客户搜索到你的店。目前比较适合的方式有通过地图、通过百度搜索或是与美团、淘宝等平台合作。

（2）预约。因为汽车服务行业比较复杂的特性，目前大多数的外部平台无法实现预约，企业应当尽量让老客户加入企业的公众号获得预约服务。

（3）到店。车主到店，最好能有智能化的车号辨识，让客户接待人员知己知彼，车主的到店感受也更好。在接待时最好能记录车主所提出的问题和诉求，对车辆外观进行预先检查，标注是否有刮痕，并且让客户电子签章确认。

（4）维修。进入维修区后，技师检查车况，提出解决方案，建议使用的物料以及价格，并请客户电子签章确认。在维修期间，可以让客户通过手机随时了解维修状态以及更换了哪些零件。

（5）结账离店。客户检查车辆，确认是否接受修理结果并通过电子签章确认，扫码完成在线支付，并且通过客户手机的小程序或个人微信号通知客户获得积分，同时鼓励评价并给予奖励、分享本次维修体验，发放一些电子洗车券或打蜡券，吸引客户进一步消费。

**（三）超市行业**

主要流程包括门店搜索、进店后快速找到商品、商品信息获取、缺货查询、预约补货通知、自助结账、配送服务、体验评论、分享裂变。

**（四）服饰行业**

主要流程包括门店搜索、进店后服饰推荐、个别服饰的材质与产地信息、电子试衣、智能搭配推荐、库存查询、缺货调货、送货服务、商品评论、分享裂变。

**（五）购物中心**

主要涉及品牌或分类门店快找、门店促销快找、商场跨商户积分发放和兑换、停车快找、消费小票抵停车费。购物中心具有空间大、店铺多的特性，所以它的数字化重点应该在于客户的门店快找，以及跨商户间会员权益的打通共享。另外，购物中心可以考虑安装一些共享设备，例如，为位于购物中心内的服饰店提供电子试衣间，线上店铺、新上货通知，以及对商户提供 O2O 引流服务。

### (六) 医院

主要流程包括预约挂号、叫号、电子诊断、电子开方、电子支付、检查与诊疗流程间的无缝衔接、领药医嘱数字化。医院内部的数字化无缝对接，可以让病患减少在院内的候诊时间，避免病患在交费、诊疗、检查时浪费时间，更可以考虑建立与地方诊所、病理检查、携带式设备(如血压、血糖检测仪)、药房、物理治疗、保健康复、养生等的无缝对接，形成生态圈。

### (七) 家居行业

家具、家饰、家装等行业的产品属于耐用品，消费者的购买决策比较审慎，尤其需要和自身的居家空间、环境以及现有的房内颜色、光线、家具等配合。所以，需要将这些参数输入虚拟实境的平台，让用户模拟住家环境，并能够将其感兴趣的实物商品置于虚拟场景当中。另外，还可以提供颜色、款式的不同选项，达到定制化的效果。

## 二、全流程数字化交互在运营商转型中的分析

### (一) 数字化营销理论基础与内涵

#### 1. 数字化营销理论基础

对于营销理论和模型，目前已经形成诸多的学术或实践成果。本节选取其中具有代表性的三个模型阐释营销是如何从产品导向的 4Ps 理论演变到目前的数字化营销模型的。4P 营销策略组合理论诞生于产品导向时代，由营销大师菲利普·科特勒于 1967 年提出，即产品 (Product)、定价 (Price)、管道 (Place)、促销 (Promotion)，强调企业 (多指制造企业) 提高生产效率，通过合适的管道以合理的价格和简单的促销即可获得成功。随着互联网的产生，消费者的需求越来越多元化、个性化、碎片化，企业营销亟须由产品导向向消费者需求导向转变。

在此背景下，美国著名的营销学专家罗伯特·劳朋特于 1990 年提出 4Cs 理论，即顾客 (Customer)、成本 (Cost)、便利 (Convenience) 和沟通

（Communication）。该理论的核心思想在于以用户为核心，充分挖掘用户需求，针对性提供个性化的产品服务。伴随着互联网时代向移动互联网时代的转变，网络社交使得营销信息呈现链条式传播态势，GPS 技术发展使得用户位置信息获取成为可能。于是，美国著名的 IT 风险投资人约翰·杜尔于2011 年提出 SoLoMo 营销模型，即 Social（社交化）、Local（本地化）和 Mobile（移动化）的整合，强调基于用户的位置提供生活场景化的丰富的营销服务。"So"是指社会化也可以指社交化，移动互联网时代，用户的即时分享让信息传播速度极快；"Lo"是指本地化，主要是借助 LBS 的位置技术，依据用户的定位为处于不同地理位置的用户提供特定产品，能低成本高效率地解决传统营销中"营销触点"少，"营销目标"难以获取的问题；"Mo"是指移动化，智能终端、搜索引擎、电商平台以及在线支付的盛行，满足了用户随时消费的需求，扩大相关用户的消费。

2. 数字化营销概念内涵

美国营销学会最初将数字化营销定义为利用社会化媒体或数字媒体推广产品和服务，该定义强调将数字化技术作为营销管道；随着用户数据的爆炸式增长，数字化营销开始强调要将数字化技术运用到整个营销流程，将其定义为"以数字化技术为基础、通过数字化手段调动企业的数据、财力、人力等资源进行营销活动以实现企业产品和服务的价值过程"。此外，数字化营销并不是一次性的流程，而是一个持续迭代的过程，是一个不断地从业务沉淀数据、整合数据、提炼数据、应用数据，到再循环迭代产生更多业务数据的过程。

### （二）基于全流程数字化交互的智慧营销服务体系

工信部通信业统计公报显示，我国通信收入增速连年下滑，传统业务收入规模持续萎缩，新兴业务占比较低，对整体收入拉动作用不明显，仍主要依靠语音、流量等传统管道型业务驱动收入增长，M2M 和商业网络服务等新兴业务占比不足 15%。在 ICT 产业链整体价值分配上，传统电信业务占比也持续下滑。在此背景下，部分运营商公司已逐步开始实施一些数字化营销策略。结合多家省级运营商实际推进情况的总结、分析，主要有四点。

1. 全触点数字化，实现全链路数据汇聚

管道数字化转型是运营商构建数字化营销能力的基础。部分公司通过管道转型实现数据赋能，借助 AIOT、移动互联网等技术，开展全触点数字化转型，透过数据构建与消费者的连接。总结分析发现，运营商主要是通过线下触点数据化和线上触点数字化两条路径实现全触点数字化转型，对营业厅、体验店等线下触点接触的消费者信息数据化，同时充分挖掘线上娱乐触点、社交触点、消费触点的数据，进而整合多触点数据形成触点网络，实现线上管道和线下管道数据整合，形成客户全方位数据，为精准用户画像奠定基础。

2. 营销活动数字化，高概率模型精准识别客户需求

如何对全触点数字化挖掘的数据信息进行处理是营销数字化转型的关键。部分运营商公司通过高概率模型等一系列从事"学习"和"预测"任务的机器学习进行数据处理，精确细分和精准定位目标客户。通过补齐自然人客户大数据标签全面描绘用户画像，对存量用户消费行为特征进行概率分析、聚类分析等，确定用户关键特征值阈值，精准定位目标用户。

3. 场景交互数字化，智慧化手段提升客户感知

如何利用数据处理结果实现场景数智化转型成为运营商营销数字化转型的最大痛点。部分公司借助 AI、VR 等数字化手段，充分利用消费者的数据信息和数据处理结果，持续优化营销场景。通过对细分群体的数据分析，强调以场景参与的方式吸引年轻用户，解决客流少、客流难的问题。对于线上场景，通过 5G 体验、VR 游戏以及 VR 视频等智能化手段丰富消费者的体验感；对于线下场景，打造线下智慧门店、数字孪生平行世界，多角度切入场景实现线下引流。

4. 数据驱动，客户经营效果数量级递增

目前，部分公司已通过上述三点措施取得一定成效。主要有两类成果：一类是构建大数据挖掘模型，对已办理客户的上网偏好、历史购买记录、消费偏好等信息进行数据化，实现线上线下数据整合。另一类是通过数字化赋能触点，改变传统营销穿透流程冗长的问题，实现一线营销能力再提升。通过数据赋能智慧平台快速将当期活动传递到一线，一线人员接触客户时既可以进行重点业务活动推荐，也能够推荐政企市场专项活动，还可以实现针对

性加载彩铃、流量包、换 4G 卡等质态改善类的长尾业务。

### (三) 运营商数字化营销转型趋势

基于以上分析以及在实际生产活动中应用的结果，本研究认为，未来运营商的数字化营销转型需要做到以下两点：一是利用触点的全面数字化实现消费者信息的数据化，利用触点的融合化实现消费者数据的整合；二是打造基于消费者数据信息的包括 AI 数据处理、场景数字化升级等在内的全流程数字化营销体系。

1. 运营商应加速推动触点全面数字化、融合化

在大数据时代，消费者仍然是开展营销活动的中心。如何将消费者"流量"转变为"留量"，深入挖掘消费者数据信息，探求新的价值增长点，已成为运营商数字化营销转变的核心。对于线上管道，由于其与移动智能终端相链接，因而运营商可充分利用自身优势充分获取大量消费者数据信息；对于线下管道，线下营销人员可通过互联网终端将消费者消费需求和购买记录等信息录入，实现消费者线下信息数据化。在此基础上，运营商需搭建数据中台，实现线上线下数据的整合，承载全域消费者数据资产，构建消费者精准画像。其次，消费者数据池并非固定不变，而是不断更新迭代的。以已有的消费者数据作为参考样本，分析识别共性需求，再用得到的消费者画像在拥有上亿消费者的数据库中寻找未来能够成为企业忠诚消费者的某一群体，实现企业产品服务的精准投放。通过不断更新迭代，最终能够让企业的消费者数据资产成十倍、百倍地放大。另外，触点的数字化还应包括利用新型技术手段实现线上触点和线下触点的场景数字化。如利用人工智能、混合现实等打造线下触点的场景数字化，实现实体营业厅由简单的功能性展示转变为体验式"服务 + 社交 + 电商"中心；利用 5G 直播、VR 云逛街等技术实现线上触点数字化，丰富用户线上消费体验。未来管道布局将成为三大运营商数字化营销转型的重中之重，如何推动触点数字化、整合用户数据成为电信运营商必须关注的重点。

2. 运营商需打造基于数据的全流程数字化营销体系

如何高效利用企业的数据资产打造全流程的数字化营销体系是运营商数字化营销转型的关键。运营商数字化营销应以全生命周期用户数据为基

底，搭建相关数据库和 AI 数据处理中台，运用先进的模型设计训练、算法统计技术进行机器学习和预测，精准识别用户偏好与需求，按照共性进行数据聚类；进一步支撑业务前台，为其提供个性推荐和智能问答等功能模块，"激起"或"诱发"场景，通过环境、氛围的烘托，提供相应的产品和服务以激发消费者产生情感共鸣，进而触发消费者的购买欲望。其次，全流程数字化营销体系还体现在数据驱动应从事后的、离线的经营分析，发展到在线的、实时的全生命周期的客户洞察。在入网阶段，对新入网客户的业务形态、风险特征等数据进行识别，强化质量导向；在网阶段，对存量客户质态、融合率、活跃率、黏性、在网时长等数据进行综合分析，提炼总结高价值、高质态客户特征，挖掘潜在需求，做加法提价值；在离网阶段，挖掘离网客户数据和特征，分析客户离网原因，提前开展预警挽留。因此，三大运营商需充分利用自身数据资产优势，借助 AI 模型算法对消费者需求进行全面分析，以达到优化落地场景和精准营销的目的，实现从入网、在网到离网全阶段的数据驱动。总之，未来运营商需通过搭建数据中台、AI 中台以支撑业务前台，打造全流程、全阶段的数字化营销体系。另外，如何将公众消费者与政企客户之间的数据信息有效拉通互联，进一步做大数字化生态，助力政府数字化转型也是下一步的重点突破方向。

3. 运营商需合法合规地开展数字信息收集及加工工作

随着《民法典》的实施，国家针对个人信息泄露和滥用的问题，加快立法，完善个人信息保护的法律制度。全国人民代表大会常务委员会审议通过的《中华人民共和国数据安全法》和《中华人民共和国个人信息保护法》已分别于 2021 年 9 月 1 日和 2021 年 11 月 1 日正式施行，从数据安全的发展、制度设计、数据保护、数据开放等方面规定了数据采集和使用的规范，并明确定义了个人用户信息的范围及信息处理的原则。因此，运营商在数字化营销转型过程中，对数字信息全生命周期的探索需要进一步深入。如如何建立以数据全生命周期为核心的数据和信息处理体系，在数据采集过程、数据使用过程，以及数据使用的区域、范围、过程中如何合法合规地脱敏使用，在使用后如何销毁等。在 5G 时代，电力数据、物流数据、税务等数据都是需要重点关注的，但在这个过程中，数据的采集、保护、销毁都应该合规合法。

## 第二节　线下门店发挥"展厅效应"的策略

### 一、展厅效应概述

随着电子商务购物越来越流行，越来越多的制造商开放在线管道，网络管道的出现给传统的实体零售商带来了巨大的挑战。零售商为了应对制造商在线管道的威胁，利用其线下管道为消费者提供额外的服务，以帮助消费者更好地了解产品性能，促进市场销售。零售商传统线下销售管道能为消费者提供店面展示、销售员讲解、产品使用体验等服务，而网络管道能提供产品质量参数指标、商家信誉、产品综合评价等信息服务。消费者往往在一个管道享受服务后，选择在另一管道完成最终消费，实体零售商提供的服务无意间对制造商的在线管道需求产生了"展厅效应"。也就是说，消费者可能更喜欢在零售商店体验和评估产品（特别是新产品和高成本的产品），但从网上商店以相当低的价格购买产品。"展厅效应"使零售商的实体店成为产品的展厅。实体零售商付出了巨大的服务成本，却得不到相应的销售回报。

### 二、展厅效应的现象构成

以书法行业为例。

由于书法作品要参加各种展览，展览馆是书法作品的主要活动空间，这个空间特定的环境特点必然会对书法作品进行限制和引导。也就是说，书法为了适应自身发展的需要与外在环境进行协调。就好像人要适应环境一样，用达尔文进化论的观点来说，不适应就只有死亡。这是历史的规律，书法也不例外。这样，展览馆有限的空间就要求书法作品要突出、醒目，要适应人们观看时视线平视或仰视的需要。于是，展厅效应的出现可以说是书法发展史的必然产物。因此，当前书坛出现了一种潮流。

这些作品大都具备了以下的基本要素：

#### （一）作品尺幅大

这是当前书法创作的一种倾向。作者动辄用六尺、八尺、丈二甚至丈六的整张宣纸进行创作。或用四条屏、八条屏进行创作。这些悬挂于墙壁上的巨大作品首先吸引了观赏者的视线，并对观赏者的心理造成一种压迫感。这是因为人的视觉习惯是先注意大的东西，然后才注意小的东西。这些作品因为尺幅大而加强作品的气势，从而在展厅中获得一定的优势。

### (二) 气势磅礴

书法风格从总体上分，不外有三种基调：雄壮、阴柔、冲淡。为了使作品对观赏者造成视觉冲击，以达到夺人耳目的效果，雄壮的风格当为首选。这种雄壮的书法风格体现的是阳刚之美，其中又可分成雄浑、劲健、雄伟、苍劲等不同的类型。这些作品让人感到震撼，也给人以巨大的感染力，具有一种压倒一切的强大力量和一种不可阻挡的气势。这些作品往往具有博大精深、粗犷激荡、刚健雄伟等特征，如高山峻岭、如倾盆大雨、如海浪滔天、如虎啸龙吟，给人以惊心动魄的审美感受。

### (三) 求新、求奇、求怪

在展厅中，任何作品要夺人耳目，除了气势雄伟、尺寸巨大之外，另一种途径就是要有新意，让人感到意外。也就是说，作者的书法作品要有别于人们平常思维习惯的表现形式与方式，于是作品求新、求奇、求怪的现象就出现了。现代书法作品的出现就是求新发展的一种结果。向民间书法、敦煌书法汲取养分，追求意趣的书法作品是求新、求奇的结果。以断碑残纸为模仿对象，对纸张、色彩严格选用，含有较大的制作成分的作品则可以说是求怪的突出表现。实际上，这三种现象彼此的界限不是十分明确，往往你中有我、我中有你。这类作品总体上表现一种高古、玄幽、旷逸的意境，游离于雄伟、阴柔的风格之外，又不像平淡，有点打擦边球。它们表现了人生中对自由的体会与向往，追求一种天真烂漫或无拘无束、或悠闲自在的感觉，从而体现了作者内心世界的追求与审美的倾向，外在就表现为作品的风格。它们注重的是与人不同，比较重视的是自我表现，力求独树一帜，既不向平常所谓的传统靠拢，又不愿追随当前的潮流。

以上的这些作品无论从哪个角度来看，都适应于展厅的需要，其目的意义是要在展览中占有一席之地。因此，这些作品强调了笔墨的表现力与对人的视觉、审美意识的冲击力，力求使创作主体的意图、意识能与欣赏客体的思维沟通，进而寻求一定程度的共鸣，从而创造了一种相互影响、相互联系而又让欣赏者在欣赏作品时能达到瞬间忘我的境界。让欣赏者一下子愣了，然后才回过神来，心里想：还能这样表现？还能这样写？之后思维马上活跃起来。这是展厅效应由创作到欣赏的这个流程中延伸出来的。

### 三、如何让线下门店发挥出"展厅效应"

在后互联网时代，线上线下融合有一个很重要的名词，叫作"展厅效应"。它的定义是，"消费者在线下门店当中，经常会用手机上网查看该品牌商品的网上信息"。这时门店除了承担现场销售的功能外，还扮演了线上平台的线下展厅角色。展厅效应解释了为什么传统线下门店必须发展线上整合管道和多管道运营管理、绩效考核的新模式。

当消费者在门店内看到一个商品，同时也会上网查询这个产品的相关信息。表现出这种行为的消费者，其中有半数在门店内完成了交易，另外还有一半可能会在网上或是同品牌其他门店完成购买。

"展厅效应"体现出后互联网时代，线下门店满足客户线下购物需求时，对线上信息搜索的重要性，因为虽然门店内有实际商品陈列，可以看得见、摸得着，但是消费者对于产品的性能、材质、口碑、价格比较等信息的需求，仍无法在门店内获得满足。这时，如果能够让他们更方便地获得这些信息，将有助于加快消费者做出购买的决定。

"展厅效应"告诉我们，应该关注三件事：

（1）统一线上线下价格。许多来到门店的消费者，已经有了同时在线上搜索价格的习惯，所以线上线下一体化、线上线下产品价格同步非常重要。如果消费者发现门店的价格与线上同步，可以减弱在线下门店讲价的意愿。

（2）建立网络平台的必要性。对于某些价格比较高的品类而言，消费者的感知购物风险也会较高，可能在门店无法立即做出购买决定。此时，消费者虽然没有现场购买，但并不意味着他们不会买，有可能是需要进一步考虑或收集信息。如果我们有线上平台，可以让客户在决定购买时，无须再次到实体店购买，而能够非常便捷地完成线上购买，如此可以避免商机流失。

（3）门店与线上的销售绩效需要更合理评价。许多企业可以很清楚地区分线上与线下的销售，并且对两个团队的业绩进行独立考核和分开奖惩。如果我们洞悉了"展厅效应"的存在，或许需用不同的方式对线上线下部门的业绩进行考核，这样才不至于低估个别管道的效用。例如，曾经到过门店的客户，一定时间后在线上完成购买，就显示了这个交易当中存在"展厅效应"，此时绩效评价就应当予以考虑。同样，在线上浏览过网店的客户，最终到门店完成购买，这时也应该对线上部门促成这次成功交易的贡献予以认可。

## 第三节　零售行业全流程数字化"超凡体验"设计要素

全流程数字化体验的设计，应该考虑"全管道、虚实融合、场景化、智能化、大数据"五个要素。

### 一、全管道

这里所说的全管道，指全管道购物，与前面论述的全管道覆盖或营销不同。这里讲的全管道购物体验是客户已经身处消费场景之中，我们应当如何利用虚实两个管道的互助、融合，帮助消费者做出评估以及购买决定。

**案例：优衣库全管道融合的购物体验**

优衣库是来自日本的知名简约服饰品牌连锁，它提供一般都市居民均可接受价格的生活服饰，例如，T恤衫、衬衫、白领工作服、居家休闲服等。进入中国二十多年来，优衣库在互联网上的创新，值得服饰行业学习借鉴。优衣库的全管道发展进程如下。

2009年：与天猫共同开创品牌服装电商旗舰店模式。

2013年：开通线上下载App，推进线上线下融合的购物体验。

2014年：为了吸引消费者，更提供了部分在门店展示，但是只能在网上下单的"网红商品"；约30%~40%的消费者在店内购物时下载了优衣库App，寻找就近的实体店使用折扣券，实现在实体店内扫码去线上商城购物等功能（O2O）。

2015年：与天猫合作，在天猫旗舰店上实现线上线下库存可视、线上买线下取货等跨管道体验的功能。

2016年："双十一"当天，优衣库更是将天猫旗舰店关闭半天，把消费者引导到实体店取货和体验，令当天实体店的客流超出平时周末的2倍。

从2009年至今，优衣库全管道融合经历了纯电商、移动电商App、引流上网、跨管道库存可视化、引流到店的过程。

优衣库的数字化之路非常朴实，其根本的思路就是在追求线上线下的打通与融合。在许多品牌服饰厂商抱怨线上竞争者侵蚀线下市场，影响到实体门店生意时，优衣库率先于2009年建立了优衣库的天猫旗舰店，正式开始在网上销售优衣库品牌的服饰。2013年，优衣库App上线，消费者可以在App上浏览商品并且下单购买。2014年，优衣库在门店投入更大力度推广App，将某些热卖爆款作为引流工具。如2014年秋冬之际，优衣库所有门店海报上展示一款新推出的轻薄羽绒服（轻薄羽绒服目前已经很普遍，但当时这种服饰是优衣库率先推出的款式），这款衣服在线下门店内虽然有陈列，但是消费者并不能在店内购买。消费者如果想购买，必须扫码下载App，在线上购买。2015年，优衣库又推出虚实融合的O2O功能。例如，通过App查询线下各门店库存，如果消费者在A门店看上了某款衣服，但是该门店没有合适的尺码或颜色，这个功能就可以让消费者立即知道哪家优衣库门店还有库存。消费者可以选择调货后再到店取货，或者在线上完成下单，快递送货到家。2016年，优衣库与天猫合作逆向操作，在"双十一"当天关闭优衣库的线上天猫店，将消费者引流到门店，使得"双十一"当天门店的客流量与销售量超过平时周末的2倍。优衣库无疑已经很好地实现了线上线下全管道资源融合的闭环。

## 二、虚实融合

虚实融合，是指在实体环境中植入网络交互或是人工智能的技术，使得门店场景变得更为活泼、消费体验更好、购物更为顺畅。

一个很典型的案例是自助点餐。过去在餐厅中点餐需要服务员来完成，客人入座后，告知服务员需要点什么菜，服务员在点餐单上记录后，把点餐单送交厨房。厨房再按照这个纸质记录准备餐点，备餐完成后再由服务员端给客人。

人工点餐最大的问题是当餐厅繁忙时，客人迟迟等不到服务员点餐，厨师处理订单的次序容易混乱，出菜时也容易把不同客人点的菜送错桌，这些都是造成客户不满的原因。扫码自助点餐，是让消费者直接通过扫描餐桌上的二维码，开启小程序进行点餐。一套完整的自动点餐流程，不仅需要开发手机上的扫码点餐功能，还有一个很重要的步骤是这些数字化信息需要立即传达给后厨的厨师。当客人确认订单后，订单信息会传到一个厨房显示系统（Kitchen Display System, KDS）。厨师就可以看到 KDS 所显示的订单次序，再按照订单信息备餐。备餐完成出餐时，这个订单号信息又会展示在取餐液晶板上，服务员看到后就可以取餐送交给该餐桌的客人。这样，流程就不容易出错，达到提高客人满意度的效果。

除了点餐流程的数字化，日常生活中还有许多虚实融合的场景化设计案例。例如，视频网站如爱奇艺、优酷等，推出的"边看边买""剧中同款"等功能也是典型的虚实融合的场景化设计。这些场景化设计可以有效触发消费者在家中收看影视娱乐节目过程中产生的购物冲动。这是一个非常重要的营销概念，我们称其为"置入性营销"。什么是置入性营销？消费者对喜爱的明星本来就有模仿的冲动，特别是明星穿什么衣服、戴什么饰品、开什么车、去哪个度假中心玩，都是消费者模仿的对象。过去韩剧流行的时代，置入性营销已经被广泛地运用于营销活动中，如韩剧中的女主角穿的衣服、背的包，都会变成热卖商品。只是当时网络与人工智能技术还没有那么发达，消费者纵然在电视连续剧中看到这个置入性的商品，也不知道在哪里可以买得到。即使在淘宝网上搜索，看到的也只能是类似产品。现在，由于人工智能的识别能力得到很大提高，这些电视剧里的商品可以立即被识别出来。有了这种虚实融合的技术，整个营销到销售的路径就打通了。

此外，淘宝的"拍立淘"功能，通过图像识别技术让消费者看到感兴趣的商品可以立即拍照，进而通过人工智能直接在淘宝上搜索商品。有了这个功能，消费者无论是走在街上还是在店铺内，看到感兴趣的商品，就能立即在网上购买。

### 三、场景化

场景化是通过场景，激发消费者的潜在需求。根据百度一项研究，在一、二线城市中，有 2/3 的消费者习惯与家人在购物中心共度周末。所以，融合了亲子、文娱、餐饮、零售的消费场景，就成为当前购物中心招商与业态规划的重要思考方向。

现在的购物中心与 10 年前是完全不同的，其功能不再是提供"一站式"的商品购买服务。拜互联网所赐，消费者的购物习惯发生了很大的变化。如果想买衣服，网购更为方便，几乎没有必要去购物中心购买。现在的购物中心则力求提供更加生活化的场景体验。回忆一下周末你带女儿去跳芭蕾舞的场景，当时你产生了什么消费需求？一般的年轻家长不会只在舞蹈教室门外等女儿下课，女儿跳舞的时间里，父亲可能会去星巴克喝杯咖啡，母亲可能趁这段时间去做美容或学习烘焙。女儿下课后正是午餐时间，全家人正好在购物中心的餐厅用餐。

如果这是一种典型的城市居民周末生活场景，购物中心或商场就应该按照当前的生活消费场景需求，重新规划进驻场内的业态。

**案例：上海 K11 购物艺术中心**

上海 K11 购物艺术中心就应用了这种生活化场景的业态设计，它融合"艺术、人文、自然"三大元素，集合了名牌门店、时尚买手店、生活用品买手店、主题艺术展厅、美容店、餐饮、烘焙课堂、周末集市等多种实体业态。当然，K11 如果能够在数字化方面增加更多的投入，相信可以让消费者更方便、更乐于前往，商家店铺的生意会更好，购物中心业主的租金也就更好收了。

另外一种生活化的场景设计方法是借助怀旧或是幻想中的生活化场景设计，如华东地区非常知名的特色餐厅桂满陇。在这家餐厅里用餐，客人宛如置身传统江南水乡。餐厅中展现了苏杭地区典型的风貌，让客人有身在杭州西湖、苏州太湖边上中国古典园林式住宅中用餐的感觉。星巴克则将在杭州西湖边的一家门店打造成中国古典式建筑。另外，在上海迪士尼园区内的两家主题酒店，均是以迪士尼卡通的场景进行酒店外部设计与房间内的装潢，酒店内的餐厅以及许多活动设施都充满了迪士尼元素。通过这些卡通场景设计，这两家酒店吸引了大批父母带着孩子来体验迪士尼的童话生活，酒店房价更是动辄数千，且常常一房难求。

## 四、智能化

伴随着人工智能的发展，消费者的购物习惯被深刻地改变，所以智能化也是全流程体验设计的重要元素。消费者在门店购买衣服时通常需要试衣，以确定这件衣服是否合身并确定穿搭效果，但是门店常常会因为试衣间数量和衣服颜色、尺码不全等问题，无法满足消费者的多样需求，使得消费者购买决策的时间变长。而电子试衣间可以直接让消费者站在镜子前面，不用真的穿上想试的衣服，就可以看到自己穿这件衣服的影像，有效地解决了上述购物过程当中的体验问题，可以有效加快消费者的购买决策。

与服饰行业电子试衣间具有类似效果的是护肤品或化妆品的门店提供的虚拟实境购物体验。如宝洁公司的玉兰油（OLAY）是非常受欢迎的保养品，消费者在购买保养品时需要先了解自己的肤质，OLAY 在展架上设置了自动对消费者面部肤质进行判断的人工智能设备（镜子）。通过这个智能化的肤质判别系统，在没有销售顾问的状况下，仍然可以准确地推荐合适的产品给消费者，如此消费者还可以避免导购的"过分"推销，改善购物体验。

彩妆的销售应该也有类似的智能应用。例如，消费者在选择彩妆时，对于口红、彩笔、粉扑的颜色，就经常需要实际测试，如果有类似的功能帮消费者虚拟搭配出不同的组合，并且告诉消费者某种装扮需要使用什么产品（如烟熏妆需要什么化妆品）、如何化妆，消费者就会产生更多的到店需求，销售转化率明显要强于静态陈列。

扫码点餐在多数餐厅已经实现了，但是送餐工作仍由服务员来做，只能说做到了虚实融合，但是未达到"超凡体验"。一些餐厅使用了机器人送餐或是外卖使用无人机送餐，可以说得上是"超凡体验"，令人耳目一新。现在不少先进的酒店也提供类似的服务，住客在房间内扫码点餐。过一会儿，房内的电话响起，房客接听电话，就会听到机器人说："您点的餐已经送到房间门口，请您开门。"这样不仅节省人力，避免沟通错误，还保护了房客的隐私，是值得在行业中推广的一种智能化服务。

需要注意的是，"超凡体验"或许可以令消费者惊艳，但作为企业经营者，最需要关心的还是实际效益。例如，送餐机器人是不是真的能够降人力成本或是缩短配送时间，否则这种花钱"作秀"就不是企业该做的事了。

**案例：亚马逊的 Amazon Go**

讲到智能化，亚马逊的 Amazon Go 超市，绝对是一个极致创新，但业界也充满了关于其投资回报率是否合理的争议。Amazon Go 的标准功能是客户首先需要下载 App，在进入卖场时需要先开启免密支付。免密支付就是消费者在手机上点击同意结账时无须再输入密码，商家可以按照货品的金额直接扣款，客户不得有异议。这样商家就可以对消费者完全开放卖场，由消费者自行取货带走。亚马逊在每个购物架上都安装了摄像头和传感器，当某位消费者取走货架上某件商品时，商品信息就会被系统自动加入这位消费者的电子购物车当中，当这位消费者把这件商品放回货架时，系统又会从电子购物车当中扣除这个商品。消费者将想要买的商品全部放到购物车后，可以推着购物车，走出门店的关卡通道，此时门店系统就直接从消费者先前授权的免密支付账号中扣除购物车当中商品的应付金额。

亚马逊的自助结账功能在推出时确实让所有消费者眼前一亮，受到许多人的关注，可是作为一个以营利为目的的企业，需要考虑投资回报率。一般我们在看投资是否合算时，需要看两种成本，首先是硬件投资成本，其次是后续运营成本。硬件投资成本虽然看起来金额比较大，可它是一次性的，通过长期分摊，每一年的成本负担就不高了。后续运营成本指这些软、硬件是否需要持续的维护性投资。Amazon Go 最大的问题还是这个方案需要在每件商品上安装具备 RFID[ 无线射频识别技术，Radio FrequencyIdentification，是自动识别技术的一种，通过无线射频方式进行非接触双向数据通信，利用无线射频方式对记录媒体 (电子标签或射频卡) 进行读写，从而达到识别目标和数据交换的目的 ] 技术的芯片，这样才能够敏捷、精准地侦测到商品的取放，这种功能设计的后续成本较高。

当然，除了成本的支出，还需要比对实施这个方案以后是否能够节省开支。例如，门店的店员人数是否可以减少等。请注意：无人店与自动结账是不同的。无人店环境下消费者可以在选完商品后直接拿货走人，自助结账则仍然需要排队并自助完成结账操作。

在货架上架设摄像头，并且在商品上安装具有 RFID 技术的芯片，消费者拿走或放回商品的操作都可以通过 RFID 技术感知，它的精准度最高，成本也高。第二种是目前国内超市的主流做法。例如，家乐福或盒马，在卖场结账区设置自助结账设备，每个结账位置设置商品条码阅读机，消费者扫码，然后再用支付宝或微信支付结账。这种做法需要消费者把商品逐一从购物车中取出，扫码后放回，最后再出示支付宝或微信，完成支付。这种流程虽然不需要人工服务，但是初期仍需要工作人员在一旁辅助，否则遇到几个不熟悉操作的消费者，整个结账区就会人满为患。第三种做法是用视频技术抓取商品影像，消费者在无人结账区需要把全部商品取出放在一个电子秤上，电子秤除了称重以外，还有影像捕捉功能，通过人工智能抓取每个商品的影像，判断它们是什么东西，通过影像智能辨识商品，再加上商品重量进行复核。复核通过后，系统将购物清单显示在电子秤屏幕上，消费者确认后就直接扫码支付。第三种做法也有一些问题。例如，训练人工智能技术学习商品辨别，需要花费大量时间与成本，商品图像的判断精度也需要进一步提高，同一品牌的饮料外包装太过相似容易造成误判，电子秤是否能够承载消费者购买的商品数量与重量，非标产品（如蔬菜、水果）的包装与重量如果未经预处理，也可能造成电子秤的误判。另外，第二种和第三种做法都有可能发生顾客故意不拿出部分商品扫码，规避付款的可能。所以，这两种方法用在规模较小的便利店可能没太大问题，但如果应用在客流量大的超市，就需要考虑系统的处理速度和顾客的诚信问题了。

AI 在智能购物中心的应用也非常广泛。这里列举比较常见的卖场客流追踪、门店热点追踪、客户个性化需求追踪、商品陈列监控、电子价签五项数字化应用。

1. 追踪、分析卖场与门店的客流量

客流量的大小，基本上决定了一家门店的业绩好坏。对于大型购物中心而言，客流量就是门店租金最大的保证。许多购物中心的经营每况愈下，主要原因就是客流量显著下降，此时招商、收租就面临极大的困难。在前面的章节中，我们已经讨论了数字营销的"拉新"方法和如何加强会员的黏性，接下来就需要实地监测卖场中的顾客流量，通过人工智能或移动互联技术，赋予商城追踪每一个进入卖场客户轨迹的能力，将大量的数据积累起来，就可以进行卖场的流量与路径分析了。

做这项工作有三个目的：

①了解流量属性，创造流量最大价值。掌握流量的时间、动线以及消费目的后，可以判断流量的意图并进行疏导。例如，如果发现一个客户每天同一时间到店，可以判断他／她可能是上班族，到店来进行午餐或晚餐消费，此时就可以提前发优惠券给客户，吸引他／她到店消费。又如，如果监测到

某个客户到达卖场，连续走进几家女性鞋类用品店或女装店，这时就可以判断其有购买女鞋、女装的意向。或者，如果发现某个客户走进了许多不同品类的店铺，可以推测客户只是来逛逛的，此时可以尝试推荐一些经营零食、咖啡、红茶、冷饮、甜点的商铺供客户逛累休息之时消费。午餐时间，可以按照客人的数量和关系来推荐适合的餐厅。

②优化卖场中的店铺布局。经由流量分析，可以掌握几种流量的动线，进行店铺布局设计。

③提示商家改善门店陈列。有些店主抱怨业绩不好，没有来客，其实是因为其自身的门店设计、客户体验或客户管理没做好。通过流量分析，可以对比邻近店铺的流量，掌握店铺的进店率，提醒商场中陈列比较差、无法吸引客人进店的店铺进行陈列的整改，以吸引更多的客户进店。

2. 追踪、分析客户的个性化偏好

前面一项功能的重点是掌握有多少客户进店，而消费者进店以后的追踪，则是为了洞察个别客户的偏好。过去需要客户报会员号或扫二维码，才能查询到客户信息，如果客户没有走近柜台，就无从知晓其身份。来客人脸识别技术是通过客户特征进行智能化的身份辨识。身份辨识是门店留存客户的人脸影像后，客户下次再来店时，可以立即判别客户身份。这一技术在便利店、超市、餐厅、服饰店，汽车维修等领域都有应用。它可以为客户提供更个性化的建议，增进客户的信任。例如，在餐厅，当熟客来店时，可以立即进行身份判别，从而更贴切地向其提出选择菜品的建议。对服饰店而言，精准地判定客户身份以及衣着偏好，有助于为客户提供更合适的穿搭建议，使成交率提高。立即掌握对方是否为老客户，并调取过去的交易记录，可以使得店员和客户之间的互信度大幅提升。

3. 商品陈列监控

零售卖场中的商品陈列是影响销售的重要因素，尤其是快消品的销售。品牌厂家强调以出样率来抢占货架，一旦货架上充满了你的品牌商品，销售机会就会提高。所以，对于连锁商超来说，持续地监控货架上不同主要品牌商品的出样率、陈列排面数，确定货架被填满，是卖场运营管理的重要工作。对于品牌商而言，掌握自己品牌商品在管道货架上的陈列，也是管道管理的重点，特别是需要管道经销商配合进行促销活动时（一般称为 Trade

Promotion），品牌商需要对商品的陈列以及货源是否充足进行监控，否则给予经销商的奖励政策就浪费了。这些管道管理的工作，过去只能规定经销商拍照留证或派遣"神秘访客"进行抽查，即便如此，也很难避免弄虚作假。现在人工智能的影像辨识，可以精准、实时地掌握门店货架上的商品陈列状况，并汇总所有门店的数据形成完整的市场监测报告。

4. 电子价签

在商超管道中销售盒饭、色拉等鲜食产品，往往能够给门店创造出刚需消费场景，同时也能够提高利润。销售鲜食产品除了要努力开发新产品、新口味外，最大的问题就是库存损耗。虽然采取多种人工智能的算法，对每天的销售进行预测，可是销售业绩往往会受到诸如天气、门店附近是否有公众活动，甚至是修路等情况的影响，以致许多管道商推展鲜食商品遇到很大的困难。这个问题源于对商品的供需数量掌握不精准。

最近几年，商超管道中出现一种新型的名为"电子价签"的价格管理系统，它是通过对每件商品的实时库存信息、销售进展以及过去的销售状况等因素，对未来几个小时的销售状况进行预测。如果发现库存过高，而且这些商品存在保质期限制，智能系统就会下达指令调整货架上的电子价格标签，这样可以在瞬间进行价格调整，加速销售，避免损耗。这也是数字化企业的竞争利器。

### 五、大数据

前面四种要素——全管道、虚实融合、场景化、智能化，都属于外表上可以看到的以数字化提升客户体验的方式，第五种数字化能力——大数据，则属于企业能力提升的"内功"。本章在前面关于客户全生命周期管理的讲解中已经讨论到企业需要建立大数据以及客户数据标签，这些技术主要将会应用在以下两个领域。

#### （一）精准营销

精准营销也可称为"标靶营销"（Target Marketing）。过去的企业营销主要属于大规模营销（Mass Marketing），就是事先拍摄广告片、报纸平面广告，然后在适合的媒体，如电视、报纸、广播等媒体中进行投放。这种营销讲究的是对目标客户群体的覆盖，它的问题在于广告效果很难衡量。一般在覆盖目标群体时，也会同时曝光给非目标客户，这样会造成浪费，同时也会发生部分目标客户无法触达的问题。由于覆盖时并不能确定对方是老客户还是新客户，或这些人到底是什么属性的客户，所以只能通过一般化的推广信息以及内容方案进行传送。这种通用性的内容对某些人或许有效，但是不会对每个触达的消费者都有效。例如，消费者中有男、有女，有老人、有年轻人，有高学历的、有低学历的，很难对每一个人都产生预期的营销效果。因此，进行大规模无差别的营销，很容易造成广告资源浪费，如企业对某种产品进行全面的降价，以吸引消费者，但部分消费者即使不降价也会来消费，这就形成了资源浪费。

那么，精准营销该怎么做呢？我们认为很重要的一点是进行 A/B 测试。那么，A/B 测试如何展开呢？

首先，应该清晰定义目标群体。如确定目标对象究竟是有流失倾向的 VIP，还是已经流失很长一段时间的普通客户。接下来，要弄清楚这些客户的意见和需求，提出有针对性的解决方案。

其次，明确这些群体中到底有多少人数，如果数量较多，则可能需要进一步地细分群体，接着针对每一个细分客户群体提出解决方案。

再次，从每一个细分群体中，抽样出一定数量的客户进行分组测试，每一组给予不同的解决方案。建议分为十个组别，一组是控制组，另外九组是实验组，分别测试不同方案与话术。

最后，测试完毕，选取最成功的方案，对全体客户开展营销活动。A/B 测试经常被用来进行生物、化学、医学实验，以证明所采取的措施是有效的。A/B 测试是一种较为科学的测试方法，应用在营销上，通常也会使营销效果得到显著提升。

## （二）个性化产品推荐

这是大数据的另一种应用，当客户主动从线上或线下接触企业时，个性化的产品推荐可以更为有效地满足个别客户的需求。最常用的数字化分析有两种，即同时并买（Also Buy）以及产品捆绑销售。

1. 同时并买

同时并买已经广泛应用于超市以及电商销售。它基于统计学上的贝叶斯定理（Bayes Theory），即假设所有消费者进入超市会购买儿童书包的概率是1%，会购买铅笔盒的概率是2%，这时如果某一名消费者已经购买了书包，则他会再购买铅笔盒的概率应该大于2%还是小于2%？答案是大于2%。因为既然这个消费者会购买儿童书包，显然他家可能有一个正在上小学的小孩，而且正处在新生开学的时间点，所以这名消费者会同时购买铅笔盒的概率应该是大于其他一般消费者的，就是这么简单。在许多购物网站上，能看到"猜你喜欢"，亚马逊购物平台上的"Also Buy"就是这样算出来的。亚马逊根据客户的书包购买记录得知其有较高的可能性购买毛绒玩具等产品，因此网站平台就进行了相应的推荐。

2. 产品捆绑销售

这是一种与同时并买类似，但是相对直观的数字化模型，我们称之为"购物篮分析"。该分析是基于消费者在超市的购物记录（小票）进行简单的统计。首先，把这家店在一定时间内购物小票上包含的每一个商品类别写在一个多边形的一个角上。这家超市贩售白酒、饼干、牛肉、红酒等商品。接着，针对每一张小票清点购买的商品并做标记。例如，一位消费者的小票上有三件商品：白酒、饼干、牛肉。这时，就在这三件商品的两两关系之间分别画一条线。例如，白酒—饼干、饼干—牛肉、牛肉—白酒，共三条线。同理，另外一张小票显示有四件商品，那么两两之间，可以画出六条线。然后，计算每两件商品之间被画上线的次数，这时必然有些商品间有多条线，有些商品间的线比较少。从线多的商品开始依序排列，就可以归纳出这些购物小票所代表的商品关联性。

## 六、快物流

对于销售实物产品的零售行业，还需要增加一个元素，即快物流。因为快物流并不是所有行业都需要的，所以本部分将对其进行单独讨论。

近年来中国电商市场的蓬勃发展和移动互联网的持续覆盖与渗透，已经为中国打造出超级的物流能力。中国物流行业整体在过去几年保持了6%的稳定复合增长率，其中，快递行业受到电商以及O2O应用的带动，年复合增长率更是高达23％。但是也要看到，物流行业业绩稳定增长的背后，各个细分市场竞争激烈，以及日益趋薄的利润空间。这个趋势也使得物流行业的数字化变得刻不容缓。

物流行业的数字化转型被列为国家"十四五"规划中主要任务之一，这张国家级的发展蓝图中，提出物流行业的数字化转型刻不容缓。在这样的大环境下，一般企业的数字化转型也少不了物流功能的再升级。为了支持企业在销售上的物流需求，以阿里巴巴集团菜鸟、京东达达等企业的物流公司为首，以及顺丰、申通、圆通等物流企业，都已经开始通过数字化提高企业内部的运营效率，从而满足客户对物流的需求，争取市场份额，提升利润空间。过去打电话叫快递，还要自备物流袋，现在则通过小程序或App预约，物流公司一般会派人在2小时内到指定的地点取件。快递员直接通过可携带式的热感打印机，打印出物流收据，便捷且不容易出错。

企业对于物流体系的设计也因为产品与市场需求不同而进行细分，其中可以分为全国性的物流配送体系与针对同城的地区性30分钟到达的快速配送体系。前者比较适合大批量含包装的商品，例如盒装食品、用品等；后者则主要满足生鲜、外卖等产品的即时配送要求。

（1）覆盖全国的商品物流。例如，欧莱雅在中国设计了两种配送模式：地区配送中心（Regional Distribution Centre，RDC）与中央配送中心（Central Distribution Centre，CDC）并存。其中，RDC针对全国范围都有需求的大众市场产品（例如美即面膜），设置分别覆盖多个大区的地区配送中心，完成"最后一公里"配送。CDC则针对需求聚集在一线城市的高端、小众产品（例如科颜氏Kiehl'S），设置控制包装与配送的统一中央配送中心，而这些商品的"最后一公里"，则交给当地快递公司完成，以缩短交货周期。

（2）同城快速配送。这一类最典型的是盒马鲜生。盒马整合、打通了从产地到消费者全流程的生鲜供应链。盒马的门店除了承担店内商品展示销售以及餐饮体验的功能外，还将门店作为前置仓，在店内进行储存、分拣、打包，通过高效率的分拣布局，以及自动化的流程和设备，使得订单配送完成时效性远高于竞争对手。许多对手想要模仿盒马在门店内发货，都会遇上库存精准度、快速调动库存、拣货效率的问题，这些都是企业数字化在物流端改善的重点。至于送货方面，绝大部分的公司是没有能力构建、管理自己的骑手团队的，这些企业可以依赖社会化的资源，利用那些能在 30 分钟内送达的骑手服务公司，为这些需要快速物流的企业提供较好的支持。京东到家是另外一家提供快速物流服务的企业，利用其线上平台和物流优势，主打生鲜商超，吸引近 10 万家门店入驻，其中包括沃尔玛、永辉等国内外零售巨头，它们利用京东的同城速递——达达，完成下单后 30 分钟配送，解决"最后三公里"服务问题。无论企业采取的是哪一种模式的物流，最根本的前提是订单信息的数字化全流程透明展现。

# 第六章　数字经济背景下技术创业企业商业模式创新

## 第一节　数字经济背景下技术创业企业商业模式的构成要素

### 一、相关概念界定

#### (一) 商业模式

##### 1. 商业模式的内涵

随着互联网技术、电子商务的出现以及新兴市场的快速发展，商业模式逐渐受到学术界和实业界的广泛关注并成为研究热点。随后，商业模式在战略管理和信息系统的研究中逐渐受到关注。蒂默斯（Timmers）是较早开展商业模式研究的学者之一，尽管他并没有具体地对商业模式进行定义，但将商业模式看作一个包含各方面不同内容的有机系统。主要包括的内容是：①商业模式是一种包括产品、服务及信息的体系结构，能够描述商业活动及其参与者的不同角色；②描述商业活动中不同参与者获取的潜在收益；③描述企业的收入来源。随着对商业模式研究的不断深入，不同学者基于不同的视角界定了商业模式的内涵，但现有关于商业模式的定义尚未得到学者们的普遍认同。既有研究关于商业模式的定义主要基于价值创造、交易结构、组织结构、系统论及管理认知五个视角。

（1）基于价值创造的视角

此类研究主要聚焦于企业价值创造、价值获取及价值传递等活动的系统结构，认为商业模式的核心内容是对企业组织架构、业务流程及利益相关者交易结构的描述和管理。林德尔（Linder）和坎特里尔（Cantrell）、佩特维克（Petrovic）等定义商业模式是表征组织和商业系统创造价值的一种核心逻辑。原磊认为，商业模式是将企业经济逻辑、运营结构及战略方向等相关变量进行定位和整合的概念性工具，在为顾客创造价值的基础上也为合作伙伴、股东等利益相关者创造相应价值。提姆斯定义商业模式是企业价值创造、传递及获取的过程，是对企业价值的核心逻辑的描述和反映。魏江等认为，商业模式描述的是企业如何创造价值、传递价值及获取价值的过程，反映企业不同价值活动连接的基本架构。

莫里斯等将商业模式划分为战略维度、运营维度和财务维度，其中战略维度主要用以分析企业成长的过程和结构，运营维度和财务维度则用来分析企业创造和获取价值的过程和结构。

（2）基于交易结构的视角

此类研究认为商业模式涉及企业交易活动，是交易的主体、内容、交易方式及定价等一系列交易相关活动的集合。阿密特和佐特认为，商业模式是一种交易结构，用来解释企业、供应商及客户等运作的流程和方式。魏炜等基于资源能力理论及利益相关者理论，从利益相关者的视角将商业模式定义为企业与其利益相关者的交易结构。阿密特和佐特基于交易成本理论，理解商业模式是企业跨组织边界与其合作伙伴进行交易活动的系统及交易系统后的互动机理。

（3）基于组织结构的视角

此类研究主要从企业内部结构的角度对商业模式的内涵进行诠释，认为商业模式是对企业组织结构的一种设计，能够反映企业自身架构、资源能力和经营目标。阿密特和佐特认为，商业模式是企业用来分析产品市场战略和业务活动的一种系统，反映企业的治理结构。卡萨德苏斯·马萨内尔（Casadesus Masanell）和里卡特（Ricart）认为，商业模式能够反映企业对组织结构和运作方式的一种选择，是企业的管理逻辑。麦格拉思（Mcgrath）和塔瓦德罗斯（Tawadros）将商业模式定义为根据企业类型的不同，整合企业核心价值活动、设计企业内部运营流程的一种模式。威鲁（Velu）认为，商业模式能够描述企业组织结构，是企业内部体系和价值分配的表征。

（4）基于系统论的视角

此类研究将商业模式看作是各不同要素组成的系统，而各要素间是通过相互影响、相互作用而共同形成的统一整体。从系统论的视角对商业模式进行定义，在强调企业战略方向、运营结构及利润模式的同时，也将商业模式视为这三方面相关要素的不同组合。阿尔特（Alt）和齐默曼（zimmerman）认为，商业模式具有体系化特征，是多维的系统结构。莫里斯等描述商业模式是企业架构、战略及运营等决策变量间互相影响、互相作用所构成的有机整体。德米尔（Demil）和莱科克（Lecocq）基于企业投入产出视角，将商业模式定义为企业在生产过程中所获得的产出大于其投入而获取相应利润的一个系统。

（5）基于管理认知的视角

商业模式的概念化与战略管理研究中的认知观点一致，侧重于探究管理者的心理表征。持此类观点的学者们认为商业模式反映的是管理者的管理心智模式或图式。加韦蒂（Gavetti）和里夫金（Rivkin）认为，高度理性的管理者通过对既定环境的调查和逻辑演绎，选择能够为企业获取或创造价值的不同组件而组成商业模式。索斯纳等认为，商业模式是企业所有者及管理者的认知、感知和企业战略构想的外在体现。乔治（George）和波克（Bock）认为，商业模式体现的是管理者基于他们所在的行业，进行创造价值、获取利润的战略规划和独特愿景。马丁斯等基于战略认知的视角，认为商业模式是组织对企业价值创造活动和交流设计管理理解的模式。数字经济的迅猛发展加剧了企业所面临环境的动态变化，通过单一维度的视角难以描述和解释技术创业企业在数字经济环境中的战略方向和生存发展，通过多维度、多视角去定义商业模式能够为探索和挖掘技术创业企业在数字经济环境中的战略部署和创新决策提供方向。

综上所述，借鉴切斯布洛和提姆斯等的研究成果，本书将商业模式定义为：企业立足于所处的外部环境、基于既有的资源和能力，进行价值获取、价值创造及价值实现等一系列价值活动并获取竞争优势、实现快速成长的经营逻辑架构和系统。在数字经济背景下，技术创业企业商业模式创新不仅有赖于自身的资源和能力，而且更多的是有赖于外部数字环境中不同要素变化对商业模式要素、结构的影响。因此，对于技术创业企业而言，想要实现企业生存并健康成长，设计商业模式时必然要将企业内部条件和外部环境因素进行有机整合。

2. 商业模式的构成要素

国内外学者对于商业模式的构成要素提出了不同的观点。蒂默斯作为最早研究商业模式构成要素的学者，认为商业模式的构成要素包括产品服务、信息流、盈利和收入四个方面。随着研究进程的不断深入，哈梅尔（Hamel）通过对商业模式要素间关系的分析，构建了利益驱动下的商业模式四要素构成图，四个要素是客户界面、核心战略、战略资源及价值网络。切斯布洛（Chesbrough）和罗森布鲁姆（Rosenbloom）认为商业模式由七个基本要素构成：目标市场、价值主张、价值链、支付方式、成本/边际收益、价值网络、竞争战略。奥斯特瓦尔德（Osterwalder）等以商业模式构思和商业模式创新为导向提出商业模式画布，认为商业模式主要包括：目标客户、价值主张、分销管道、客户关系、收入结构、核心资源和能力、内部流程、供应商伙伴关系和成本结构九个模块。马格里塔（Magretta）将商业模式构成要素划分为定义客户、客户价值、收入逻辑和经济效益逻辑。约翰逊（Johnson）等将商业模式的构成要素划分为客户价值主张、关键资源、关键流程和盈利公式。魏炜和朱武祥认为商业模式由定位、业务系统、关键资源能力、盈利模式、自由现金流结构、企业价值等构成。张敬伟和王迎军基于价值三角形逻辑提出商业模式的构成要素包括市场定位、经营过程与利润模式。魏江等认为，商业模式构成要素包括客户价值、创造价值、价值获取、价值网及战略决策。王雪冬和董大海认为，商业模式核心要素包含价值模式、运营模式、营销模式、盈利模式。

### （二）商业模式创新

#### 1. 商业模式创新的内涵

商业模式创新研究源自商业模式与创新领域研究的交叉，融合了交易成本经济学、资源基础观、系统论和战略网络理论等理论的思想。米切尔（Mitchell）和考洛斯（Coles）在 2003 年首次明确提出，企业管理者完全可以有目的地对其商业模式进行创新的想法。自此，越来越多的研究集中于商业模式创新方面，并从多种角度对商业模式创新进行探讨。尽管商业模式创新是商业模式的延伸，但商业模式创新所包含的内涵已经远远超出了商业模式的研究范畴。传统研究将商业模式创新归因于企业应对制度环境变化及新兴技术产生的回应，是产业变革的结果。商业模式创新在产业重塑、提高企业价值、创造新的价值增长点等方面均具有重要作用。随着商业模式创新研究的不断深入，学者们对商业模式创新的理解和内涵有了更为深入的洞见。商业模式创新不仅仅是对企业工作流程及交易过程的根本性转变，其实质是重新对企业和产业的分界线给予界定，从根本上改变和构建企业交易本身。基于学者们对商业模式理解和研究的不同视角及差异，学术界对商业模式创新的理解存在不同。

（1）基于价值定义的视角

此类研究观点认为，商业模式创新的意义在于创造新价值，主要是通过新理念、新逻辑来推动企业进行有价值的活动。谢德荪认为，商业模式创新的起源在于顾客价值主张，是通过对顾客需求的深入探究来重新对企业的价值理论进行定义，是一种有别于技术创新的模式创新。阿斯帕拉等定义商业模式创新是企业在对商业模式相关业务组合进行价值创造时，对如何创造价值的认知逻辑变化。克拉苏斯（Clasuss）将商业模式创新看作企业在价值获取、创造及定位等价值相关要素方面的系统变化，是企业所构建自身独有的价值创造方式。

（2）基于技术创新的视角

此类研究观点通常基于商业模式创新与技术创新共演的视角来定义商业模式创新，更为强调商业模式创新是实现企业新产品、新技术商业化的重要手段和工具。切斯布洛认为，企业新发明及新技术必须依赖商业模式创新实现，并基于开放式创新理论将商业模式定义为企业将新技术及其所包含的潜在商业价值关联的过程，是企业所建立起来的启发式逻辑。加姆巴德拉（Gambardella）和麦克加汗（McGahan）认为，商业模式创新是将企业新技术和新想法商业化的可行性工具，能够帮助企业探寻新的市场机会、挖掘新的利润增长点。马萨（Massa）等认为商业模式是一种不同类型的创新，是基于潜在创新的整体视角来进行产品、技术及流程创新。

（3）基于战略管理的视角

此类研究观点侧重于从战略变革的视角来认识商业模式创新，认为商业模式创新是企业的一种战略变革，主要研究企业如何设计、改变商业模式及通过商业模式创新为企业带来的系列后效。奥斯特瓦尔德（Osterwalder）和皮尼厄（Pigneur）、德米尔（Demil）和莱科克（Lecocq）认为，商业模式创新是企业为了满足新的、潜在的顾客需求，通过改变企业的战略决策或方向从而对企业外部或内部（如技术进步、管理决策、核心要素）变化的反应。布乔达赫尔（Bjijrkdahl）和马格努斯（Magnus）指出，商业模式创新既可能是对新旧产品或服务重新组合的结果，也可能是企业市场地位、战略方针及过程管理变化的结果。曾萍等强调，商业模式创新是指企业对其系统架构的改变，包括战略认知及方向、管理系统和组织惯例的改进及创新。

（4）基于过程的视角

此类研究观点倾向于将商业模式创新与组织变革过程联系起来，认为商业模式创新是组织变革的一个动态过程。麦格拉思（Mcgrath）将商业模式创新定义为"尝试—试错—调整"的结果，是企业通过不断试错、改进而被动改变的过程。弗斯（Foss）和塞比（Saebi）通过对商业模式创新及动态演变过程的因果分析，认为商业模式创新是对企业商业模式和商业模式关键要素的改变和重新设计。吴晓波和赵子溢认为，商业模式创新是对商业模式相关元素创新设计的过程，是提出的新价值主张。

尽管基于不同的研究视角对商业模式创新内涵的探索取得了许多进展，但商业模式创新的系统研究仍处于探索阶段，对商业模式创新内涵的理解也存在不同观点。企业商业模式创新通常有以下表现形式：①组成商业模式的各要素发生改变而引发商业模式创新。商业模式创新并非企业商业模式组成要素的单一改变或创新，而是多个要素共同变化，导致商业模式主要模块发生改变而使企业商业模式系统性地变革；②静态视角的商业模式创新能够给出商业模式不同构成要素的版图，阐明这些要素如何组成和作用，而动态视角的商业模式创新能够描述企业商业模式构成要素的互动作用及演化过程，而这个过程导致了企业价值逻辑的改变，使其商业模式发生根本性变革。数字经济环境下，数字技术和信息技术的快速发展和持续创新，使产业融合速度加快，推动企业战略变革和策略调整。

结合数字经济的研究情境及技术创业企业所秉持资源和技术的特征，通过对既有文献的梳理，综合借鉴海德（Heider）、弗斯（Foss）和塞比（Saebi）的研究结论，本书将商业模式创新定义为：企业基于对外部环境和自身资源及能力的综合考量，运用新逻辑、新方法对企业价值获取、价值创造及价值实现方式进行重新设计，并不断优化企业价值获取、价值创造及价值实现方式的动态过程。

2. 商业模式创新的过程

部分学者参照创新过程的相关研究，按照时间顺序对商业模式创新过程进行不同阶段的划分，并对商业模式创新各阶段进行系统性描述。例如，奥斯特瓦尔（Osterwalder）和皮尼厄（Pigneur）指出，商业模式创新的不同阶段不存在时间先后顺序的问题，某些阶段具有交互性和非线性的特征。由此，他们将商业模式创新划分为商业模式创新动员、商业模式创新理解、新商业模式设计、新商业模式执行和新商业模式管理五个阶段。施特格（Schahegger）等将商业模式创新划分为商业模式调整、采纳、改善以及再完善四个阶段。董悦等提出了"互联网+"时代下商业模式创新的演变过程，主要有"平台+免费"商业模式、社群商业模式、"互联网+产业链O2O"商业模式和"互联网+跨产业生态网络"商业模式。王炳成等通过对典型商业模式创新企业的案例分析，将商业模式创新过程分为商业模式创意期、商业模式应用期和商业模式精益期三个阶段。

学者们在既有研究基础上对商业模式创新过程的相关研究进行划分，分为理性定位学派、演化学习学派和认知学派。理性定位学派按照生命周期顺序将商业模式创新分为发展/研发、执行/筛选、商业化三个阶段，认为商业模式创新建立在商业模式原型的基础上。这一学派的研究认为，企业商业模式原型会随着外部环境的变化而发生调整和改变，并通过计划、设计、测试、重新设计来将原有的商业模式变量进行替代，直至商业模式与外部环境达到最优匹配而实现商业模式创新。演化学习学派认为，环境的不确定性使商业模式需要不断地进行测试和调整，商业模式创新的过程就是不断地设计、改进和测试商业模式原型的过程。认知学派认为，商业模式创新是管理者的先前感知，在外部环境不变的情况下，管理者通过从既有概念中借鉴、吸取知识并整合到现有商业模式中，从而实现商业模式创新。

根据本书对于商业模式创新的内涵界定，借鉴施特格（Schalteggeret）、福勒（Baden FuHer）和哈弗里格（Haefliger）的研究结论，本书认为，商业模式创新的过程分为商业模式采纳、商业模式调整、商业模式再设计、商业模式改善四个阶段。

3. 商业模式创新的类型

基于不同研究视角，已有研究对于商业模式创新的类型存在多种划分方式，如商业模式价值主题视角、商业模式创新程度视角、商业模式创新策略视角等。

基于商业模式价值主题的视角对商业模式创新分类的研究相对丰富。佐特（Zott）和阿密特（Amit）基于交易成本理论，将商业模式创新分为新颖型商业模式创新和效率型商业模式创新。其中，新颖型商业模式创新主要是指对现有商业模式的颠覆性改变，是通过对创新活动和系统运用创造性的内容、架构和管理方式；效率型商业模式创新则是对创新活动和系统的内容、结构及相关要素重新设计，以提高效率并降低相应成本。奥斯耶弗斯基（Osiyevskyy）和德瓦尔德（Dewald）基于决策理论诠释企业商业模式的变革创新，通过利用式创新和探索式创新来描述不同的商业模式创新，认为企业的商业模式创新可以分为对现有商业模式进行开发式强化和探索性地采用颠覆性商业模式两种方式。罗兴武等基于商业模式理论与制度理论将商业模式创新分为开拓性商业模式创新和完善性商业模式创新。其中，开拓性商业模式创新主要关注的是顾客的隐性需求，以创新的手段创建或重构新的规制和结构进行商业模式革新；完善性商业模式创新关注的则是顾客的显性需求，通过优化、调整现有的交易规制和结构进行商业模式适应性调整。迟考勋以平台企业为例，以创造独特顾客价值为标准将商业模式创新分为需求创新型、综合创新型、模仿创新型和价格创新型。

布彻尔（Bucherer）等提出，可以按照创新程度对商业模式创新进行分类。此后，施奈德（Schneider）等将商业模式创新区分为渐进性商业模式创新和颠覆性商业模式创新。前者是商业模式单一要素的改变，是一种适应性调整；后者是完全取代现有的商业模式，重新架构企业的商业模式。威鲁（Velu）和斯蒂尔斯（Stiles）将商业模式创新分为渐进式创新和突破式创新。渐进式商业模式创新是企业逐渐改变既有商业模式的过程，是对价值创造、价值获取和传递的细微调整；而突破式商业模式创新是彻底改变上述三个要素，通常初创企业会选择突破式商业模式创新来建立竞争优势。

也有研究从商业模式创新策略视角对商业模式创新的类型进行了划分。马萨内尔（Casadesus Masanell）、福勒（Baden Fuller）等的研究表明，新创企业通过"模仿""复刻"或"复制"现有商业模式能够促进企业快速成长，尤其是新公司的创始人会广泛地寻找其他成功商业模式并从中复制元素。莫里斯（Morris）等认为，企业为应对外部环境变化需要不断对商业模式进行调整，而创新和模仿则是其商业模式调整的两个重要管道。阿密特（Amit）和佐特（Zott）认为，尽管"借鉴"现有商业模式在许多企业中普遍存在，但创业企业与在位企业相比会更加广泛地寻找适合企业成长的现有商业模式。刘志迎等基于企业生命周期的视角考察了不确定条件下商业模式创新策略选择问题，认为商业模式有创新和模仿两种选择。数字经济环境下，企业间的组织边界逐渐模糊，信息和技术的沟通和交流实现了双向互动，企业所面对的环境更加复杂多变，也更加开放和透明，企业间的竞争也日趋激烈。在此情境下，部分具有一定资源和能力的技术创业企业，往往会希望通过自主创新的方式设计新的商业模式，从而避开在位企业的竞争而获取市场份额。但同时，企业也面临着新的商业模式无法适应新市场、获取制度合法性等方面的限制。商业模式创新的属性决定其无法获取如技术创新一样的专利保护，容易被其他企业复制、抄袭或模仿。数字经济的复杂多变更使部分技术创业企业将模仿其他在位企业盈利模式视为规避生存风险的最优方式，通过对成功商业模式要素的复刻和模仿来实现企业生存。

综上所述，本书聚焦于商业模式自主创新和商业模式模仿创新，以期探索数字经济背景下技术创业企业各关键影响因素对不同商业模式创新的作用机制问题。

### (三) 技术创业企业

#### 1. 创业企业的内涵

创业企业通常是指处于企业发展初期，盈利水平和未来发展趋势尚不清晰，但在实际发展过程中会表现出高预期、高成长和高风险并存等现象的一类企业。创业企业是数字经济背景下最为活跃的经济主体，对推动经济发展与社会进步具有重要作用。由于研究情境和研究目的的不同，学术界对创业企业的定义存在一定差异。文献研究表明，国内外学者对创业企业的定义主要依据企业生命周期和企业成立时间两个标准。

基于企业生命周期视角，创业企业被认为是处于企业成长前期的企业。张玉利等认为，创业企业是尚处于企业生命周期初级阶段、成立时间较短的企业，并随着企业成长而逐渐摆脱企业困境并向专业化、规范化发展。哈伯

（Haber）和雷切尔（Reichel）认为，创业企业在成熟之前会经历创意阶段、概念论证阶段、企业创立阶段及运营阶段。克里斯曼（Chrisman）等认为，企业在进入稳定发展阶段之前，会经历企业创建前阶段、创建阶段及早期成长阶段。巴加格尔（Batjargal）以企业生命周期理论为基础，认为创业企业从生存期、生长期到成熟期的过渡时间平均需要8年，并将成立时间在8年内的企业定义为创业企业。李宏贵等认为，创业企业的生存和发展存在不同的阶段，通过对创业过程的分析可以将其分为三个阶段，分别是创建、生存、发展，而不同的阶段会采用不同的创新和战略方式。

基于企业成立年限视角，创业企业通常是指成立时间较短、主营业务尚不成熟和完善的企业。巴克尔（Baker）、辛库拉（Sinkula）和全球创业观察组织（Global Entrepreneurship Monitor，GEM）的《全球创业观察》报告对新创企业的创业时间进行界定，认为新创企业的创业时间应该在42个月之内。进一步，GEM在2017—2018年的《全球创业观察》报告中将企业成立年限界定在三年半以内。吉玛（Gima）将创业企业定义为成立时间在8年以内且盈利能力较弱、发展趋势尚不清晰的企业。拉拉内塔（Larrafieta）等通过研究外部知识获取和新创企业竞争优势的关系，界定创业企业是成立时间在8年内的企业。王强认为，以界定国外创业企业成立时间的标准来界定中国创业企业不够合理，中国的创业大环境与国外有很大区别，对餐饮服务行业的创业企业以5年为时间界限，无法以企业成立时间对制造业创业企业进行界定。

尽管学术界对创业企业界定的侧重点和标准不同，但几乎都认为创业企业具备以下特点：①成立年限较短，例如成立3年或5年，最多在8年以内；②处于企业生命周期的早期阶段；③资源相对匮乏，面临较大的风险和成长潜力。综上所述，本书主要借鉴吉玛和拉拉内塔等的观点，将创业企业界定为"成立时间在8年内，且尚处于发展初始阶段，资源相对匮乏、风险与回报并存的企业"。

2. 技术创业企业的内涵

技术创业企业是推动我国科技创新的重要力量，通过不断提高技术创新能力、开发技术创新产品、持续培育技术创新机制而在复杂多变的外部环境中建立竞争优势、实现企业健康成长。国外学者一般以研发人员占企业总员工的比例、研发投入占企业总支出、总收入的比重等作为判定一个创业企业是否为技术创业企业的标准。如阿伯特（Abbott）分别从科研人员占企业员工总数的比例和研发投入占企业利润的比例来衡量技术创业企业，认为具有专业学位的科研人员占企业总员工的比重不低于40%且研发投入不低于企业总收入的5%。

2016年，科技部、财政部、国家税务总局对《高新技术企业认定管理办法》进行重新修订，认为高技术企业是指企业所属领域在《国家重点支持的高新技术领域》内，能够持续进行研究开发和技术成果转化，形成企业核心自主知识产权，并以此为基础开展经营活动，在中国境内（不包括港、澳、台地区）注册的居民企业。我国学者在清晰认知技术型企业的基础上对技术创业企业进行定义，部分学者基于相应的研究情境和研究要求对技术创业企业予以界定。其中，迟建新认为，科技创业企业是建立在原创性技术基础上，以技术成果商品化为经营目标，进行技术研发、技术咨询、服务和转让及生产销售技术创新产品的中小型新创企业。惠祥等从企业人员构成的角度定义技术创业企业，认为这类企业是由拥有创新技术的创业者及其团队与希望实现技术产品转化为资本价值的投资团队所组成的创业型企业。黄昊等通过对企业生命周期的分析，认为科技新创企业均处于初创成长期，且这个时期可以分为业务初设、摸索及成长三个阶段。

目前，国内外学者对于技术创业企业的界定已初步达成共识，认为技术创业企业综合了技术型企业和创业型企业的特点，是从事高科技产品研发、生产、销售及技术服务等环节的创业型企业。本书认为，技术创业企业有别于"生存型"或"获利型"的创业企业，其创业团队或创业者本身具有更高的技术和知识水平。技术创业企业在开发新技术、新产品试验、技术产品商业化等过程中会消耗更多的资源，对于企业资源方面的需求和依赖相较于在位企业更为敏感。因此，对于技术创业企业而言，克服"新生弱小"并解决资源不足及匮乏等问题是生存和成长的关键。

综上所述，本书认为技术创业企业兼具"技术企业"和"创业企业"的特征，通常是指成立时间较短或处于成长初期的技术型企业。因此，可将技术创业企业定义为：成立年限在8年以内，以高科技创新为经营内容，以提供高技术产品及服务为主的创业型企业。此外，尽管技术创业企业拥有科技创新能力的先天优势，但由于会受到"新生弱小"及资源匮乏的限制，企业既有资源及其吸收、整合以及有效利用外部资源的能力成为企业生存和成长的重要基础。在面对数字经济的高动态性和高不确定性时，技术创业企业所面临的创业风险相较于一般创业企业也会更高。

3. 技术创业企业的特征

技术创业企业由于成立时间相对较短，资源和能力相较于在位企业都相对匮乏。此外，此类企业创新活动比重更大，更加依赖技术和产品研发。技术创业企业的成长进程有别于在位企业，其产业划分也有别于其他创业企业。因此，技术创业企业的特征需要结合在位企业和创业企业特征进行分析，也呈现出有别于两者特征的复杂性。其所呈现的主要特征如下。

（1）技术创业企业拥有的技术资源相对充足而财务资源相对匮乏。大部分技术创业企业主要是依托新技术、新产品而成立并发展的，这类技术资源主要包括技术研发资源、产品制造技能、产品生产工艺等。技术创业企业依靠技术资源研发新产品并获取技术领先优势从而实现企业价值，其所拥有的技术资源优势可能会相对突出。然而，技术创业企业所拥有的设备、场地及资金等资源相对匮乏，在企业初创和成长阶段的突出问题是产品与服务市场的缺失以及财务资本的稀缺。因此，资源匮乏和资源获取能力不足是技术创业企业成长的主要短板之一。

（2）技术创业企业具有高成长性、高风险性及高投资性的特征。技术创业企业所提供的产品及服务通常具有较高的技术含量及较强的竞争力，使企业的经营及获取价值的方式更加灵活，创业者通常也具有较高的创新意愿和创新精神，这就使企业的成长性较高。然而，由于技术创业企业的创业者缺乏企业经营及管理经验，可能会对企业所开展的各类创新活动存在误判而导致产品无法顺利打开市场，对于技术、产品及服务创新的投入可能无法获取盈利，从而导致企业存在较高的经营和生存风险。此外，技术创业企业以技术创新为核心竞争力，因此在研发新技术、开发新产品的过程中都需要持续投入大量资金，这部分资金的高投入会给企业带来巨大压力。

（3）技术创业企业的研发活动是企业生存发展的关键。技术创新产品及服务的研发是技术创业企业的重要业务内容。企业开展的各类研发活动能够促进企业技术创新产品及服务水平的不断提升，因此相应投入的研发经费会相对较高，研发人员在企业员工中所占的比例也更大。然而，随着数字经济的不断发展，数字技术不断创新和突破，技术创业企业对于技术产品的开发及生产也会随之改变。技术创业企业作为知识密集型企业，技术专利、知识储备及技术资源等占总资产比重较高，而此类无形资本储备的比例会更高。

(4) 技术创业企业的商业模式更具有灵活性和风险性。相较于在位企业，技术创业企业的商业模式经历从无到有、从初设到成熟的过程，企业会结合自身的资源与外部环境的情况不断调整商业模式。此外，技术创业企业不存在成熟的商业模式原型与新商业模式的冲突，并不需要考虑原有商业模式的障碍，因此商业模式的灵活性更高。同时，由于技术创业企业应对外部数字经济环境变化的能力不足，在进行商业模式创新时不仅要处理外部环境的风险，还要应对各类同质企业的动态竞争，要重视是否会被其他企业模仿等问题，商业模式风险程度更高。

### (四) 作用机制

"机制"一词最早源于希腊文，原指机器的构造和动作原理。《现代汉语词典》将"机制"解释为有机体的构造、功能和相互关系，泛指工作系统的组织或部分之间相互作用的过程和方式。"机制"在社会学中的内涵可以表述为"在正视事物各个部分存在的前提下，协调各部分之间的相互关系以更好地发挥作用的具体运行方式"。目前，通常对机制有两种解释：一是系统的结构关系或组成；二是系统内各要素或构成部分间的相互影响及作用方式。"作用机制"采用后一种含义，是指为实现某一特定功能，一定的系统结构中各要素的内在工作方式及诸要素在一定环境条件下相互联系、相互作用的具体运行规制、运行方式及运行原理。

## 二、数字经济背景下技术创业企业商业模式的构成要素分析

学者们分别从不同的研究视角对企业商业模式创新的构成要素进行解析，但相较于在位企业而言，技术创业企业商业模式创新的特征存在差异。特别是数字经济背景下的技术创业企业，其价值确定、价值主张、价值创造及价值分配与获取等方面都呈现出与以往不同的特征。基于商业模式构成要素的抽象性和数字经济背景下商业模式的特征，本书参考奥斯特瓦尔德

（Osterwalder）和魏江的观点，结合商业模式动态性和系统的特征，从价值主张、价值创造、价值分配与获取三个方面剖析数字经济背景下技术创业企业商业模式构成要素。

从技术创业企业的价值主张到价值创造再到价值分配与获取，能够完整地表达和诠释数字经济背景下技术创业企业的经营逻辑，数字经济能够创新和变革技术创业企业经营过程中涉及各不同环节的要素，通过整合和创新这些要素最终体现在企业经营层面、战略规划等方面的创新，即为商业模式创新。

**（一）数字经济背景下技术创业企业商业模式的价值主张**

价值主张描述的是企业提供的产品和服务为目标顾客带来何种价值，具体而言，描述的是企业如何满足顾客某种具体的需求，是顾客感知企业提供既得利益的总和，独特且清晰的价值主张是企业商业模式成功的关键。数字经济的独特性质使供需界限日渐模糊，以顾客为中心、以顾客需求为导向成为价值主张的关键。在数字经济背景下，技术创业企业的快速成长有赖于应势而变、深入挖掘不同顾客需求、考虑顾客细分。此外，数字经济背景下技术创业企业的市场环境变迁为企业识别、挖掘和开发市场机会提供条件，需要企业结合自身发展特征并与市场协同发展，找准目标市场定位。

1. 顾客细分

数字经济在冲击传统商业模式的同时，也为商业模式的发展和变革提供了大量的机遇。技术创业企业价值主张最核心的部分是顾客价值，因此需要企业细分顾客群体，清晰地界定主要顾客群体、辅助顾客群体及潜在顾客群体。技术创业企业的目标顾客主要来源于对顾客群体的细分，根据不同顾客的需求将顾客划分为若干个不同的群体，并针对不同群体的需求开发和设计差异化的产品及服务。创业初期的技术创业企业的主营业务相较于其他企业会更为单一，这也使其所定位的目标顾客更为聚焦。数字经济背景下，技术创业企业通过顾客细分寻找相应产品及服务的目标顾客，从而为这部分顾客群体提供相应的个性化、差异化价值。

同时，以技术开发为主的创业企业还应该考虑潜在顾客群体的价值主张定位。技术创业企业在满足主要顾客群体需求、兼顾辅助顾客群体利益的同时，容易忽视潜在的顾客群体，忽略这部分顾客群体可能为企业带来的价值。因此，一方面，企业重新定位价值主张时要做好顾客细分，既要充分考虑目标顾客群体的需求，也要充分考虑其他顾客群体的反馈。另一方面，技术创业企业对于价值主张要表达清晰，让不同顾客群体能够认可和识别，避免因错误定位产品和服务而导致顾客流失。同时，技术创业企业的所有创新活动都应该在数字经济的制度框架下开展，获取行业合法性和行业认同。

2. 顾客价值需求

数字经济的发展使顾客产品的选择不再像传统经济环境下那样被动接受，顾客的个性化需求被企业放在了首要位置。顾客价值需求主要体现在对新产品和新服务的关注、体验和信息的了解等。在数字经济背景下，顾客对产品及服务的便捷性、质量等方面的需求呈多样化趋势，技术创业企业应该通过提供个性化、差异化、有竞争力的产品及服务来满足不同顾客的需求。顾客价值需求会从显性需求和隐性需求两方面来体现，技术创业企业在敏锐捕捉顾客显性需求的同时，更应该深入挖掘顾客的隐性需求，只有这样才能提出独特的价值主张。

价值主张作为企业各项关键活动的最上层，其创新会使技术创业企业更加专注于企业自身对顾客真正有价值的业务。在数字经济背景下，大数据、物联网、云计算等数字技术将消费者个体价值不断放大，不仅改变了技术创业企业服务和消费者服务体验，也为企业提供了更多创新机会。数字技术的飞速发展能够使技术创业企业多方位、多管道地获取数据资源和信息，并对顾客需求进行全方位的分析和解读，大数据分析和挖掘技术能够更为深入地了解顾客多样化需求。同时，技术创业企业可以利用数字技术手段进一步对企业价值主张再设计，深入挖掘和开发外部市场顾客的潜在需求，从而有利于企业低成本高效率地对进行商业模式创新。如果企业完全深入地了解顾客价值需求，就能够对战略资源和核心能力进行补充和提升，从而能够更加准确地对企业创新战略、管理模式及商业模式创新策略进行抉择，进一步将企业的核心价值观传达给顾客，为顾客创造更为持久的价值。

3. 市场定位

市场定位决定企业的目标顾客及具体提供的价值。市场定位既能界定企业提供产品和服务所涉及的顾客范围，也能界定目标市场的覆盖范围，是价值主张的具体体现。构建合理的价值主张并准确和妥善地将价值主张传递给顾客，不仅能够为企业成长做出突出贡献，还能够提升企业价值。价值主张确认和区分了企业与其他竞争对手对于顾客的具体实用价值，揭示了顾客选择、购买和使用企业产品和服务的原因。价值主张中不同的市场定位意味着不同的收益获取能力。数字经济时代背景下，市场动态变化速度快也更加活跃，技术创业企业所面对的目标顾客市场更为广阔。技术创业企业根据不同顾客的需求制定差异化的解决方案、提供个性化的产品，从而获取更大的顾客价值，创造更多的收益。

### (二) 数字经济背景下技术创业企业商业模式的价值创造

价值创造是指企业制定商业模式的目的及利润获取的方式，是企业创建和协调与顾客及利益相关者的关系，并进行资源转化的过程和一系列的业务活动。在数字经济背景下，技术创业企业在进行商业模式创新时，首先要确定新商业模式下企业利益驱动发生了怎样的变化、利益驱动有哪些需求，从而决定企业组织结构变革和资源配置的方式。企业进行组织结构变革、资源配置的基础是企业的资源禀赋。在数字经济时代，数据和信息资源的挖掘、获取、分析和存储成为企业的关键活动。技术创业企业的关键活动几乎都会受到数据和信息的驱动和指导，从而使商业模式创新能够顺利进行。同时，技术创业企业进行商业模式创新需要有效利用企业资源和核心能力，发挥企业的独特竞争优势。最后，资源禀赋、关键活动和核心能力三个关键要素共同诠释了数字经济背景下技术创业企业的价值创造。

#### 1. 资源禀赋

企业基于现有资源向顾客提供相应的产品及服务是价值创造的基本逻辑。价值创造的具体过程就是以企业的资源禀赋为基础，建立在相应价值网络上的一系列商业活动，即资源禀赋是企业价值创造的源泉。在数字经济背景下，技术创业企业新产品的开发和创新活动的开展更多地基于资源配置方式和新的技术范式。不同技术创业企业的资源禀赋存在差异，某些企业可能拥有某类不可替代的资源，从而具有相应的竞争优势，这也是影响技术创业企业成长和发展的重要因素。技术创业企业内部资源禀赋价值的发挥与资源利用关系密切，特别是对资源的有效配置和灵活运用。因此，企业如何合理地将有限资源投入价值创造活动中显得尤为重要，能够影响企业创新战略的制定和实施。

数字经济时代，互联网和信息技术缩小了企业和顾客之间的距离，使企业在开发新产品、新技术的同时能更为及时和深入地探析顾客需求，在一定程度上提升了企业的创新水平和生产能力，有利于企业抢占竞争市场的先机。同时，基于数字技术研发平台、资源云平台、大数据平台等引入更加先进的创新资源，丰富技术创业企业的资源禀赋，能够为技术创业企业商业模式创新的实现和推进提供更好的资源保障。

2. 关键活动

技术创业企业的关键活动涉及企业的营销模式、采购模式和管理流程等，这些活动与企业资源禀赋相辅相成，有利于企业开展价值创造活动。技术创业企业的商业模式涉及多个活动，不同活动的内容及关联顺序构成企业结构。这些活动是确保企业正常运营的基本保障，也是企业进入市场、传递价值主张、建立竞争优势的基础。技术创业企业的价值创造有赖于企业的资源利用和整合，有效合理的资源配置是企业关键活动开展的基础。

在数字经济背景下，技术创业企业的关键活动主要有以下三种：①开发、设计新技术和新产品。这类业务活动是技术创业企业商业模式的核心，主要涉及企业多个部门的协调和配合，需要企业满足相应的产品数量和品质要求。具体包括技术和产品的开发、设计、生产和配送、营销等流程。②平台/网络的构建。数字经济时代，企业都会建立相应的互联网平台，技术创业企业的关键活动也会较多地涉及平台或网络。技术创业企业的商业模式也会运用互联网构建以顾客价值实现、传递和创造为核心的综合交易网络，实现企业快速成长。③设计和完善解决方案。这类关键活动主要是帮助技术创业企业解决在与顾客及利益相关者交易过程中遇到的问题，从而帮助企业顺利而高效地完成价值传递。

3. 核心能力

核心能力是企业在技术、资源、管理和经营等方面的综合体现，是随着企业成长而形成的一种竞争能力且难以被其他企业模仿。在竞争激烈的数字经济环境下，技术创业企业只有具备核心能力才能够确保在短期内顺利发展。技术创业企业的价值创造主要是利用关键资源和核心能力生产出符合顾客需求的提供物。技术创业企业的商业模式创新需要企业掌握价值链中的核心能力，从而确保企业收益的提升。技术创业企业的核心能力主要来源于新技术、新产品以及资源等，通常这种核心能力具有不可替代、难以复制等特点。对于技术创业企业而言，核心能力对运营流程和生产效率等方面起到了决定性作用。越突出的核心能力越能提高企业效率，使企业在价值创造、成本结构等方面胜于竞争对手。在数字经济时代，技术创业企业为了实现自身资源和能力的合理配置，就需要加强核心能力的识别、整合和利用，从而为商业模式价值创造提供条件。

4.灵活性的组织结构

数字技术资源的可视化、时效性等特征与价值特性结合，能够替代和强化技术创业企业生产经营活动、流程监督等工作内容。即在数字经济新环境下，技术创业企业的组织结构会发生颠覆性变化。因此，技术创业企业灵活的组织结构对于商业模式创新至关重要。一方面，由于数字技术资源的替代效应，企业组织中自上而下的结构不再适用于数字化情境，而是需要系统平台、节点平台结合的组织架构。企业内部的信息和资源调配均由节点平台来完成，从而有效地协调组织内部各部门间的协同运营，推进企业商业模式创新，实现价值创造。另一方面，灵活的组织结构能够有效地解决组织内部资源传递效率低、信息不对称等问题，从而激发企业成员创新活力和价值创造的能力。此外，数字技术的复杂性、动态性等特征也使企业组织需要跨越边界进行知识和资源整合，也需要灵活的组织结构来有效支撑，这样才能有利于企业商业模式创新的开展。

## (三)数字经济背景下技术创业企业商业模式的价值分配与获取

价值分配与获取是企业将产品及服务传递给目标顾客，并从中获取相应收益的过程。如果说价值创造能够反映企业在相应价值链上的增值能力，那么价值分配与获取则是衡量企业价值输入及输出的能力。价值分配的前提是技术创业企业所提供的产品和服务符合目标顾客的要求且成本小于顾客价值。企业价值分配的范围受限于企业顾客群体，且与企业利润和顾客增值相关联，本质是企业的利润通过相应的产品和服务分配给顾客。价值获取是企业生存发展的基本保障，确保企业各项价值活动顺利进行。因此，收入模式和成本结构是商业模式价值分配与获取的基本构成要素。

### 1. 收入模式

收入模式描述的是企业获取利润的方式。技术创业企业的收入模式决定企业价值获取和分配的过程，也能够决定所获取价值在利益相关者之间的分配。数字经济使技术创业企业现有的收入模式发生改变，在一定程度上会优化现有收入体系、提升盈利空间。数字经济环境的高竞争性和高动态性，会使拥有相同价值主张和业务流程的同行企业的收入模式也不尽相同。技术创业企业商业模式创新的本质是企业价值创造活动的集合，想要做到这一点就需要构建具有竞争力的收入模式。数字经济的快速变化正在逐渐改变顾客的消费习惯，传统的收入模式已不能适应当前的市场变化。因此，技术创业企业在为顾客提供数字技术产品和服务的同时，也要充分考虑构建适应当前顾客消费习惯的收入模式，精准定位顾客需求。面对数字经济环境下的激烈竞争，以及同行企业同质产品的推出、营销模式的复刻和模仿，技术创业企业应着重考虑合理的收入模式，精准定位当前顾客的消费需求。

### 2. 成本结构

成本结构作为技术创业企业收入模式的基础，主要是指企业价值获取的过程。进一步而言，成本结构是指企业在价值创造过程中针对不同活动所投入的成本，明确了各项不同价值活动的成本，如营业成本、期间费用等。商业模式中良好的成本结构能够保障价值主张的落实和实施，使技术创业企业在数字经济环境中保持竞争优势。成本结构表征了技术创业企业对各项活动投入成本的布局，反映出企业的重点资源投资于哪些价值活动。技术创业企业在创业初期，资源相对匮乏、投资资金尚不充足，合理地优化和构建成本结构是企业生存的关键。特别是数字经济背景下，企业间的竞争日趋激烈，只有通过合理配置成本和资源、构建竞争力强的成本结构，减少非必要的经营成本，才能使既有资源发挥最大效用，从而促进企业成长。

### 3. 动态激励机制

在数字经济背景下，技术创业企业价值创造和获取的本质不单是获取收益，而是通过对价值交付机制和激励机制的设计来使利益相关者持续参与企业价值分配与获取活动的循环过程。对技术创业企业而言，对于激励机制的调整有利于价值分配和获取的实现。企业对于激励机制的设计和调整都需要结合利益相关者的需求综合权衡，从而保证每个利益相关者获取的收益达到均衡，使企业与外部合作的关系持续发展。

此外，在数字经济背景下，技术创业企业各利益相关者之间不是固定的利益关系，而是会随着时间的推移发生变化甚至产生分歧，极易导致价值共毁和商业模式创新失败。因此，技术创业企业对于供应商、服务商及消费者均需要提供一个公平、公开、透明的激励规则，对不同利益相关者的收益、消费者产生的价值等界定清晰，从而有效衡量企业和利益相关者产生的实时价值。

## 第二节 数字经济背景下技术创业企业商业模式创新的影响因素

对于技术创业企业而言，资源禀赋、技术能力及核心能力等都不及在位企业，但通过商业模式创新能够发掘独特且容易被忽视的价值。商业模式创新对于技术创业企业核心竞争力的作用也比在位企业明显。

在数字经济背景下，技术创业企业可以打破空间的限制，与环境中的利益主体广泛互动，从而获取更多的外部创新知识，激活企业创新活动的新思路，从而为商业模式创新提供更好的资源并创造价值。技术创业企业的商业模式创新不仅是依靠企业内部资源、组织结构调整的创新行为，还是多元主体与环境间相互作用的结果，创新过程会受到外部环境和内部组织的共同影响。因此，本节从驱动技术创业企业商业模式创新的外部和内部因素出发，分析数字经济背景下技术创业企业商业模式创新的影响因素。

### 一、数字经济背景下技术创业企业商业模式创新的外部影响因素

在数字经济背景下，技术创业企业的商业模式创新与外部市场创造过程协同演进。随着外部环境的不断变化，技术创业企业需要不断尝试、改进和调整现有商业模式，从而形成新的商业模式。从外部因素来看，数字经济环境中的驱动和制约因素会引导技术创业企业不断根据数字经济环境的变化做出适应性调整。其中，数字经济环境中的制度压力、环境动态变化、行

业竞争及技术创新等都是技术创业企业商业模式创新的重要影响因素。

## (一) 制度压力

制度环境会对技术创业企业创新活动的开展产生制度压力。企业结合来自制度压力的机会或约束来调整自身的创新活动和创新战略,从而克服制度压力来获取相应的合法性。数字经济作为信息技术革命发展的新形态,会推动制度环境的革新。而技术创业企业是所处行业的新进入者,由于新技术、新产品及数字技术创新等,可能会面临社会系统对其创新活动的普遍认知,从而受到数字经济环境中制度压力的束缚。新制度主义视角下商业模式的研究,主要强调合法化对商业模式设计和调整的作用,特别强调制度压力对商业模式创新的影响。制度压力会规范技术创业企业商业模式在既有制度框架内运行,同时也会影响其数字技术更新及商业化,从而影响技术创业企业商业模式创新的进程。

## (二) 环境的动态变化

数字经济通过扩大市场规模、影响知识溢出、促进要素组合等为技术创业企业创造更多资源和机会,但数字经济的迅猛发展也会为企业所处的市场环境带来不稳定的因素。商业模式创新是影响技术创业企业生存和发展的关键,因此,技术创业企业必须考虑原有商业模式是否需要改变以适应外部的环境变化。环境的动态变化在为技术创业企业成长带来风险的同时也会制约企业原有商业模式的有效性。环境的不确定性、竞争环境的激烈程度、整体经济环境的变化都会与企业原有的商业模式发生冲突。技术创业企业为了实现在数字经济环境中的快速发展和可持续增长,需要进行商业模式创新来应对与上述冲突。

## (三) 行业竞争

在数字经济环境下,技术范式的变革将数字化技术、知识及信息作为关键生产要素,从而凸显了智力资本在企业发展中的价值,重构了技术创业企业的商业逻辑,也在一定程度上加剧了技术创业企业行业内外的竞争态势。技术创业企业在进入行业之初,会受到行业内其他同质企业的竞争压力，而这种竞争程度的高低会影响企业是否做出相应的调整，并通过改变价值创造及价值传递的方式来提升企业竞争优势。行业竞争程度越高，技术创业企业越容易被其他企业所替代。此时，企业需要考虑商业模式原型是否能提升竞争优势，所提供的产品及服务能否满足消费者的需求。因此，技术创业企业需要通过重新设计、调整商业模式，进行商业模式创新以获取竞争优势、提升企业创新收益。

### （四）技术创新

技术创新作为技术创业企业的核心属性，会受到数字经济环境中技术革新及演变的影响，从而影响企业的创新活动。技术创业企业通过商业模式创新获取的收益，相较于在位企业更为突出。商业模式创新不仅能够将新技术、新产品资本化，也能够为技术创业企业探寻新的机会、激发新的需求。在数字经济背景下，技术范式的变革一方面将新的技术推向市场，为满足消费者和市场需求创造机会；另一方面会推动企业技术革新，从而影响企业的商业模式创新及其收入模式和成本结构。同时，为保证技术创新能为企业带来相应的利润，需要相匹配的商业模式将新技术商业化，从而催生新的商业模式。因此，技术创新对技术创业企业的商业模式创新具有重要的驱动作用。

## 二、数字经济背景下技术创业企业商业模式创新的内部影响因素

数字经济时代，技术创业企业利用数字经济的发展获取价值，并通过数据吸收、数据获取及数据整合不断进行技术革新。以新的技术范式及资源配置方式开展新技术、新产品的开发和创新活动，需要依托企业内部资源及结构的调整。从内部因素来看，企业资源禀赋、组织结构和活动及管理者特征等均是数字经济背景下技术创业企业商业模式创新的内部影响因素。

### （一）企业资源禀赋

商业模式创新的本质是对市场、技术及企业资源的有机整合和系统设计。技术创业企业在成立之初由于资源不足会在一定程度上影响创新活动的开展。新的资源能够拓展企业交易边界，为商业模式创新提供有力支撑。企

业的资源禀赋决定了企业能够顺利进行商业模式创新。为了适应数字经济环境的不确定性，技术创业企业往往在商业模式创新过程中，更倾向于选择消耗成本和资源较小的战略决策而牺牲交易效率，规避风险，从而让利益相关者赢得更多的利润和价值。

动态能力理论指出，企业需要不断地搜索外部环境以获取新的知识，觉察环境动态变化带来的创新机会。面对数字经济环境的动态变化，技术创业企业相应的动态能力能够帮助企业进行商业模式创新，如识别外部环境变化的能力、吸收信息和知识的能力、整合资源能力等。此外，技术创业企业通过技术创新构建的核心能力能够帮助企业探寻市场机会、激发市场需求，也进一步催生了新的商业模式。因此，技术创新能力支撑了商业模式创新及调整。

### (二) 组织结构和活动

技术创业企业的组织结构相较于在位企业而言，灵活性和适应性相对较强，对既有组织结构和流程的依赖较小。在数字经济背景下，密集的技术更新和知识创新会推动创新资源的重新配置，从而影响组织结构。企业通过重塑和调整组织结构来增强对外部环境的适应能力，从而增强战略灵活性和战略灵敏性，及时对是否进行商业模式创新活动做出反应。数字技术的发展增强了技术创业企业连接外部环境及整合外部资源和知识的能力，使企业发展的目标随之改变。组织目标改变驱动核心价值逻辑发生变化，意味着企业需要开发新的技术、调整组织结构、设置合理的收入和成本结构等，从而影响商业模式创新的进程和方向。

### (三) 管理者特征

技术创业企业的创业者和管理者在商业模式创新中发挥重要作用，因此，他们的个人特征，如管理认知、先前经验、教育背景等都会影响商业模式创新。可以认为商业模式创新是管理认知、组织行为和环境互动作用的结果。技术创业企业的创业者和管理者在进行外部信息处理的过程中会形成自身独特的认知和决策方式，会直接决定企业是否会结合数字经济环境的变化而进行商业模式创新。同时，管理者也会结合自身认知和先前经验，有意识地调整组织结构、开发新的利润模式、提升企业资源和能力、识别机会和威胁等，这些都会影响企业商业模式创新的进程。

综上所述，数字经济背景下的技术创业企业，其商业模式创新活动既会受到数字经济环境中的制度压力、环境动态变化、行业竞争及技术创新等外部因素的影响，同时也会受到企业资源禀赋、组织结构和活动及管理者特征等内部因素的影响。随着数字经济的不断发展及环境的不断变化，技术创业企业的资源禀赋、技术水平和对商业模式原型的依赖会影响企业发展的进程，数字经济环境中的制度压力、环境动态变化和激烈的行业竞争也会使技术创业企业原有的商业模式无法与企业发展协同。因此，技术创业企业应审时度势，调整、重新设计商业模式，通过选择有利于企业成长的商业模式创新策略来缓解不同内、外因素对企业发展的制约。

## 第三节 数字经济背景下技术创业企业商业模式创新的特征

### 一、技术创业企业商业模式创新的一般特征

相较于其他创业企业，技术创业企业的主要特征是开发创新科技产品，并依托某种新产品来提供新的服务从而满足市场需求。因此，技术创业企业的商业模式需要围绕这个产品或服务进行设计、修正和完善。技术创业企业的商业模式创新具有商业模式创新的一般特征：

#### (一) 商业模式创新是一个系统性活动

技术创业企业的商业模式是一个整体性活动，商业模式各构成要素相互影响、相互作用。商业模式创新是各要素之间的系统变化。技术创业企业的商业模式创新会伴随着产品及服务、价值链、价值主张等，从而为顾客和利益相关者带来价值。尽管技术创业企业商业模式创新涉及的创新主体较为单一，但商业模式创新仍是不同组织间相互关系改变下的系统协调现象。顾客需求的满足过程不仅仅涉及一个产品或一种服务，而是一个企业间相互合作的价值网络。此时，商业模式创新就不仅仅局限于企业自身，而是要寻求更为广泛的企业合作。

### (二) 资源整合能力不足

商业模式创新突出强调系统合作。企业通过协调合作，能够整合产业链、区域系统内的不同资源，从而使企业资源利用率大幅度提升。但相对于成熟的在位企业而言，技术创业企业的资源整合能力往往存在不足。一方面，技术创业企业在创业初期的资源禀赋有限，既有资源已经尽力在支撑企业完成主营业务、满足顾客需求，缺少足够的资源和能力同时去整合产业链或价值网络；另一方面，技术创业企业所面对的市场范围较小，若想整合资源，势必需要扩展到其他行业领域的市场内。技术创业企业的"新生弱性"决定其首要任务是解决生存问题，无法顾及范围更广的市场。

### (三) 商业模式创新具有时效性

在传统经济背景下，尽管技术创业企业通过商业模式创新获取相应的竞争优势、占据市场份额，但商业模式创新往往是一个不断尝试、动态演进的过程。有别于动态性高、不确定性强的数字经济环境，传统商业环境下外部市场环境相对较为稳定，企业间的竞争态势尚且平稳、动态变化程度相对较低。技术创业企业间的竞争不单是技术创新、产品及服务等由因而果的过程，也会随着外部环境的变化而呈现不确定趋势。在传统经济环境动态变化的情况下，技术创业企业通过产品、服务及技术创新所带来的优势持续时间会逐渐缩短。此外，技术创业企业所面对的经济市场和消费者需求也会逐渐变换，商业模式创新是一个逐步完善和不断调整的过程。因此，商业模式创新并非一蹴而就的，而是一个随着技术创业企业成长而逐步完善的动态过程。

## 二、数字经济背景下技术创业企业与在位企业商业模式创新的差异

在数字经济背景下，数字技术的迅猛发展改变了技术产品的创新方式、组织形态及价值获取方式。而数字经济环境的复杂多变，在改变企业外部环境的同时也改变了各利益相关者间、各创新主体间的交互方式，使企业的商业模式及创新方式呈现出有别于传统经济环境的新特征。在对数字经济背景下技术创业企业商业模式创新特征进行分析之前，要明晰技术创业企业商业

模式与在位企业商业模式的区别，挖掘技术创业企业商业模式的特征，才能更加清晰地对数字经济背景下技术创业企业商业模式创新的特征进行深入分析。创业企业具有新生弱性，其商业模式创新的关键影响因素与在位企业存在显著差别。创业企业与在位企业的商业模式创新过程中，企业资源与能力、路径依赖与组织惯性存在根本区别。因此，有必要以在位企业作为参照对象，剖析技术创业企业与在位企业商业模式创新的差异。

技术创业企业具有新生弱性，其技术创新能力、核心资源等方面均不及在位企业。相较于市场中的在位企业，商业模式创新对于技术创业企业核心能力提升的促进作用更加明显、更加突出。另一方面，由于新进入市场的技术创业企业会对市场竞争、行业发展等方面产生影响，在位企业往往会运用商业模式创新来提高行业进入门槛，从而劝退、驱赶新进入市场的创业企业，进而改变竞争格局。因此，有必要剖析数字经济背景下技术创业企业与在位企业商业模式创新的差异，为进一步解析技术创业企业商业模式创新的特征提供理论基础。

数字经济的快速发展，使在位企业的商业模式原型逐渐不能适应环境发展，无法为企业创造更多价值，企业可能会通过对商业模式原型的重组、再设计等方式来进行商业模式创新。但对于技术创业企业而言，在进行商业模式创新的过程中，会面临与在位企业不同的问题。

第一，创新商业模式与商业模式原型的冲突方面。对于在位企业而言，数字经济背景下的环境变化程度加剧，想要实现创新突破，就需要调整商业模式。在进行商业模式创新时需要兼顾企业商业模式原型与新商业模式间的冲突与协调，要充分考虑新的商业模式与原有商业模式的兼容问题。吴晓波和赵子溢的研究表明，在位企业在进行商业模式创新时，既要考虑新的商业模式与原有商业模式的冲突，也要考虑新商业模式为企业带来的模式冲突等，而技术创业企业则不需要考虑这些问题。在数字经济背景下，技术创业企业在进行商业模式创新时无须考虑商业模式原型冲突问题，需要考虑的是企业自身资源禀赋及创新能力能否支撑其顺利开展商业模式创新，能否利用商业模式实现价值创造并促进企业成长。

第二，创新惯性与企业家特征方面。在数字经济背景下，当在位企业以原商业模式继续参与市场竞争，面对竞争复杂性、市场动态性等诸多挑战，其商业模式可能会因无法与外部环境相契合而阻碍企业发展。在位企业进行商业模式创新过程中，会受到企业创新路径依赖及认知惰性的影响从而阻碍或促进商业模式创新的进程。在数字经济背景下，技术创业企业在进行商业模式创新时，不仅依赖于企业自身的技术创新能力，也同样取决于创业者的因素。索斯纳（Sosna）等的研究发现，创业企业开展商业模式创新很大程度上取决于高管团队的特征，如高管先前的工作经验和学历背景等。商业模式创新的设计、实施主要取决于创业者先前的工作经验和教育背景，同时，技术创业企业能否生存和发展取决于创业者实现商业模式创新的能力。

第三，创新风险方面。尽管数字经济环境的动态变化会影响在位企业的商业模式创新，但在位企业可以基于企业自身的发展现状对是否进行商业模式创新进行评估和决策，因此在位企业进行商业模式创新的风险系数会相对较低。然而，技术创业企业由于对外部环境动态变化及制度压力的应对能力不足，其商业模式创新的风险系数则会相对较高。数字经济环境的高动态性和不确定性，影响技术创业企业的市场竞争地位及存活概率，所以技术创业企业要充分思考商业模式创新的适应性及持续性。

第四，环境动态变化与技术创新方面。数字经济环境的不断变化，会使在位企业的商业模式创新受到技术市场和环境变化的双重约束。随着数字技术的不断进步，在位企业会陷入自身核心能力的陷阱。当盈利模式过于冗杂、无法满足消费者需求时，其商业模式创新能够替代技术创新的优势，改变竞争格局。而对于技术创业企业而言，由于对外部环境动态变化及制度压力的应对能力不足，无法预测数字经济环境中的各种机会，其商业模式创新也具有高风险的特征。技术创业企业的商业模式能够在一定程度上决定企业的生存方式和竞争优势，同时也关系到企业能否创业成功并实现可持续发展。因此，在利用技术创新克服新生弱性的同时，技术创业企业要利用商业模式创新来建立独特的竞争优势。

第五，行业竞争方面。对于在位企业而言，需要不断发现数字经济环境给原有商业模式带来的机会和威胁，从而重新调整商业模式来应对环境和市场的威胁，主要目的是克服行业竞争的负面影响，寻找在位企业新的利润增长点，实现企业可持续发展。数字经济环境下企业边界逐渐模糊，技术创业企业需要对在位企业的商业模式进行评估，一方面考虑能否通过对在位企业商业模式的模仿、学习及适应性调整，来适应企业成长和价值创造的需要；另一方面，要评估在位企业是否会对自己的创新性商业模式进行模仿或抄袭，从而决定商业模式创新策略。此外，技术创业企业同行间的动态竞争也会导致商业模式创新风险，因此，技术创业企业在商业模式自主创新的同时要避免来自同行的竞争模仿。

### 三、数字经济背景下技术创业企业商业模式创新的特征

在数字经济环境下，企业所面临的外部环境具有高不确定性、高竞争性的特点，在给予技术创业企业制度和环境保障的同时，也必然带来新的风险。此外，数字经济背景下的新技术、新产品开发都建立在新的经济环境之上，这些派生出的新数字技术和产品的主要应用之一就是创造新的管理规则、创造新的知识。数字技术的赋能和渗透给予技术创业企业更多的发展机会，也给技术创业企业创新系统带来了革命性变革，企业创新体系的制度规范、理念思路及路径方法均发生了系统性变化。由于数字经济在经济、制度等方面具有特殊性，技术创业企业在商业模式设计、调整及商业模式创新等方面相较于传统商业环境具有不同的特征。传统经济环境与数字经济环境之间的巨大差异，使数字经济背景下技术创业企业商业模式创新具有以下主要特征。

#### （一）以顾客为中心的价值定位更加聚焦

数字经济改变了原有的经济形态和消费模式，顾客选择时不再局限于市场中既定的产品及服务，而是希望能够参与产品及服务的生产设计，从而满足个性化的需求。面对数字经济环境下的激烈竞争，以及同质化产品的推出和同行对营销模式的复制和模仿，技术创业企业想要快速成长就需要因势而变，深入挖掘不同顾客需求、考虑顾客细分。在数字经济背景下，组织模式改变均由需求端和消费端拉动，因此，由数字经济驱动的新商业模式使企业的利益驱动发生变化。技术创业企业会通过大规模的定制化生产及智能化管道业务来提升顾客的参与感和体验感，聚焦满足顾客需求的价值定位和价值主张，从而实现企业的成长和盈利。

### (二) 价值创造的参与者具有多重角色

在数字经济背景下，技术创业企业的价值创造逐渐向价值共创的逻辑转变，使价值创造的参与者都具有双重身份。技术创业企业商业模式创新通过数字技术创新来释放不同领域市场的活力。数字经济作为推动我国经济高质量发展的重要力量，正在改变企业组织结构和价值获取的方式。数字经济环境下企业获取信息能力逐渐增强，数字信息技术借助商业模式创新和价值网络中各成员的互动关系，为技术创业企业获取资源提供市场机会。企业利用获取的资源识别新的机会，促进自身价值创造的实现，推动企业成长。企业价值网络中的其他成员作为价值共创的参与者，也为技术创业企业重新塑造了相匹配的价值主张，企业同时也赋予了创业者进行创造价值的新方式。

### (三) 商业模式的变革创新更为频繁和迅速

数字经济的快速变化正逐渐改变顾客的消费习惯，传统的组织模式已经不能适应当前的市场变化。在数字经济背景下，数字技术的广泛应用不仅日益模糊了企业间的组织边界，同时也加速了创新产品及服务的开发及应用。一方面，技术创业企业所开发的创新产品和服务生命周期变短，能够为企业带来优势的时间也逐渐缩短；另一方面，外部市场、顾客及利益相关者的需求更加多变。技术创业企业的商业模式创新虽然可以为企业带来短暂的竞争优势，但无法长期满足数字经济环境变化的要求。因此，数字经济环境下技术创业企业商业模式需要不断随外部环境变化而变化，这是一个不断尝试和动态变化的过程，速度相较于传统经济环境会更快。

### (四) 对资源配置有效性的要求进一步提高

根据资源基础观，拥有充足的资源是商业模式创新的关键要素之一。研究发现，数字经济时代商业模式创新是最耗费资源的活动之一。在数字经济背景下，技术创业企业新产品的开发和创新活动的开展更多地基于资源配置方式和新的技术范式，技术创业企业通过资源重构、整合和再架构的过程来实现商业模式创新。然而，资源本身并不能确保技术创业企业商业模式创新成功，企业除了需要获取关键资源，还需要有效配置和编排资源。尤其是数字经济新形势下，作为生产资料的数字技术资源的独立性进一步提高，技术创业企业通过对数字技术资源的收集、加工和分析，会对既有组织模式产生冲击并对其进行重构。在数字经济背景下，技术创业企业开展商业模式创新需要的知识和资源会呈现出碎片化分布特点，企业需要通过对资源的有效编排来关联和整合碎片化的知识和资源来创造企业价值，从而为商业模式创新的顺利开展提供有效支撑。

### （五）跨界融合成为商业模式创新的常态

在数字经济背景下，数字技术的广泛应用提高了技术创业企业研发活动的效率，在一定程度上缩短了价值创造的周期。大数据、云计算、物联网等数字技术的广泛应用使技术创业企业的经营边界逐渐模糊。而互联网的虚拟性、高附加值等特征在提高产业关联性的同时，也促进了数字要素在不同企业与经营实体间流动，成为企业间跨界融合的基础条件。在传统经济环境下，技术创业企业的关键活动主要涉及营销模式、采购模式和管理流程等，这些活动都与企业资源禀赋相辅相成进而促进价值创造。根据资源基础，当企业的核心资源变为数据或流量，数据资源和数字技术就能够决定企业经营边界。因此，在数字经济背景下，技术创业企业为降低企业生产经营成本和交易成本，实现资源规模经济，会在开展商业模式创新时更加致力于企业经营业务的跨界融合。

## 四、数字经济背景下技术创业企业商业模式的自主创新与模仿创新

在数字经济背景下，我国大多数技术创业企业仍存在资源禀赋不够充足、缺乏技术创新能力、自主创新能力弱等问题，同时，具备商业技能的创业者仍相对较少，这些都是影响技术创业企业开展创新活动、提升价值创造潜力的"瓶颈"问题。技术创业意味着对新技术机会的识别、利用和开发，关键在于如何将新产品、新技术进行商业转化，从而推向市场，提升企业的经济效益，而商业模式创新是技术创业企业成功以及实现商业价值的关键。企业的盈利模式容易被观察和理解，使商业模式成为一种可以被观察到、可被模仿的企业属性。许多行业的新进入者通过创新的商业模式能够为企业可持续发展提供基础。资源基础观认为，企业资源向企业绩效的转化决定资源

如何部署和配置。商业模式创新侧重于对企业内部资源的有效编排以及对外部环境的适应，进而通过不同的商业模式要素组合创新形成核心竞争力，促进企业快速成长和发展。一部分技术创业企业往往会希望通过自主创新的方式重组或设计新的商业模式，建立企业独一无二的竞争优势。另一部分企业可能会受既有资源和能力的限制，为了节约商业模式创新成本而进行商业模式模仿创新。

基于上述分析，数字经济环境的客观要求与技术创业企业的先天属性共同决定，商业模式自主创新与商业模式模仿创新均可成为数字经济背景下技术创业企业商业模式创新的现实选择。本书基于商业模式创新策略视角，系统剖析探索在数字经济背景下技术创业企业商业模式创新的各关键影响因素及其对商业模式自主创新或商业模式模仿创新的作用机制，具有重要的理论意义和实际意义。

具体而言，在数字经济背景下，技术创业企业的商业模式自主创新作用于交易制度真空，通过对数字经济制度环境及行业市场环境的前瞻性预见，以全新的价值创造方式构建市场新的交易规则和结构，从而成为市场的开拓者。其表现如下：①数字经济持续释放的新动能增加了市场中的创新机会。技术创业企业能够主动地预见数字经济环境中的市场变化，通过非常规的方式挖掘和创造创新机会、拓展市场。目的在于进入一个全新的交易领域，抢先占据市场份额，从而快速建立竞争优势，实现企业生存发展。②数字经济环境的开放性和互动性激发了更多的企业获利方式。技术创业企业希望打破传统的经营方式而引入全新的盈利模式，并以全新的交易方式开拓了企业的收入管道和来源。③技术创业企业创造性地挖掘和探寻数字经济环境中的先进数字技术、异质性资源等，以期能够获取创新所需的资源和能力，从而实现企业快速成长。④技术创业企业更倾向开发风险高、回报大的创新产品及服务，并希望通过对新创产品的开发而获取更高收益。

技术创业企业商业模式模仿创新表现为：①技术创业企业被动感知数字经济环境存在的机遇和挑战变化，更加关注市场中主要竞争对手的盈利模式调整，而不是主动开创全新的盈利模式；②技术创业企业更倾向于稳中求进，紧跟行业领先者的商业模式创新而做出适应调整，希望拥有较为固定的收入来源以实现企业生存；③技术创业企业无法准确掌握数字经济行业市场的动态变化，往往通过对在位企业占有市场的战略、行为及盈利方式进行有效的观察和分析之后，再进行相应的盈利模式设计或模仿；④技术创业企业认为企业自身就存在资源、能力及创新经验不足等缺陷，因此在进入市场后更多的是挑战既有在位企业的市场地位，而不是作为创新开拓者去占据市场份额。

综上所述，综合佐特（Zott）和阿尔尼特（Arnit）新颖型商业模式创新、奥西耶斯基（Osiyevskyy）和德瓦尔德（Dewald）探索式商业模式变革以及罗兴武等开拓性商业模式创新的研究思想，本书认为商业模式自主创新是"在企业既有资源和能力范围内，以非常规的方式挖掘市场机会、拓展市场，并通过主动寻找或开发全新盈利模式和价值创造方式以获取全新创意、促进企业成长的动态过程"。综合佐特和阿尔尼特效率型商业模式创新、奥西耶斯基和德瓦尔德利用式商业模式变革的观点，可以认为商业模式模仿创新是"通过对同行或竞争对手盈利模式及价值创造方式的观察和分析，学习、借鉴或复制现有的交易结构和规则而构建商业模式的动态过程"。

## 第四节　数字经济背景下技术创业企业商业模式创新的策略选择分析

### 一、基于演化博弈理论的技术创业企业商业模式创新策略分析

#### （一）演化博弈理论的适用性分析

演化博弈理论主要研究的是群体随着时间演进的动态过程，解释这一群体是如何演化至当前状态并且达到此状态的。影响这种群体演化行为的因素会呈现出一定的演化规律性，同时也具有随机性和扰动、突变的特征。演化博弈理论分析的不是博弈主体间的最优策略选择，而是博弈主体博弈策略的调整及演进过程，以及如何达到最终的稳定状态。演化博弈理论在最优策略的研究中，主要是探究在不同约束条件下的有限理性博弈参与者，各参与者总结和思考自身的每一次博弈之后再进行下次博弈，最终达到博弈均衡状态。整个博弈过程是博弈主体结合自身的收益而做出最优决策的动态演化

过程。演化博弈的参与主体一般由群体组成，群体会影响博弈主体的行为决策。在演化博弈的过程中，博弈参与者通常是经过多次重复动态的博弈，而存在竞争关系或实力差距的博弈主体会不断对对方的行为进行揣测，从而学习、模仿或从失败中吸取经验，并最终使博弈主体达到最大收益、最优决策的稳定状态。通常博弈参与者倾向于收益高、成本低的策略，并通过不断的博弈和演化使博弈双方的最优策略趋于稳定。这个过程即是"演化稳定"。

近年来，随着数字经济的迅猛发展，技术创业企业所面临的外部竞争环境越来越复杂多变。技术创业企业作为以新技术、新产品为核心属性的新生企业，难以应对外部环境的动态变化及数字信息技术的更新换代，更难以依靠原有的商业模式来推动企业成长和发展。因此，为应对数字经济环境的挑战，技术创业企业必须综合考虑自身条件和外部因素选择合适的商业模式创新策略。企业商业模式创新策略选择必然受到其他企业的影响，因此，技术创业企业在商业模式创新策略选择的全过程中，必须要考虑对方企业的商业模式创新策略，进而判断是采取商业模式自主创新策略还是采取能学习对方企业成功经验的商业模式模仿创新策略。

此外，在商业模式创新策略选择过程中，技术创业企业的参与主体作为有限理性的决策者，无论实力较强的企业对于自身核心技术、信息和资源的保护，还是实力较弱的企业想要建立竞争优势实现快速发展，都难免会为了规避不确定的风险而选择保守的商业模式创新策略，从而会在规避风险和快速成长中进行权衡。此外，政府给予创业企业的扶持、对自主创新的补贴、对数字技术开发的保护等，也会影响技术创业企业对商业模式创新策略的抉择。所以，存在实力差距的技术创业企业在数字经济背景下，基于有限理性而进行动态演化博弈，通过对不同商业模式创新策略的选择而推动商业模式创新行为的演进。

综上所述，传统的静态博弈方法是在完全理性、有限参与者的假设下进行的，并不能解决数字经济背景下有限理性的技术创业企业群体商业模式创新策略的选择问题。因此，本章运用演化博弈理论的思想和方法，开展技术创业企业商业模式创新策略的研究，从有限理性的角度剖析技术创业企业商业模式创新策略的选择问题，更符合复杂多变的数字经济背景下技术创业企业的行为特征，即技术创业企业对于某一商业模式创新策略的选择会随着企业的不断发展和实践逐渐修正、调整和改进。

### (二) 技术创业企业商业模式创新策略的演化博弈分析

技术创业企业商业模式创新是企业内、外影响因素综合作用的一个动态过程。技术创业企业在商业模式创新过程中，面对数字经济环境的复杂性、多维性和动荡性，自身组织结构的调整及政府等相关机构的政策手段使商业模式创新系统存在一种动态变化的形式。正是这种动态变化使技术创业企业在不同商业模式创新策略的选择博弈中处于不断变化和动态演进的过程中。

在数字经济环境下，丰富的数据资源和大量的信息充斥其中。存在实力差距的技术创业企业之间在进行新技术研发、新产品及服务探索时，会涉及知识和信息的交叉融合、利润模式和成本结构的类比、价值主张和价值创造的相互借鉴等。其中，实力较强的技术创业企业会拥有相对丰富的资源和能力，会更希望通过原始性的创新来改变竞争格局、提升竞争优势。而实力较弱的技术创业企业由于先天性的资源短缺，会希望通过商业模式创新来建立竞争优势，使相对有限的资源和能力发挥最大效用。因此，技术创业企业基于自身资源禀赋和技术创新能力，考虑进行商业模式创新所付出的资源成本、财务成本和技术成本等，就需要对不同的商业模式创新策略进行权衡。这种情形往往借助"智猪博弈"模型进行分析，该模型认为实力较弱的企业不要率先行动，可以通过借鉴、学习和模仿实力较强企业的策略才是其最优选择。

商业模式创新的过程中，不同技术创业企业间的知识资源储备、技术能力和基础、组织结构及创业者认知等都存在很大差异。这些都影响技术创业企业对于不同商业模式创新策略的选择。而企业外部数字经济环境中，政府政策鼓励和支持、制度压力及环境动态竞争所带来的约束和风险，也是影响商业模式创新决策的主要原因。商业模式创新的过程中会涉及多次博弈，由于投资源禀赋、数字技术创新能力等方面的差异，技术创业企业对商业模式创新策略的选择博弈会经历一个学习和模仿的过程，且随着时间的演进而不断改变，在商业模式自主创新和商业模式模仿创新中进行选择。在商业模式创新策略的演化博弈过程中，会涉及企业内、外不同因素的影响。可以结合前两章的分析结论深入剖析技术创业企业资源禀赋、技术创新能力及企业外部数字经济环境中更为具体的变量，结合这些变量构建相应的支付收益矩阵。最终博弈双方会在无数次的不同商业模式创新策略博弈过程中达到稳定状态，从而实现企业的利益最大化和策略最优。

## 二、问题描述与基本假设

### (一) 问题描述

在数字经济背景下，技术创业企业具有一定的数字技术和产业化潜能，通过商业模式创新能够获取竞争优势和实现收益增长。部分技术创业企业具备相关的数字创新技术及创新资源，但可能缺乏商业模式创新的能力；也有部分技术创业企业既具备数字技术创新能力及相关资源，也具有商业模式自主创新能力。但数字经济背景下的技术创业企业，在面对数字经济环境变化及市场竞争压力时，通过商业模式创新所产生的价值会受到模仿企业的技术、能力等相关资源的影响。此外，商业模式创新通常不受相关政策法规的保护，不具有专利性质，比较容易被模仿，而且模仿者并不需要付出过多的成本。因此，对于技术创业企业而言，想要在数字经济环境中立足市场、建立竞争优势就需要进行正确的商业模式创新决策，并结合自身的资源禀赋和数字技术创新能力来决策是进行商业模式自主创新还是商业模式模仿创新。

在数字经济背景下，技术创业企业商业模式创新的决策过程是一个多周期博弈过程。存在实力差异的两个技术创业企业群体的策略集均为商业模式模仿创新，技术创业企业均具有有限理性，同时具有模仿和学习的能力，能够结合企业的不同发展阶段进行商业模式创新策略调整。基于企业内部视角，技术创业企业在利用资源禀赋和相应的创新能力进行商业模式创新时，会产生相应的成本。对于处于成长初期的技术创业企业而言，进行商业模式自主创新的风险系数相对较高。此外，技术创业企业的企业家社会资源也会影响商业模式创新策略的选择：一方面，由于企业家自身具备的知识和经验能够影响企业的决策方向；另一方面，企业家对于企业自身及外部环境的认知同样也会影响企业商业模式创新策略的选择。基于企业外部视角，来自政府层面的制度因素，通过对技术创业企业的政策引导和补贴来影响商业模式创新决策；而数字经济环境变化所带来的技术变革和市场变化，也会为技术创业企业开展不同的商业模式创新带来相应风险。

### (二) 基本假设

（1）技术创业企业在选择不同商业模式创新策略时具有不确定性和有限理性，不同策略的选择是随着时间变化而不断演进的动态博弈过程。数字经济背景下，由于不同技术创业企业间存在数字技术创新能力、技术开发水平等方面的差异，导致其在商业模式创新策略抉择时会有不同的选择。本书假设博弈方分别是技术创业企业群体 A 和 B，A 代表实力较强的企业群，B 代表实力较弱的企业群。

（2）在数字经济背景下，技术创业企业在进行商业模式创新时都有两种选择："商业模式自主创新"和"商业模式模仿创新"。技术创业企业在成长初期，由于资源禀赋、技术能力以及管理水平的限制，会考虑学习、模仿其他企业成功的商业模式来进入市场，选择"商业模式模仿创新"；也可能想要确立自身的竞争优势，优先获取进入市场之初的潜在利益，尽快将认知和技术资源化，从而选择"商业模式自主创新"。

（3）基于企业资源禀赋视角，技术创业企业进行商业模式自主创新和模仿创新都需要以企业资源禀赋为基础，均会支出相应的成本。进行商业模式自主创新和模仿创新所付出的资源成本、财务成本及人力成本等统称为商业模式创新成本。此外，尽管商业模式模仿创新是复制其他企业的创业流程及价值创造方式等，但仍会产生一定的边际成本。

（4）此外，技术创业企业的企业家社会资源也会影响不同商业模式创新策略的选择。技术创业企业创业者自身特征包括创业者先前经验、异质性知识等，创业者通过认知图式、行业经验及知识资源等智力资本影响企业的价值创造方式及决策方向，从而为企业带来不同的收益。

（5）基于企业数字技术创新能力的视角。商业模式创新赋予技术创业企业新的竞争优势，为企业带来相应的收益。在数字经济背景下，数字技术创新作为技术创新企业进行新产品、新技术开发的主要手段，为企业带来一定收益。商业模式创新是技术创业企业数字技术及知识资本化、商业化的重要手段，能够将企业的数字技术创新、数字产品创新转化为相应的利润来源。

不同的商业模式创新策略能够影响技术商业化的相应收益。

（6）基于外部数字经济环境的视角。在数字经济背景下，政府更加鼓励技术创业企业开展相应的创新创业活动，给予相应的支持和补贴。政府通过对自主创新活动的支持促进企业开展商业模式自主创新，这里假设不同技术创业企业同时进行商业模式自主创新时，政府会给予双方一定的创新补贴。

（7）当 A、B 两方企业选择商业模式自主创新时，企业间会存在一定的竞争关系，而这种竞争关系直接影响了企业所在市场的竞争程度，通过这种竞争能营造良好的自主创新氛围，为企业带来一定的溢出收益。技术创业企业商业模式自主创新带来的知识和创新模式借助数字经济环境的开放性和强互动性扩散到其他技术创业企业，从而使其可能获得相应的溢出收益。此外，对于技术创业企业而言，由创业者和技术创新所带来的收益会高于来自政府的补贴及企业获得的溢出收益。

### 三、不同策略选择的结果分析

基于演化博弈理论，从存在实力差异的技术创业企业行为视角分析，在数字经济背景下，技术创业企业商业模式创新演化过程中各博弈主体的博弈关系及稳定均衡策略，在博弈分析的基础上对博弈主体的群体策略进行数值仿真。本书分别从技术创业企业资源禀赋、数字技术创新能力及外部数字经济环境的视角，挖掘其内在的关键作用因素，分析不同参数变化所导致的博弈主体商业模式创新策略选择的不同，从而深入分析数字经济背景下，技术创业企业不同商业模式创新策略选择的演化机理。

#### （一）资源禀赋视角下技术创业企业商业模式创新策略选择的结果分析

资源禀赋是影响技术创业企业是否进行商业模式创新的主要因素之一。对于技术创业企业而言，在创业初期需要投入相应的财务资源、技术资源及人力资本。这部分成本包括基础设施投入、人力资源投入、企业运营投入等。商业模式创新作为技术创业企业技术商业化的重要手段，是企业打破行业壁垒、推动自身成长的关键因素。特别是当企业面临数字经济的高动态性和不确定性时，商业模式创新也是获取并保持竞争优势的重要途径。商业模式创新作为技术创业企业的系统性变革，有别于一般的创新活动，所进行的创新投入也会比其他创新项目更为复杂。

技术创业企业无论是进行商业模式自主创新还是进行商业模式模仿创新，都会投入相应的成本，这部分成本包括市场调研成本、实施商业模式的管道成本、创新设计投入等。需要投入的成本越多，越会影响创新的积极性。当商业模式自主创新的成本投入大于模仿创新时，企业自然会选择占用成本份额小的模仿创新，即企业通常会选择商业模式创新投入相对较少的策略。面临数字经济环境的不断变化，技术创业企业的不断成长使企业各方面的成本都在逐步增加。企业在面临数字经济环境的高度竞争态势时，对于商业模式自主创新的投入可能会相对减少，此时需要在技术创新和商业模式创新之间进行权衡，是更加倾向于通过技术创新还是商业模式创新来推动企业成长，提升企业绩效、建立竞争优势。

当创业者进行商业模式自主创新的倾向程度较高时，会通过商业模式自主创新来提升企业收益，促进企业成长。此时，创业者会更加聚焦于商业模式自主创新来为企业获取竞争优势。在数字经济环境下，商业模式自主创新也会以打破常规创新的方式为企业挖掘新的市场机会、确立品牌认知地位等。当倾向程度较低时，创业者会更加希望通过优化技术创新流程、提升产品技术水平而为企业占据行业中心地位，进而推动企业成长。此时的商业模式自主创新对于创业者而言，并非当前企业发展战略规划中的关键战略，他们会更倾向于进行商业模式模仿创新。

企业家社会资源通过商业模式创新为技术创业企业带来的收益，会受到创业者对不同商业模式创新倾向程度的影响，从而影响企业的商业模式创新策略选择。当创业者进行商业模式自主创新的倾向程度较低时，随着商业模式创新策略带来的收益增加，技术创业企业会选择商业模式模仿创新。企业通过商业模式创新来巩固价值网络、迎合外部环境变化，促进企业成长。尽管创业者不想投入过多的成本和精力进行商业模式自主创新，但也会通过商业模式模仿创新来提升企业收益。当这种倾向程度较高时，随着商业模式创新策略所带来的收益增加，技术创业企业会选择商业模式自主创新。此时，技术创业企业的创业者已经意识到企业想要健康快速地发展就需要不断地开发或改进商业模式，会把商业模式创新放在企业发展战略的首位，会通过更新创新技术、提升创新能力等进行商业模式自主创新。

### （二）数字技术创新能力视角下技术创业企业商业模式创新策略选择的结果分析

数字技术创新能力是技术创业企业基于资源禀赋而进行商业模式创新的重要途径。当商业模式自主创新对企业技术商业化的影响程度较高时，技术创业企业更加希望通过商业模式自主创新来提升绩效，此时企业会更加注重商业模式自主创新带来的价值。而当这种影响程度较低时，技术创业企业会通过复制、复刻、模仿行业内、外较为成功的商业模式创新来节约投入成本。此时企业会更关注技术创新，也会将更多的资源、成本投入到技术创新中。

此外，企业通过数字技术产品开发及创新所获取的收益，会因为商业模式自主创新对企业技术商业化的影响程度不同而有所区别，从而影响企业对不同商业模式创新策略的选择。当商业模式自主创新对企业技术商业化影响程度较低时，数字技术产品开发及创新为技术创业企业所带来的收益越高，企业进行商业模式模仿创新的意愿越强烈。主要是由于技术创业企业认为，商业模式自主创新为企业带来的收益低于企业通过产品及技术创新所获取的收益，只有获取领先的数字技术创新优势才能更快地锁定目标市场，进而满足消费者的不同需求。当这种影响程度较高时，数字技术产品开发及创新为技术创业企业所带来的收益越高，企业更倾向于进行商业模式自主创新。此时企业已经通过技术创新获得了一定的收益，提高自身市场地位的同时更希望拓宽价值管道，打破常规价值获取方式，开拓更为新颖的盈利模式和收入来源。

### （三）外部数字经济环境视角下技术创业企业商业模式创新策略选择的结果分析

数字经济的发展使技术创业企业更加依赖于政府相关政策和制度。技术创业企业是我国创新发展战略的重要载体，政府会更加鼓励技术创业企业进行自主创新，这种自主创新既包括技术创新也包括商业模式创新。随着国家和地方政府创新创业相关政策体系的不断完善，通过整合平台资源，向技术创业企业开放数据信息、提供创新资源等支撑自主创新。我国创新创业生态系统不断完善和优化，为技术创业企业营造了良好的数字创新环境。随着政府创新补贴的增加，技术创业企业会为了获取这种政策红利而开展商业模式自主创新。这种创新补贴是政府对于技术创业企业进行自主创新的一种鼓励。

数字经济时代，在新的技术方式推动社会广泛变革的同时，也会由于数字经济环境的复杂多变而引发环境变化。商业模式自主创新本来就存在一定风险，加之外部环境的不确定性，使风险系数增加，给企业带来损失。当数字经济环境变化给企业商业模式自主创新带来的风险损失增加时，技术创业企业会选择商业模式模仿创新而规避风险，希望通过模仿行业内或行业外成功的商业模式来创造价值。当这种风险相对较低时，技术创业企业会在不同风险间进行权衡。技术创业企业在成长过程中本身就存在各种各样的风险，但相较于商业模式自主创新为企业带来的成长及收益，创业者会希望通过商业模式自主创新来获取更大的竞争优势，此时会忽略数字经济环境变化给企业带来的风险损失。

如果技术创业企业在进行商业模式自主创新时，为同行企业带来的溢出收益降低，企业会选择进行商业模式自主创新；而当这种溢出收益提高时，企业会更倾向于进行商业模式模仿创新。企业进行商业模式自主创新为自身带来收益的同时，也影响其他同行业企业的相应收益和附加价值，从而影响技术创业企业商业模式创新策略的选择。技术创业企业在进行商业模式自主创新时，不仅要考虑通过这种商业模式创新策略为企业带来的价值和优势，也要考虑其他同行企业是否会受到这种商业模式创新策略的影响。商业模式由于无知识产权保护、无相关制度约束等特征而易于模仿，特别是在数字经济背景下，企业间的技术信息和知识的交流会更加透明，这就使同行竞争者会利用这种溢出收益而不付出自主创新的成本，即进行商业模式模仿创新。

# 第五节　数字经济背景下技术创业企业商业模式创新的对策

## 一、技术创业企业资源层面促进商业模式创新的对策

### (一) 完善技术创业企业资金分配机制

1.激活财务资源要素，合理配置企业自有资金

在技术创业企业创立初期，资金资源十分有限，因此，技术创业企业在开展商业模式创新活动时，就需要结合自身及成长目标谨慎分配资金。一方面，要合理确定企业资金结构，充分利用企业可直接调用的资金资源，有效拓展间接资金，充分激发企业既有资金的活力，为企业进行商业模式创新活动提供资金基础；另一方面，面对复杂多变的数字经济环境，技术创业企业要审时度势，转变思维，通过资金结构的调整和配置重构企业资金交易方式，集中利用企业自有资金调整或开发新的盈利模式和价值获取方式，从而获取市场竞争地位，推动企业成长。

2.提高技术创业企业可支配资金的运作能力

在数字经济背景下，技术创业企业无论是进行商业模式自主创新还是商业模式模仿创新，都是以企业健康成长、获取利润、提升价值为目标的。提高技术创业企业可支配资金的运作能力，能够有效增加技术创业企业商业模式创新的资金实力。

一方面，技术创业企业要充分考虑企业可支配资金能否支撑其开展不同的商业模式创新，在保障企业正常运营的情况下合理调配可支配资金，将其投入到商业模式的重新设计、改进或模仿等方面，从而推动企业商业模式创新的进程；另一方面，技术创业企业应充实企业创新实力，充分利用企业可支配的资金进行数字技术创新等创新活动的相关技术、人才及设备的引进，为商业模式自主创新和商业模式模仿创新提供充足的资金支持，进而提升技术创业企业数字技术创新产出。数字技术创新成果的转化又会形成企业创新生产力，为企业获取新的利润和收益，推动自身成长和发展，实现良性循环。

3. 开拓资金管道，引入数字化融资体系

首先，引导政府投资基金及财政帮扶倾向于技术创业企业，充分发挥各省、市数字技术创新专项资源的引导作用，为技术创业企业设立专项投资基金以鼓励其不断开展创新活动。其次，鼓励技术创业企业与不同主体运用市场机制开展合作，充分激发各类投资动力。进一步加强不同财务资金的整合和共享，提高企业资本要素的配置效率，推动技术创业企业创新活动的实施。最后，引进数字化融资体系。积极引导企业采用专项债、企业债券等财政和金融工具，促进企业数字技术创新活动的开展，健全数字化融资体系，拓宽技术创业企业资金管道，为企业开展不同的商业模式创新提供资金支持。在数字经济时代，企业无论是进行商业模式自主创新，还是商业模式模仿创新，都可以积极地通过数字技术来引进数字化融资管道，健全数字化融资体系，拓展技术创业企业融资管道，实现企业商业模式创新。

4. 加强存量财务资源管理并拓展供给

一方面，技术创业企业要充分利用既有财务资源，并对已经开展的创新活动进行分类管理并合理配置资金。同时，要以科学合理的预算制度，对企业所开展的商业模式创新活动进行计划内的合理预算，尽量减少财务资源对企业各类经营活动、创新活动的压力。此外，要对不同的经营活动进行定期财务预算管理，以避免企业财务资源的浪费。另一方面，技术创业企业应建立多元化、多管道的融资渠道以增加企业资金存量。尽管银行贷款需要企业进行担保或抵押，但是，银行资金安全系数高，且贷款额度大、速度快，因此，银行贷款是技术创业企业在初期开展各类创新活动的主要资金来源。然而，随着企业的不断成长及发展，企业可以利用信托公司或其他金融机构来使民间资本流入企业，从而能够进一步挖掘外源融资系统，促进企业资金流通，使企业内外融资体系平衡。

**（二）有效配置技术创业企业技术资源**

1. 充分利用技术创业企业的技术资源

面对数字经济环境及外部市场环境的动态变化，技术创业企业的资源基础是企业应对环境变化的缓冲器。技术创业企业要在有限的技术资源基础上进行充分利用和分配，最大化地发挥既有资本的效能，避免资源冗余给企业带来的成本压力。首先，要加强技术资源的配置能力，将企业内各类实体资源与技术资源、知识资源、生产型资源及工具型资源等进行有效配置，增加企业自身的资源储备，为商业模式创新活动配置相应的关键资源。其次，平衡不同技术资源的利用方式。技术创业企业的管理者要协调不同研发部门间的关系，以及企业与利益相关者的竞合关系。通过运营流程再造、组织架构调整等方式协调不同技术资源的运用链条，保障"物尽其用"，实现不同环节内各类资源的高效配合，促进商业模式创新。最后，结合技术创业企业战略规划，以促进企业快速成长为重要目标，以实现商业模式有效创新为主要目的。对技术创业企业既有资源进行整合和分类，将利用企业数字技术创新、商业模式创新的资源进行绑定和匹配，形成能够提升企业竞争力的重要资源。

2. 强化研发体系的管理和建设

对于技术创业企业而言，新技术的研发、技术创新及新产品开发都是企业在既有资源基础上促进企业成长的纽带，进一步促进技术创业企业商业模式创新。因此，技术创业企业应加强研发体系的管理和建设，提升新技术研发能力和基础条件。一方面，由于企业技术资源的生成路径阻碍，导致技术创新的资本转化受到限制，从而影响商业模式创新。因此，技术创业企业需要通过动态盘存有利于新技术研发的技术资源、厘清技术产权关系等方式疏通技术研发的资源管道。另一方面，不断增加技术创业企业的技术资源。技术资源的形成涉及专利成果、产权明确及交易完成三方面。技术创业企业可以通过加大激励研发人员力度、鼓励自主研发等方式来提高技术创新效率，从而加速数字技术创新成果转化，促进商业模式创新。同时，技术创业企业应不断调整技术结构，提高技术创新资源的利用效率及应用比例，提升数字技术创新质量从而增加企业技术资源，进而能够为商业模式自主创新或商业模式模仿创新提供相应的条件。

3. 协调技术资源的占比

管理大量的技术资源可能耗用企业较多的人力和成本，容易导致资源冗余。对于以技术创新为主的技术创业企业而言，尽可能多地促进技术生产和资本转化，是实现企业快速成长的关键。因此，合理控制技术资源比例，协调不同资源间的关系和作用，能够最大限度地发挥技术创业企业资源禀赋的作用，进而促进商业模式创新。一方面，在数字经济背景下，技术创业企业可以通过智能化手段进行技术资源管理。可以利用数字化技术进行流程再造，通过物联网技术感知不同制造设备的运行状态，通过融入数字创新技术降低传统技术创新设备比例，降低企业设备成本和管理成本，进一步投入更多的资金进行商业模式的设计和改造。另一方面，可以依托技术创业企业所开发的数字创新技术，允许研发团队和研发人员享有一部分技术知识产权，从而降低技术资源的地位，充分调动团队研发的积极性和工作动力。同时，运用技术信托、技术抵押、技术交叉许可等新兴技术运营方式，从不同方面提升企业技术资源的运作效率，将数字技术创新与数字经济发展相匹配，促进商业模式创新。

4. 提高企业技术创新效率

技术创业企业在实现企业发展，进行商业模式创新时会投入相应的技术资源要素。企业要严格把控技术资源在生产经营各环节中的价值作用，特别是技术创新产品及服务的产出过程。技术创业企业的技术创新效率能够直接决定企业进行商业模式创新及获取竞争优势的速率。一方面，技术创业企业在数字技术创新过程中要提高体系内各系统内部管理效率。加强对数字技术和产品创新各环节的内部管理，严格把控技术创新过程中的技术资源投入及使用，合理管理和配置不同技术资源使其发挥最大效用，进一步提升数字技术和产品的创新效率。另一方面，技术创业企业要充分利用外部科研机构，通过深度学习外部数字技术和产品创新经验，加深与不同外部科研机构的交流与合作，进一步从外部数字技术创新平台挖掘利于企业开展技术创新和商业模式创新的各类异质性技术资源。此外，技术创业企业要对外部资源的获取和利用有效把握，确保外部创新效率的提升，从而实现技术资源转化价值最大化。

### (三) 合理利用企业家社会资源

1. 优化企业家社会结构维度

各关键影响因素对商业模式创新作用关系的实证研究结果表明：技术创业企业的企业家社会资源能够正向影响商业模式自主创新，负向影响商业模式模仿创新。可见，技术创业企业的企业家要不断优化社会结构，扩大社会关系网络，通过多种管道为企业获取商业模式创新的各类资源，从而推动企业进行商业模式自主创新。

从企业家视角而言，其在社会中所获取的各类资源能够有效提升技术创业企业的创新能力，从而促进企业开展技术创新、商业模式创新等。因此，一方面，企业家要积极地与不同行业、不同领域的同行建立沟通管道和合作关系，提高企业合作伙伴的异质性，获取更为丰富的异质性资源，增加社会资源积累，为商业模式自主创新提供资源保障；另一方面，企业家要不断提高技术创业企业所在价值网络的核心位置，提高企业自身的行业影响力和竞争地位，使多样化的信息资源能够为企业所用，确保企业商业模式创新的顺利进行。

2. 提升企业家社会关系网络的中心位置

首先，企业家需要识别所处的网络位置为技术创业企业成长带来的优势，并加强其与科研机构、高校、其他商业伙伴及政府组织间的联结，尽可能地培育和维护社会关系网络、丰富企业家社会关系，从而为商业模式创新带来各类有价值的资源。其次，企业家要尽可能地建立与社会网络关系成员的信任，尽可能地降低与其他企业沟通合作的难度，降低企业交易成本，进一步提升技术创业企业学习吸收能力、资源整合能力及创新能力等，促进不同形式商业模式创新活动的开展。最后，不断丰富企业家的专业技能和管理经验。建立科研院所、高校到技术创业企业的人才流动机制，增加科研合作和人才交流。建立创新型人才发展平台，注重企业家管理培训和在职深造，进一步提高技术创业企业整体的创新素质。

3. 摆脱企业家认知惰性，克服路径依赖

根据各影响因素作用路径的仿真结果可以发现，企业家的认知惰性会直接影响企业整体的组织惯性，从而影响企业开展商业模式创新的意愿。可见，摆脱并克服企业家认知惰性，对于技术创业企业能否顺利进行商业模式创新至关重要。一方面，要摆脱对先前经验的依赖。企业家应审视其先前行业及工作经验，不受限于既有经验的束缚，跳出惯性思维的陷阱，积极探索和寻找有利于技术创业企业开展商业模式创新的关键资源，尽可能选择适合企业成长并与需求相匹配的商业模式创新。另一方面，技术创业企业的管理者可能会更加关注数字技术创新为企业带来的收益而忽略商业模式创新的重要性，而数字技术产品离不开商业模式的价值转化。因此，企业家应摆脱其认知惰性，平衡数字技术创新与商业模式创新，尽可能地避免"工程师"思维。

4.充分利用创业者先前经验

根据各影响因素作用路径的研究结果发现，创业者的先前经验能够影响企业动态能力，从而增加企业的数字技术创新积累，进一步为商业模式自主创新提供技术资源。因此，技术创业企业要充分利用企业家既有的先前经验，善于使企业家利用其熟悉的管道和方式获取相应的创新资源。同时，要鼓励企业家尝试不同的战略和价值获取方式，有效规避行业经验带来的不利影响。此外，还要尽力协助企业家进一步提升自身的价值观和认知能力，从而影响资源异质性、创新合作对象和创新合作范围，增强企业认知、预测数字经济市场变化的能力，从而使技术创业企业能够选择适合自身成长的商业模式创新路径。

5.着眼于将企业家社会资本进行技术创业企业核心能力转化

本书通过实证研究和仿真研究，已经验证了企业家社会资本对技术创业企业商业模式创新具有重要作用，更对企业成长及发展至关重要。但企业要关注企业家的社会资本效用边界，避免沉溺于发展和积累社会关系而占用企业成本及精力，进一步削弱企业内部员工开展数字技术创新和商业模式创新的积极性。因此，技术创业企业要合理运用企业家社会资本来培育企业的创新能力和营销能力，充分利用企业家社会资本对企业内外有效创新进行整合，充分挖掘企业家的创新资源并致力于技术创业企业核心能力的平衡发展，从而培育企业的数字技术创新能力和营销能力，进一步提升企业核心竞争力。

6.积极引导信息化人才聚集

一方面，加大对数字技术创新人才的引进力度，做好人才推介。首先，技术创业企业由于成长阶段中的资金短缺等问题造成一定的人才流失，需要有效地采取人才培育措施，鼓励高层次信息化人才双向挂职、短期工作或开展相关技术创新合作等柔性人员管理模式。另一方面，推进人才分类改革，完善人才管理机制。企业应不断健全以实效、质量及贡献为导向的人才评价体系，推进靶向引才、专家推荐等机制的建立，探索建立竞争性信息化人才使用机制。

## 二、技术创业企业能力层面促进商业模式创新的对策

数字技术创新能力能够对技术创业企业商业模式创新产生重要影响。数字技术创新能力在资源禀赋对商业模式自主创新和模仿创新的影响中具有中介效应，通过促进数字技术吸收能力、数字技术整合能力和数字技术研发能力，有效地促进不同商业模式创新活动的开展。仿真研究进一步探索了数字技术创新能力对商业模式创新的作用路径。因此，提升数字技术创新能力是技术创业企业有效整合既有资源，提升数字技术吸收能力、整合能力及研发能力的重要方式，也是促进技术创业企业进行商业模式创新的重要途径。

### (一) 提升数字技术吸收能力

1. 提高数字技术的吸收程度和吸收力度

数字技术吸收能力通过提高技术创业企业数字技术存量，来增加企业商业模式创新的能力。因此，对于知识和能力相对有限的技术创业企业，想要实现商业模式自主创新就需要提升数字技术吸收能力。一方面，企业必须意识到获取外部先进的技术和知识是改进自身技术创新能力的关键。进一步提高对于数字技术知识和资源的吸收程度，与外部企业建立多样化的联系，形成健康的竞合关系以促进企业商业模式创新。另一方面，在数字经济背景下，技术创业企业应更加专注数字技术产品的设计、制造和营销环节，提高数字技术资源的使用效率。特别是对电子信息行业和高技术服务业的技术创业企业而言，应在掌握数字技术开发、设计方法的同时，进一步挖掘数字技术产品的技术标准及工艺流程等，提升企业数字技术吸收和利用能力，进一步促进各行业技术创业企业攻克关键数字技术。进一步提升技术创业企业对不同数字技术创新知识、信息和资源的吸收程度，使企业结合自身资源、发展及创新目标选择合适的商业模式创新。

2. 妥善处理先进数字技术引进与创新之间的关系

首先，技术创业企业要始终坚持先进数字技术引进、消化、吸收和创新相结合，建立逐步过渡的核心数字技术路线。改变既往重引进、轻消化吸收

的惯性路线，合理确定先进数字技术与企业自主研发和创新的关系。其次，技术创业企业充分考虑和客观评价自身的数字技术吸收能力，将先进的数字技术融入新技术、新产品的研发中。处于高技术服务业的技术创业企业，由于知识密集度较高，需要处理数字技术创新与其他服务创新间的冲突，进一步将已吸收的数字技术应用于创新产品及服务，从而实现企业价值的提升。最后，技术创业企业要充分利用国内外先进的数字技术资源，基于企业自身的资源禀赋，依托数字技术创新试点示范项目、科技攻关项目、产学研合作机构等，开发具有核心自主知识产权的关键数字技术。针对电子信息业和高技术服务业的技术创业企业，数字技术的应用更为广泛。此类企业想要实现竞争能力提升，就需要比其他行业的企业更好地利用数字技术资源，同时选择更为匹配的商业模式创新方式来进行数字技术的商业性转化，最终提升企业价值。

3. 提升企业识别和应用有效数字技术资源和信息的能力

结合商业模式创新关键影响因素作用路径的研究结论，可以发现，数字技术吸收能力增加了资源存量，从而提升了企业智力资本价值，进一步促进了不同商业模式创新的实现。一方面，技术创业企业可以构建促进数字技术吸收的由外至内的逻辑机制。通过技术学习、技术交流、技术合作等方式吸收外部有效的数字技术资源，将知识内化并进行内部知识创造，为企业数字技术创新提供新的思路。另一方面，在资源基础观视角下，技术创业企业基于既有资源禀赋通过数字技术创新能力驱动商业模式创新。这一过程主要依赖企业既有资源禀赋，并与数字技术创新形成良性循环。特别是对于先进制造行业的技术创业企业，要更加持续地吸收和应用数字技术资源开展相应的业务，更加有效地释放企业潜能，不断吸收和内化外部数字技术资源，提升数字技术创新能力，从而推动各类创新活动开展，最终促进技术创业企业成长与发展。

**（二）深化整合数字技术资源**

1. 加大创新投入、优化研发结构

数字技术整合能力既是技术创业企业识别数字技术和发现市场机会的能力，也是企业预测数字经济环境变化、深入挖掘不同技术组合潜在效应的能力。一方面，技术创业企业应加大对数字技术创新和研发的投入力度，加强数字技术基础设施建设，充分利用数字生态实现数字技术创新与生产活动的密切结合。同时，加大对数字技术人才的引进力度，建设多学科交叉的人才队伍以适应数字经济环境的快速发展，不断更新数字技术创新手段，促进企业成长、提升企业价值。另一方面，技术创业企业应调整研发结构。相当一部分技术创业企业由于资源和能力的限制并没有设立相应的研发中心，这种现状严重制约了数字技术创新能力的发展并影响商业模式创新。在数字经济背景下，技术创业企业应结合自身特征，建立内外交流机制，促进多学科和多技术的有效交叉和融合，聚集和整合不同数字技术资源，促进数字技术多元化，从而推动企业开展不同形式的商业模式创新。

2. 合理整合数字技术资源

技术创业企业通过外部搜寻会获取大量的异质性资源和知识，但是，这些资源和知识数量及种类的增加并不能直接使企业的数字技术创新能力得到提升，促进不同商业模式创新的开展；反之，无效的资源整合反而会增加企业资源冗余，影响企业创新活动的开展。部分电子信息业和高技术服务业的技术创业企业存在资源禀赋不足、技术创新能力不够的问题。针对此类问题，需要技术创业企业能够对既有资源和已吸收资源进行有效的评估和识别，增加数字技术资源的储备和适配度。基于企业既有能力和资源对已吸收的数字技术相关资源进行有效整合，促进企业数字技术创新的效率提升。此外，技术创业企业也可以与利益相关者加强合作，共同对异质性新知识进行处理和分析，促进不同数字技术创新知识的产生，进一步取得数字技术创新的新突破，从而为企业商业模式创新提供基础。

3. 加大企业内外数字创新技术集聚力度

由数字技术整合能力作用路径的结果可知，数字技术整合能力的提升，能够进一步增加数字技术创新有效资源的积累，从而提升企业开展商业模式创新的意愿，促使企业增加商业模式创新投入来开展商业模式自主创新。因此，技术创业企业要加大对于内外数字创新技术的整合和集聚力度。一方面，要通过优化更新企业内部的数字技术创新配置，有效地将新获取的外部知识与内部既有知识整合，为开发数字技术、创新成果转化、技术商业化等价值创造活动提供更多的创新资源支撑，充分提升企业创新资源的利用价值，从而推动技术创业企业商业模式创新。另一方面，技术创业企业要加强与价值链上多个主体间的互动与沟通，促进不同数字技术创新要素的融合和聚集，对不同主体间的优势资源进行有效整合，促进技术、信息、人才等资源的碰撞与沟通，为不同商业模式创新的成功实施提供技术资源基础和技术合作平台等。

### （三）培育数字技术研发能力

1. 增加数字技术资源的投入

根据扎根案例分析可以发现，当前我国数字技术研发能力相对较弱。此外，由于数字技术创新的双重特征，技术创业企业在通过数字技术创新来实现商业模式创新的过程中，初期往往需要投入相对较多的资本且面临较大风险。政府针对数字技术创新高投入、高成本的特点，要考虑在数字技术商业性转化过程中采取一些正向的激励手段。首先，可以通过对生产数字技术创新产品、研发数字技术的技术创业企业进行相应的政策补贴，降低企业的成本和风险。其次，应根据不同行业、不同数字技术、不同研发难度等，有针对性地对数字技术研发进行分类补贴和支持。最后，通过拓宽数字技术创新的融资管道、降低数字技术创新的贷款利率等不同的方式和手段，鼓励技术创业企业开展数字技术自主研发及创新。

2. 营造良好的自主研发氛围

首先，政府应注重对数字技术、数字创新产品等的知识产权保护，降低技术创业企业开展数字技术创新的风险。同时，技术创业企业也要提高自身合法性，促进数字技术创新与商业模式创新的协同演进。其次，促进技术创业企业与高校、科研院所等科研机构的深度合作，加强企业核心数字技术研发创新与推广，持续引导和催生"平台＋新技术"的创新方案，推动技术创业企业不同商业模式创新的实施，进一步促进新技术研发及其商业转化的进程。最后，技术创业企业应将数字技术创新纳入企业的绩效考核体系，充分调动研发人员开展数字技术自主创新的积极性，确保数字技术创新和研发的顺利开展，从而推动技术创新，开展适合企业成长的商业模式创新。

3. 提高数字技术资源的运行效率

根据实证结果及各影响因素作用路径的仿真结果发现，技术创业企业具有一定资源和技术基础之后，应投入更多的技术资源到数字技术自主研发活动中以促进商业模式创新。一方面，在数字经济背景下的技术创业企业与成熟的在位企业仍存在较大的技术势差。因此，技术创业企业在既定数字技术创新资源改造的同时，要提高不同资源间的组合和利用效率，提升数字技术和创新产品间的差异化水平，促进数字技术的效益转化，从而推动不同商业模式创新活动的开展。另一方面，技术创业企业应逐步投入更多的资源进行数字技术研发，形成竞争优势，促进企业技术创新，提升企业资源的运行质量和效益，推动数字技术创新的转化及数字技术水平的提升，从而抓住商业模式创新的机会，推动企业快速成长。

### 三、技术创业企业外部环境优化建议

前文的理论分析和实证研究已经验证：数字经济环境中的制度环境和行业环境，是影响技术创业企业商业模式创新的重要外部环境。数字经济环境中相关的政策法规会对企业的创新活动加以约束，技术创业企业对政策法规的满足程度越高，越能够推动商业模式创新活动的开展。数字经济环境变化会影响技术创业企业在市场中的竞争地位。因此，为推动技术创业企业健康成长，实施有效的商业模式创新，政府部门、行业协会等各类机构都要创造良好的政策、法律环境及行业环境，建立健全更为规范的政策体系及行业规则，营造数字经济环境下有利于技术创业企业成长的政策、法律、法规环境及健康的行业市场环境。

#### (一) 构建完善的制度体系

1. 制定科学合理的政策规制

由实证研究结果可知，制度压力正向促进资源禀赋对商业模式模仿创新的影响。可见，严格的制度压力会规范技术创业企业的行为，使技术创业企业在开展商业模式创新时更加注重相关法律法规的约束，会按照行业中既有的盈利模式和营销方式开展商业模式创新。目前，我国数字经济的发展仍处于上升阶段，政府在制定相关政策时要充分"落地"，考虑政策法规的合理性、适用性和可应用性。具体而言，政府应结合所在地区数字经济的发展水平，根据不同技术创业企业的成长阶段，分步择机调整和制定相关数字技

术创新标准。这样不仅可以倒逼技术创业企业不断进行数字技术创新，还可以进一步使企业重新审视其商业模式，选择合理的商业模式创新来迎合数字经济发展的需求。

2. 合理选择创新规制工具

由各影响因素作用路径的仿真结果可知，规制压力会影响技术创业企业开展数字技术创新的合法性，可能在一定程度上影响企业开展商业模式自主创新。因此，对于技术创业企业而言，开展商业模式创新时要合理选择创新规制工具。此外，目前我国对于创新方面的规制主要是从技术创新的专利、知识产权等方面采取强制性规制措施，对于商业模式创新、盈利模式调整等方面缺乏有效的规制工具。因此，政府应采取有效的创新激励措施替代行政处罚，除为技术创业企业开展商业模式创新提供更有针对性的政策外，应结合数字经济与数字技术创新市场的发展情况，制定符合技术创业企业成长和健康发展的市场规章制度，适度提升对于商业模式创新的补贴力度和资金支持，鼓励技术创业企业更多地开展商业模式创新活动。

3. 增加商业模式创新的支持力度

一方面，政府要为技术创业企业开展商业模式创新提供更多保障，同时还要考虑不同资源禀赋的技术创业企业对商业模式创新的规模效应，为资源较为丰富的技术创业企业提供相应的政府补贴和资金管道，为资源相对匮乏的技术创业企业提供低利率贷款等助力企业快速成长。另一方面，政府应根据不同技术创业企业的优势，有针对性地制定相应的商业模式创新补贴，科学引导企业结合自身的资源禀赋及外部环境变化对商业模式创新方式进行合理选择。例如，设立较高的补贴标准以促进初创期的技术创业企业进行商业模式创新。

4. 改善制度环境的总体质量和细分层面质量

在数字经济背景下，制度环境的改善能够促进技术创业企业提高资源利用效率，从而缓解资源短缺的问题。因此，政府要进一步推进市场化改革进程，强化企业成长的路径过程，从而触发技术创业企业新的演化路径。此外，政府要重视制度环境细分的异质性作用，重点改善创业企业经济制度环境及法律保护制度，使不同类型、不同规模的技术创业企业能够更加有效地获取身份认同，促进企业成长和发展的合法性进程，进一步打破企业的"合法性"壁垒。

### (二) 优化数字经济行业环境

1. 建立公平、规范的数字经济市场环境

由各关键影响因素对商业模式创新作用关系的实证检验结果可知，数字经济环境行业动态变化是影响技术创业企业商业模式创新的重要外部因素。随着外部环境中技术和市场的动态变化，技术创业企业利用既有资源禀赋进行不同的商业模式创新是推动企业成长的关键。特别是数字经济背景下，技术创业企业不仅要面对数字技术的不断创新，还要面对来自同行业市场中的竞争对手的技术突破，通过实施不同的商业模式创新来促进企业成长、提升企业价值势在必行。但目前我国针对技术创业企业数字技术创新、商业模式创新的市场规范仍不健全。政府应该积极推动技术创业市场的体制改革，完善相关立法，营造公平公正的市场竞争环境。

2. 形成政府与企业间相互协同的监督机制

一方面，要规范数字技术创新市场，制定相应的技术、知识及专利产权的认证标准，加强对数字技术创新、数字技术产品的相关知识产权保护，保障技术创业企业开展商业模式自主创新的安全性，对于剽窃、抄袭其他企业数字技术、营销模式的行为给予严厉惩罚和打击，维持数字技术创新市场的健康稳定。另一方面，政府应该关注技术创业企业有关商业模式创新方面的诉求，通过对企业盈利模式、价值创造方式等方面的关注和管理，使技术创业企业和其利益相关者能够及时关注、了解，并相互监督商业模式创新活动的开展和执行情况，进而影响技术创业企业对于商业模式创新的决策。

3. 坚持以"市场调节为主、技术规范为辅"的原则

由各影响因素作用路径的仿真结果发现，行业竞争程度正向促进商业模式自主创新、负向促进商业模式模仿创新，说明来自行业市场中的竞争压力对于不同商业模式创新选择的影响仍占据主导地位。因此，一方面，政府应在技术创业企业在开展商业模式创新时给予更多的经济和政策支持，避免因行业规制对创新能力和创新资源的挤出效应而抑制商业模式创新活动。引导行业协会设立重点实验室、规范企业技术创新中心，加强对于商业模式创新活动的关注，推动技术创业企业快速成长。另一方面，数字技术创新作为

技术创业企业发展的新契机，也要通过合适的商业模式进行商业转化。政府在规范行业市场的同时也要统筹安排各级财政对专项资金的重点支持，进一步推进数字技术创新和商业模式创新。

4. 充分激发技术创业企业商业模式创新的动力与活力

首先，促进行业协会与技术创业企业的深度融合，推动技术创业企业商业模式创新活动开展，进一步实现对技术创业企业的精准化帮扶；其次，引导技术创业企业加速融入产业链上下游及跨行业数字生态体系，实现"数字化＋供应链"创新发展；最后，着力培育技术创业企业协同共生的生态系统，推进技术创业企业伙伴行动，进一步引导行业协会、龙头企业与技术创业企业精准对接，确保企业创新创业活动顺利开展。

### (三) 统筹布局数字经济新型基础设施建设

1. 加快推动信息研发机构建设，打造数字创新平台体系

技术创业企业不同商业模式创新的实现需要依托于外部数字经济环境、数字技术等方面。而这些都需要有效依托于政府对数字经济发展新型基础设施的建设和完善。首先，政府应加快推动数字创新研发机构建设，全面打造数字创新平台体系，围绕数字技术突破、源头创新，积极谋划数字技术设施集群及技术研发平台建设。其次，推动跨学科、大协同的基础应用研究，构建高质量协同创新平台，打造高效协作的平台体系，加快前沿领域研究中心基础设施建设，促进重点数字技术领域突破。最后，布局战略性基础设施建设，提高重点领域攻关能力，谋划数字创新重点领域基础设施建设，为技术创业企业实现数字技术突破及商业化提供硬件基础。

2. 拓展场景应用，建立融合基础设施体系

一方面，要升级不同区域的基础设施，建设联动数字经济和技术创业企业数字技术综合管理的基础设施，提升技术创业企业数字资源调配、数字化产品推广等综合管理能力；另一方面，构建高质量技术创新平台，打造高效协作的创新平台体系。加快学科交叉前沿研究的基础设施建设、加快构建交叉融合的前沿平台，突破关键数字技术，重点加快构建产学研创新平台，推动技术创业企业科技成果的商业化进程。

3.激活资本要素，拓宽数字基础设施建设投融资渠道

首先，统筹政府资金支持力度，引导财政投资基金向数字基础设施建设倾斜，充分发挥新型基础设施财政专项资金的引导作用，设立专项数据产业投资基金。其次，充分发挥社会资本力量，鼓励不同主体运用市场机制开展合作。进一步发挥财政资金的引导作用，加强资源整合和共建共享，推动政府和社会资本合作，提高资本要素配置效率。最后，加大深化投融资体制改革的力度，充分激发各类投资的动力与活力。积极帮助数字化企业采用贷款贴息、企业债券、专项债、融资租赁等财政和金融工具，鼓励各类金融机构为新型基础设施建设项目提供融资担保、贷款及信贷优惠等。

# 结束语

现今，数字经济对于企业的转型至关重要，关系着企业能否转向高质量发展的轨道。数字经济能够创新企业组织，重组经营要素，改变企业模式，促进技术变革，扶持企业发展，优化营商环境。本书立足于数字经济发展大背景，介绍了一整套数字化转型的思维框架、方法论以及实际落地的操作方法，强调数字化转型不是一项技术性的工作，它涉及一个企业组织的多个层级以及多个维度的改变与创新。

在战略层，我们提出企业家应该制订数字化转型计划，基于对宏观社会结构、经济、技术等大环境因素的深刻洞察，来审视未来几年甚至几十年中可能发生的变化。企业需要针对新的环境，重新思考能够带给客户的基本价值，以此作为所有变革的起始点。这些将影响价值创造与传递的过程，也必然会带来商业模式的转变。当这些原则性的框架确定后，需要进一步探索个别企业数字化应涉及的范围。

在管理层面，我们建议先为企业确立正面积极的文化和数字化的管理原则。这些文化层面的问题，看起来与数字技术或流程无直接关系，但它们却是企业转型最基础的条件。

在技术层面，我们回顾了企业的传统信息技术架构为何无法有效支持当前的数字化转型，为什么需要建立"轻前台、快中台、大后台"的技术架构，以及如何搭建大数据平台环境，并且介绍了一些典型的大数据应用。

数字化转型不是一蹴而就的，而应该是一个不断迭代的学习过程。我们不可能，也不应该期望能够一步到位地做好数字化转型的所有工作。即使有了初步的成功经验，也仍然需要不断地重新审视、评估企业的价值提议、商业模式和积极创新的文化，以及价值链环节中的其他部分是否还可精进，以确保企业基业长青。

# 参考文献

[1] 裴丹,陈伟光.数字经济时代下平台经济的全球治理——基于大国博弈视角 [J].暨南学报 (哲学社会科学版),2023(5):1-12.

[2] 孙建国.数字经济时代企业数字化转型的创新策略 [J].现代商业,2023(08):79-82.

[3] 张群.数字经济时代的机遇和反思 [N].中国社会科学报,2023-04-28(006).

[4] 任保平,王子月.数字经济时代中国式企业现代化转型的要求与路径 [J].西北工业大学学报 (社会科学版),2023(4):1-9.

[5] 苗世青.数字经济时代异化劳动的演进特征、数字化呈现及其破解 [J].理论研究,2023(02):72-80.

[6] 赵怡畅.数字经济时代提升企业人力资源管理水平的思考 [J].老字号品牌营销,2023(08):163-165.

[7] 梁国栋.数字经济时代国有企业风险管理与转型策略 [J].企业管理,2023(04):112-116.

[8] 郑文力.数字经济时代企业人才管理智慧转型探析 [J].领导科学,2023(03):51-54.

[9] 戎珂,柳卸林,魏江,等.数字经济时代创新生态系统研究 [J].管理工程学报:1-7.

[10] 饶茹.数字经济时代下企业业财融合探析 [J].质量与市场,2023(07):49-51.

[11] 邓丽娇.数字经济时代中小企业人力资源管理优化思考 [J].全国流通经济,2023(07):121-124.

[12] 黄赫男.论数字经济时代数据的文化意义 [J].决策与信息,2023(04):57-67.

[13] 魏秀霞. 数字经济时代企业数字化转型的实现路径分析 [J]. 全国流通经济，2023(06)：72-75.

[14] 黄舒婧. 数字经济时代下数字人民币发展探析 [J]. 福建金融，2023(03)：73-78.

[15] 汪林茜. 数字经济时代平台力量的反垄断法规制研究 [J]. 产业创新研究，2023(05)：124-126.

[16] 李颖芳. 基于数字经济时代的中小企业转型创新发展路径研究 [J]. 商业经济，2023(04)：27-29.

[17] 王一然. 数字经济时代企业市场营销策略探究 [J]. 老字号品牌营销，2023(05)：25-27.

[18] 肖海军，罗迎. 数字经济时代平台企业混合合并的反垄断规制 [J]. 甘肃社会科学，2023(02)：141-151.

[19] 高志宏. 数字经济时代个人信息的识别标准及规范续造 [J]. 社会科学辑刊，2023(02)：68-77.

[20] 迟京旭. 浅析数字经济时代企业财务数字化转型 [J]. 齐鲁珠坛，2023(01)：29-31.

[21] 彭曦蕾，孙大飞. 数字经济时代工业高质量发展路径研究 [J]. 梧州学院学报，2023，33(01)：28-35.

[22] 朱廷珺，张少华. 数字经济时代工业智能化如何影响服务出口 [J]. 北京邮电大学学报 (社会科学版)，2023，25(01)：25-39.

[23] 周丹. 数字经济时代人工智能人才培养的意义、现状及路径 [J]. 教育参考，2023(01)：5-11.

[24] 贾圣林. 数字经济时代中国企业的战略与转型 [J]. 杭州，2023(02)：24-27.

[25] 姜晓聪. 数字经济时代企业营销战略新模式探讨 [J]. 中国市场，2023(03)：115-117.

[26] 李姣蓉. 数字经济时代中小企业转型升级路径研究 [J]. 营销界，2023(02)：32-34.

[27] 张帆，陈思宇，赵晓玲. 数字经济时代的企业管理转型 [J]. 商展经济，2023(02)：166-168.

[28] 刘卓军.数字经济时代下的中小企业发展[J].新理财(政府理财)，2022(11)：44-46.

[29] 赵丹，谢飞.数字经济时代数字化转型赋能企业未来发展[J].山西财政税务专科学校学报，2022，24(05)：64-66+77.

[30] 王印成.数字经济时代民营企业经济发展的思考[J].中外企业文化，2022(09)：95-97.

[31] 姜文浩.关于数字经济时代企业经营管理创新的思考[J].商场现代化，2022(12)：110-112.

[32] 郝迪慧.数字经济时代科技型中小企业的发展研究[J].国际公关，2022(10)：77-79.

[33] 滕婧含.艾丽丝·沃克小说《紫颜色》中后现代伦理的叙事手法[J].海外英语，2022(01)：223-226.

[34] 周凡.数字经济时代下企业与个人未来的发展机遇[J].数据，2021(12)：53-55.

[35] 吕佳蕾.数字经济时代企业转型发展的策略探讨[J].企业改革与管理，2021(18)：71-72.

[36] 王明霞.双重叙事伦理模式中艾丽丝·沃克小说的当代伦理表达[J].湖北经济学院学报(人文社会科学版)，2020，17(06)：119-121.

[37] (美)查克·马丁(Chuck Martin).数字化经济：电子商业的七大网络趋势[M].孟祥成，译.北京：中国建材工业出版社；科文(香港)出版有限公司，1999.

[38] 王振.全球数字经济竞争力发展报告2017[M].北京：社会科学文献出版社，2017.

[39] 陈云伟，曹玲静，陶诚，等.科技强国面向未来的科技战略布局特点分析[J].世界科技研究与发展，2020，42(1)：5-37.

[40] 唐川，秦小林，李若男，等.国际人工智能研究前沿及演进趋势——基于对人工智能期刊论文的突变术语探测分析[J].数据与计算发展前沿，2019，1(6)：121-134.

[41] 郭滕达.美国推动区块链发展的主要做法及启示[J].世界科技研究与发展，2020，42(5)：558-566.

[42] 张俊秀，王敦星，彭虹. 数字经济背景下员工工作投入对工作绩效的影响——心理资本的中介作用 [J]. 黑河学院学报，2023，14(04)：40-43.

[43] 吴强，孙炜，邵元新，等. 企业数字孪生员工画像建模技术研究与应用 [J]. 成都航空职业技术学院学报，2023，39(01)：72-75.

[44] 孙柏林. 虚拟数字人为企业数字化转型提供服务——流程自动化机器人在电力企业中的应用 [J]. 电气时代，2023，(03)：26-28.

[45] 张田彤，蔡震. 数字员工：企业数字化转型的下一个里程碑 [J]. 国资报告，2022，(11)：108-111.

[46] 数字员工开启人机协同新时代 [J]. 中国农村金融，2022，(08)：87.

[47] 林琳，余俊蓉，张武军，等. RPA+AI实现"数字员工" [J]. 软件，2022，43(04)：136-138.

[48] 尚新全. 数字员工：企业财务流程自动化加速器 [J]. 中国总会计师，2020，(08)：22-23.

[49] 孟岩，孙茜，陈哲，等. 数字员工信息处理平台 [J]. 石油科技论坛，2015，34(S1)：104-106.

[50] 龚勇. 数字经济发展与企业变革 [M]. 北京：中国商业出版社，2020.

[51] 李瑞. 数字经济建设与发展研究 [M]. 中国原子能出版传媒有限公司，2022.

[52] 杜国臣，李凯. 中国数字经济与数字化转型发展 [M]. 北京：中国商务出版社，2021.

[53] 张雪芳. 数字金融驱动经济高质量发展路径研究 [M]. 长春：吉林大学出版社，2022.

[54] 陆生堂，卫振中. 数字经济时代下企业市场营销发展研究 [M]. 太原：山西经济出版社，2021.

[55] 秦荣生，赖家材. 数字经济发展与安全 [M]. 北京：人民出版社，2021.

[56] 曾燕. 数字经济发展趋势与社会效应研究 [M]. 北京：中国社会科学出版社，2021.

[57] 范渊.数字经济时代的智慧城市与信息安全 [M].北京：电子工业出版社，2019.

[58] 蒋剑豪，文丹枫，刘湘云，等.数字经济时代区块链产业案例与分析 [M].北京：经济管理出版社，2018.

[59] 聂玉声.区块链与数字经济时代 [M].天津：天津人民出版社，2019.

[60] 刘彦.从结绳记事到数字经济时代 [M].北京：中国商业出版社，2021.

[61] 高艳东，王莹.数字法治：数字经济时代的法律思维 [M].北京：人民法院出版社，2021.

[62] 汪欢欢.数字经济时代的服务业与城市国际化 [M].杭州：浙江工商大学出版社，2020.

[63] 王春云.数字化经济后资本测度研究 [M].北京：中国统计出版社，2019.

[64] 刘权.区块链与人工智能，构建智能化数字经济世界 [M].北京：人民邮电出版社，2019.

[65] 杜国臣，李凯.中国数字经济与数字化转型发展 [M].北京：中国商务出版社，2021.

[66] 王世渝.数字经济驱动的全球化 [M].北京：中国民主法制出版社，2020.

[67] 闫德利.数字经济：开启数字化转型之路 [M].北京：中国发展出版社，2019.

[68] 汪欢欢.数字经济时代的服务业与城市国际化 [M].杭州：浙江工商大学出版社，2020.

[69] 牛飞亮.网络经济与企业数字化改造战略 [M].西安：西北工业大学出版社，2006.

[70] 石培华.新经济与中国的数字化 [M].贵阳：贵州人民出版社，2002.

[71] (美) 贝克.数字化经济 [M].北京：中信出版社，2009.

[72] 李晓东，付伟.数字经济时代的城市资源数字化配置 [M].北京：

中国财政经济出版社，2022.

[73] 陈煜波，马晔风.中国经济的数字化转型 [M].北京：中国社会科学出版社，2020.

[74] 余静宜，胡凯.数字化转型：数字经济重塑企业创新优势 [M].北京：中国铁道出版社，2022.